高等职业教育汽车类专业活页式新形态创新教材
江苏省高等学校重点教材（编号：2021-2-168）

汽车电气系统维修实训工作页

主　编　程丽群
副主编　张从学　王　勇
参　编　沙　颂　王少君　刘　静
主　审　文爱民

机械工业出版社

目　　录

训练任务一览 ·· 2
项目一　汽车电气系统维修基础 ·· 5
　任务一　汽车电路图的使用 ··· 5
　任务二　电气线路及元件检测 ··· 11
项目二　车载网络系统维修 ··· 19
　任务一　车载网络拓扑图绘制 ··· 19
　任务二　CAN总线故障诊断与排除 ·· 23
　任务三　LIN总线故障诊断与排除 ··· 29
项目三　充电系统维修 ··· 33
　任务一　蓄电池性能测试 ··· 33
　任务二　车辆漏电检测 ·· 39
　任务三　充电系统测试 ·· 45
项目四　汽车灯光系统维修 ··· 53
　任务一　汽车灯光系统基本检查 ·· 53
　任务二　前照灯检测 ··· 59
　任务三　灯光控制系统故障诊断与排除 ··· 63
项目五　汽车辅助电气系统维修 ·· 69
　任务一　电动车窗系统故障诊断与排除 ··· 69
　任务二　电动后视镜系统故障诊断与排除 ·· 73
　任务三　电动座椅系统故障诊断与排除 ··· 77
　任务四　中控门锁系统故障诊断与排除 ··· 81
　任务五　电动刮水器系统故障诊断与排除 ·· 87
项目六　汽车仪表及报警系统维修 ··· 91
　任务一　组合仪表认知 ·· 91
　任务二　组合仪表及报警系统检修 ··· 97
项目七　汽车空调系统维修 ··· 103
　任务一　汽车空调基本检查 ·· 103
　任务二　制冷循环不良故障诊断与排除 ··· 109
　任务三　空调控制系统故障诊断与排除 ··· 123

训练任务一览

项目一 汽车电气系统维修基础
    任务一：汽车电路图的使用
        操作一：汽车电路类型识别
        操作二：查找电路元件及线路
        操作三：喇叭电路图识读
    任务二：电气线路及元件检测
        操作一：典型开关检测
        操作二：继电器检测
        操作三：熔丝检测
        操作四：线束维修
        操作五：喇叭电路故障诊断与排除

项目二 车载网络系统维修
    任务一：车载网络拓扑图绘制
        操作一：车载网络拓扑图绘制
        操作二：车载网络信息流路径分析
    任务二：CAN总线故障诊断与排除
        操作一：诊断接口端子电压测量
        操作二：CAN总线终端电阻测量
        操作三：CAN总线电压测量
        操作四：CAN总线波形测量
        操作五：CAN总线故障诊断
    任务三：LIN总线故障诊断与排除
        操作一：LIN总线电阻测量
        操作二：LIN总线电压测量
        操作三：LIN总线波形测量
        操作四：LIN总线故障诊断

项目三 充电系统维修
    任务一：蓄电池性能测试
        操作一：认识蓄电池
        操作二：跨接起动发动机
        操作三：蓄电池状况检查
        操作四：蓄电池性能测试
        操作五：蓄电池充电
        操作六：蓄电池更换

任务二：车辆漏电检测
  操作一：认识汽车供电电路
  操作二：休眠电流测量（用电流表）
  操作三：休眠电流测量（用电流钳）
  操作四：漏电范围查找
  操作五：熔丝电流分析

任务三：充电系统测试
  操作一：测试充电系统
  操作二：发电机拆检

项目四　汽车灯光系统维修

任务一：汽车灯光系统基本检查
  操作一：外部灯光基本检查
  操作二：内部灯光基本检查

任务二：前照灯检测
  操作一：前照灯检测和调整
  操作二：前照灯设定

任务三：灯光控制系统故障诊断与排除
  操作一：数据流读取和功能测试
  操作二：灯光开关检测
  操作三：转向灯工作电压测量
  操作四：灯光系统故障诊断与排除

项目五　汽车辅助电气系统维修

任务一：电动车窗系统故障诊断与排除
  操作一：电动车窗功能检查
  操作二：数据流读取及功能测试
  操作三：电动车窗故障诊断与排除
  操作四：电动车窗初始化设定

任务二：电动后视镜系统故障诊断与排除
  操作一：电动后视镜功能检查
  操作二：数据流读取及功能测试
  操作三：电动后视镜故障诊断与排除

任务三：电动座椅系统故障诊断与排除
  操作一：电动座椅功能检查
  操作二：电动座椅记忆功能设定
  操作三：数据流读取及功能测试
  操作四：电动座椅故障诊断与排除

任务四：中控门锁系统故障诊断与排除
  操作一：中控门锁功能检查
  操作二：中控门锁应急操作

　　　　操作三：中控门锁故障诊断与排除
　　任务五：电动刮水器系统故障诊断与排除
　　　　操作一：电动刮水器系统功能检查
　　　　操作二：数据流读取及功能测试
　　　　操作三：刮水器刮片更换
　　　　操作四：电动刮水器系统故障诊断与排除

项目六　汽车仪表及报警系统维修
　　任务一：组合仪表认知
　　　　操作一：认识组合仪表及警告灯
　　　　操作二：保养灯清零
　　任务二：组合仪表及报警系统检修
　　　　操作一：组合仪表不亮故障诊断与排除
　　　　操作二：燃油量表无法显示故障诊断与排除

项目七　汽车空调系统维修
　　任务一：汽车空调基本检查
　　　　操作一：认识空调系统
　　　　操作二：空调系统基本检查
　　任务二：制冷循环不良故障诊断与排除
　　　　操作一：制冷循环部件结构识别
　　　　操作二：空调压力测量
　　　　操作三：制冷剂状态检查
　　　　操作四：制冷剂鉴别
　　　　操作五：制冷循环泄漏检查（电子检漏）
　　　　操作六：制冷循环泄漏检查（荧光检漏）
　　　　操作七：制冷剂回收、充注
　　　　操作八：空调性能测试
　　任务三：空调控制系统故障诊断与排除
　　　　操作一：压缩机控制电路诊断
　　　　操作二：鼓风机控制电路诊断

项目一　汽车电气系统维修基础

任务一　汽车电路图的使用

	任务情景	• 汽车机电维修技师在遇到车辆电气类故障时,能熟练运用电路图,结合自身知识储备,分析出故障系统的工作原理、明确电路中信息流传递、知晓相关元器件安装位置以及接线位置等,方能展开诊断及维修工作
	预备知识	• 汽车电路组成及特点 • 汽车电路基本组成要素 • 汽车电路图分类及识读方法
	训练目标	• 掌握汽车电路图的使用方法
	建议时间	• 90min
	注意事项	• 请务必按照老师的指导,合理使用仪器,做到轻拿轻放,以免损坏 • 注意人身安全,避免损坏车辆 • 注意环境保护
	实施条件	• 训练车辆 • 带有举升机的操作工位 • 实操工单、维修手册、电路图
	工具设备	• 数字式万用表 • 常用拆装工具 • 绘图工具

一、知识准备

1. 填写汽车电路组成：

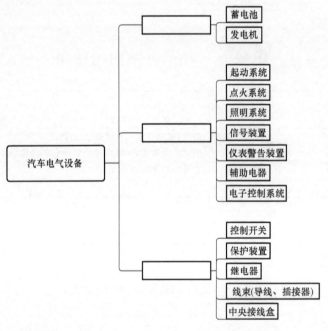

2. 描述汽车电路特点：
_____
_____
_____

二、任务操作

操作一　汽车电路类型识别

1. 根据老师从实操车型选取的某一典型直接控制电路，遵照电流回路原则分析该电路。

电路名称：_____

电路图粘贴处

电路分析：
_____
_____
_____
_____
_____
_____
_____

2. 根据老师从实操车型选取的某一典型间接控制电路，从继电器切分并分析该电路。

电路名称：_____

```
┌─────────────────────────────────────────┐
│                                         │
│                                         │
│                                         │
│              电路图粘贴处                │
│                                         │
│                                         │
│                                         │
└─────────────────────────────────────────┘
```

（1）线圈控制回路：
_____
_____
_____

（2）工作回路：
_____
_____
_____

操作二　查找电路元件及线路

1. 汽车电源识别

1）找到实操车型蓄电池

安装位置：发动机舱□　行李舱□　室内座椅下方□

2）找到实车发电机

安装位置：发动机的前端□　后端□

2. 熔丝识别

1）实操车型上你找到了_____个熔丝盒？分别位于哪里？请勾选。

发动机舱□　行李舱□　仪表台内□　左侧 A 柱下方□　杂物箱后□　其他□

2）你在熔丝盒中找了下列哪几种熔丝？观察其外观并勾选。

玻璃管式□　　插片式□　　叉栓式□　　灭弧式（JACE）□

3）实操车型是否有灭弧式熔丝？

有□　　无□　　如有，使用跨接线，完成该熔丝带载测量。

3. 继电器识别

1）在实操车型上找到喇叭继电器，写出喇叭继电器安装位置：_____。

2）查阅喇叭电路图，喇叭继电器属于（常开□　　常闭□）型继电器。

4. 线束识别

（1）导线识别

1）实车探索蓄电池电缆线、起动机供电及搭铁线、分缸线（若有）、普通低压导线，体会不同导线差异。

2）查阅资料，完成实操车型导线色标代码。

蓄电池正极电缆颜色为_____色，横截面积为_____ mm^2。

（2）插接器识别

1）实车找到锁扣式、滑锁式和滑杆式插接器，仔细观察锁止装置，在老师指导下完成插接器拆装。

已学会□　　未掌握□

2）打开发动机舱盖，完成发动机控制单元、左侧前照灯、凸轮轴位置传感器、点火模块插接器拆装。

已学会□　　未掌握□

3）按照老师演示的方法，利用旧线束完成普通导线接线及绝缘处理。

已学会□　　未掌握□

4）按照老师演示的方法，利用旧线束完成常见插接器挑线更换。

已学会□　　未掌握□

视频 1-1　汽车线束连接器端子拆卸方法

操作三　喇叭电路图识读

1. 查阅喇叭电路图，画出下列元件电路图符号，并写出其代码。

部件名称	电路图符号	元件代码
蓄电池		
喇叭熔丝		
喇叭继电器		
喇叭开关		
高音喇叭		
低音喇叭		
喇叭接地		
喇叭控制模块（若有）		

2. 喇叭原理框图识读。

查询实操车型喇叭原理框图并绘制，描述喇叭信息流传递路径。

1）原理框图：

2）喇叭信息流路径：

_____

_____

_____

_____

3. 喇叭电气原理图识读。

查询实操车型喇叭电气原理图并绘制简图，描述喇叭工作原理。

1）简图：

2）喇叭工作原理：
_____
_____
_____
_____
_____
_____
_____
_____

4. 喇叭线束图识读

查询实操车型喇叭线束图，写出喇叭线束代码：_____。

5. 喇叭系统安装位置图识读

查阅实操车型喇叭熔丝、继电器、接地点安装位置图。

1）喇叭熔丝_____（填写元件代号）安装于_____（填写配电盒元件代号或名称）。

2）配电盒位于_____。

3）喇叭继电器_____（填写元件代号）安装于_____（填写配电盒元件代号或名称）。

4）继电器支架位于_____。

5）喇叭接地点_____（填写接地点代号）安装于_____。

项目一 汽车电气系统维修基础

任务二 电气线路及元件检测

	任务情景	• 汽车机电维修技师在遇到车辆电气类故障时,能熟练运用电路图,结合自身知识储备,分析出故障系统的工作原理、明确电路中信息流传递、知晓相关元器件安装位置以及接线位置等,方能对电气线路及元件规范展开诊断及维修工作
	预备知识	• 汽车电气线路检测方法 • 开关类元件检测方法 • 熔丝、继电器检测方法
	训练目标	• 能够掌握汽车电气线路及常用元件检测方法
	建议时间	• 45min
	注意事项	• 请务必按照老师的指导,合理使用仪器,做到轻拿轻放,以免损坏 • 注意人身安全,避免损坏车辆 • 注意环境保护
	实施条件	• 带有举升机的操作工位 • 实操工单、维修手册、电路图
	工具设备	• 数字式万用表 • 常用拆装工具 • 绘图工具

一、知识准备

认识万用表，填写其中空格，并回答以下问题。

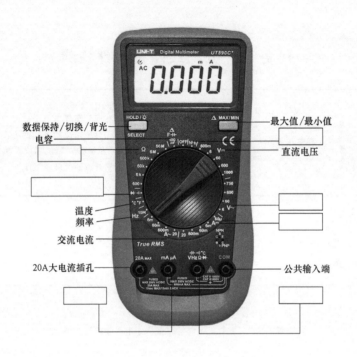

（1）万用表使用前需要校零，应该使用_____档位；红表笔连接于_____端；黑表笔连接于_____端。

（2）万用表测量蓄电池电压时，应该使用_____档位；红表笔连接于_____端；黑表笔连接于_____端，并将红/黑表笔与被测部件_____（选填"串联"或"并联"）。

（3）万用表测量某元件电阻时，应该使用_____档位；红表笔连接于_____端；黑表笔连接于_____端，并需要_____（选填"断开"或"不断开"）元件插头，此外红/黑表笔与被测元件_____（选填"串联"或"并联"）。

（4）万用表测量某元件电压时，应该使用_____档位；红表笔连接于_____端；黑表笔连接于_____端，红/黑表笔与被测元件_____（选填"串联"或"并联"）。

二、任务操作

操作一 典型开关检测

在老师指导下查阅实操车型行李舱状态开关电路图，并使用万用表进行相应检测，回答以下问题。

1. 实操车型：_____。
2. 实操车型行李舱状态开关是何种控制方式：供电控制式□ 接地控制式□
3. 关闭点火开关，拔下行李舱电气插头，使用万用表测量开关线束两端之间的电阻值。

（1）行李舱开启时，阻值为_____ Ω。
（2）用螺钉旋具拨动行李舱锁舌，模拟行李舱关闭时，阻值为_____ Ω。
测试结果： 正常□ 异常□

操作二　继电器检测

老师在实操车型上设置某一系统继电器故障，使用万用表进行相应检测并回答以下问题。

继电器名称：_____

1. 继电器识别

（1）在实操车型上找到继电器支架，拔下一个继电器，观察继电器正面或侧面简图，再观察继电器引脚边上标注，找到简图和引脚之间的对应关系。
（2）观察你所拔下的继电器是否可以打开，如可以，打开继电器，观察线圈两端并联的是电阻还是二极管。（电阻□ 二极管□）

2. 继电器带载测量（使用继电器跨接装置）

（1）测量条件：_____
（2）测量继电器输出端对地电压。
输出端子号：_____；实测值_____ V；标准值_____ V。
测量结果：正常□ 异常□
（3）测量继电器供电输入端对地电压。
供电输出端子号：_____；实测值_____ V；标准值_____ V。
测量结果：正常□ 异常□

1）若供电输入端异常，则说明故障点在_____。
测量值：_____
故障点：_____

2）若供电输入正常，则转"3"，测量继电器线圈控制端电压。

3. 继电器线圈控制

继电器属于何种控制方式（根据继电器控制方式选择情况一或情况二进行测量）
情况一：线圈供电控制□ 情况二：接地控制□

（1）继电器线圈供电端电压测量。
端子号：_____；实测值_____ V；标准值_____ V。
测量结果：正常□ 异常□
若异常，则说明故障点在_____。
测量值：_____
故障点：_____

视频1-2　熔丝、继电器、点火开关的检测

(2) 继电器线圈接地端电压测量。
端子号：_____；实测值_____V；标准值_____V。
测量结果：正常□　异常□
若异常，则说明故障点在_____。
测量值：_____
故障点：_____
若经上述测量，继电器外围线路均正常，则转"4"，测量继电器线圈阻值。

4. 继电器线圈阻值测量
关闭点火开关，拔下继电器，测量继电器线圈电阻值。
测量对象：继电器_____端至_____端电阻值。
实测值：_____Ω；标准值：_____Ω。
测量结果：正常□　异常□
若异常，说明故障点在_____。
若线圈阻值正常，则转"5"，进行继电器通电测试。

5. 继电器通电测试
使用跨接线跨接继电器线圈两端，测量继电器供电输入与输出端间阻值。
测量对象：继电器_____端至_____端电阻值。
实测值：_____Ω；标准值：_____Ω。
测量结果：正常□　异常□
若异常，则说明故障点在_____。

操作三　熔丝检测

老师在实操车型上设置某一系统熔丝故障，使用万用表进行相应检测并回答以下问题。

熔丝名称：_____

1. 熔丝带载测量
测量条件_____
（1）熔丝输出端对地电压测量。
实测值_____V；标准值_____V。
测量结果：正常□　异常□
（2）熔丝输入端对地电压测量。
实测值_____V；标准值_____V。
测量结果：正常□　异常□
1) 对比熔丝输出端与输入端对地电压，判断故障点为：
熔丝虚接□　（阻值____Ω）　熔丝熔断□
2) 若结论为熔丝熔断，则转"2"，测量熔丝输出端下游电路对地电阻。

2. 熔丝输出端下游线路对地电阻测量
实测值：_____Ω；标准值：_____Ω。
结论：熔丝输出端对地绝缘□　熔丝输出端对地短路□

若熔丝输出端对地绝缘，则可更换同规格熔丝；若熔丝输出端对地短路，则需要排除输出端对地短路后方可更换同规格熔丝。

<h3 style="text-align:center">操作四　线束维修</h3>

1. 模拟插接器内导线更换

根据老师提供的 16 针插接器（也可选用其他插接器），使用挑线工具，完成一次挑线。

插接器16a

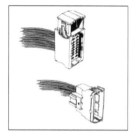
插接器16b

（1）16a 拆装

步骤一：用工具 7.1206C 将双联锁单元的平触点按下，以将其拆下来。

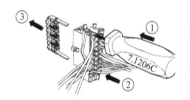

步骤二：采用工具 7.1206C 提高凸耳，取出卡子。

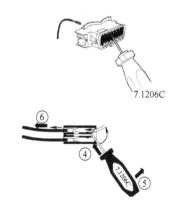

（2）16b 拆装

步骤一：打开卡箍，再按动两个从外壳后部突起的凸耳，以将双联锁单元松开 3mm。

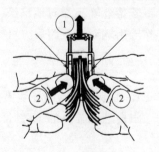

步骤二：当插头没有双平触头时，用工具 7.1206 E 将双联锁单元松开 3mm。

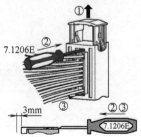

步骤三：采用工具 7.1206 AG 提高凸耳，取出卡子。

2. 热缩管修复断路导线

在旧线束上利用剥线钳和热缩管及热烘枪完成一根导线断路的修复。

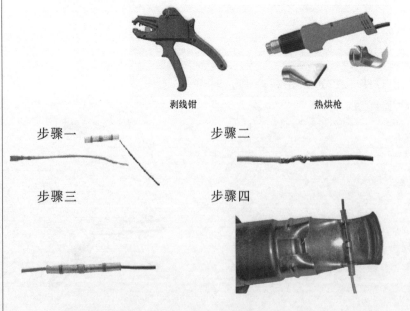

视频 1-3　8 步快速掌握汽车导线焊接维修方法

是否独立完成　完成□　未完成□

3. 导线绝缘处理

使用电工胶带对断路连接的导线进行绝缘处理。

（1）使用黄蜡带从导线绝缘层处开始缠绕，包裹两根带宽后进入芯线部分。

（2）黄蜡带与导线保持55°倾角，每圈压叠带宽1/2。

（3）完整包裹1圈黄蜡带，在收口处插入黑色布基胶带。

（4）黑色布基胶带反方向每圈压叠带宽1/2完成1圈缠绕，至完全覆盖黄蜡带。

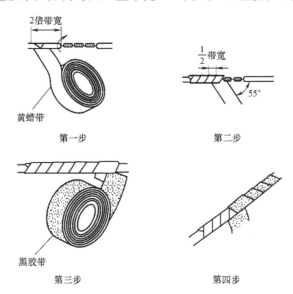

是否独立完成　完成□　未完成□

操作五　喇叭电路故障诊断与排除

（本操作适用于模块控制式喇叭）

1. 确定故障现象

操作喇叭开关，观察故障现象

_____

_____

2. 收集信息（两种方式：一、读取喇叭开关数据流；二、使用诊断仪测试喇叭功能）

（1）按下喇叭开关，使用诊断仪读取开关数据流，记录测试结果。

进入模块_____

喇叭开关数据流　已按下□　未按下□

（2）使用诊断仪测试喇叭功能。

进入模块_____

喇叭动作测试　正常□　异常□

（3）如发现其他故障信息，请记录：

_____

_____

3. 分析信息

由以上收集到的信息，推测故障的可能原因：
_____

_____

针对分析结果，我的故障诊断思路是：
_____

_____

4. 故障诊断

测量对象：_____
测量条件：_____
测量设备：_____
测量数据：_____
标准值：_____
测量值：_____
测量数据分析：_____
故障点：_____
维修建议：_____

5. 故障机理分析

项目二 车载网络系统维修

任务一 车载网络拓扑图绘制

	任务情景	● 客户报修车辆无法起动,组表仪表多个警告灯点亮,维修技师用诊断仪检查,发现各个控制单元无法通信,初步怀疑车载网络通信存在故障,请查阅电路图,完成网络拓扑图绘制,据此制定下一步维修方案
	预备知识	● 多路传输系统的定义及优点 ● 常用车载网络术语 ● CAN、LIN、FlexRay、Most 等总线在车辆上的应用及特点
	训练目标	● 能识读车载网络系统电路图 ● 能根据电路图绘制车载网络系统拓扑图 ● 能分析车载网络信号传递路径
	建议时间	● 60min
	注意事项	● 绘制网络拓扑图时注意明确各控制单元和插接器相对位置关系 ● 绘制网络拓扑图时需标注各控制单元 CAN 总线对应端子号
	实施条件	● 训练车辆 ● 电路图 ● 实操工单
	工具设备	● 常用拆装工具 ● 纱手套、抹布等

一、知识准备

如图所示为宝马 E70 车型车载网络拓扑图，试看图回答以下问题：

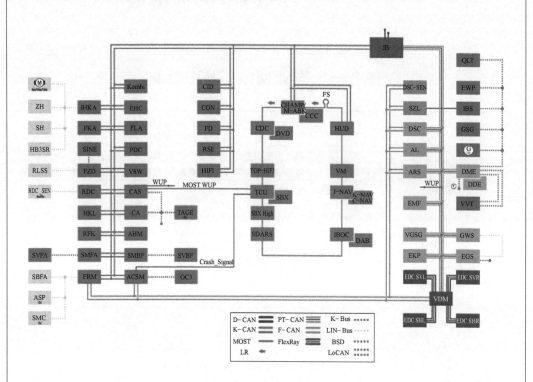

（1）动力控制总线系统共有_____个控制单元，各控制单元采用_____（选填"PT-CAN"或"F-CAN"或"K-CAN"）进行通信，属于_____（选填"高速"或"低速"）网络通信。

（2）底盘控制总线系统共有_____个控制单元，各控制单元采用_____（选填"PT-CAN"或"F-CAN"或"K-CAN"）进行通信，属于_____（选填"高速"或"低速"）网络通信。

（3）车身电气控制总线系统共有_____个控制单元，各控制单元采用_____（选填"PT-CAN"或"F-CAN"或"K-CAN"）进行通信，属于_____（选填"高速"或"低速"）网络通信。

（4）空调控制单元与鼓风机电动机采用_____总线进行通信，属于_____（选填"高速"或"低速"）网络通信。

（5）信息娱乐系统采用_____总线进行通信，属于_____（选填"高速"或"低速"）网络通信。

（6）电控悬架系统采用_____总线进行通信，属于_____（选填"高速"或"低速"）网络通信。

（7）连接动力控制总线系统、底盘控制总线系统、车身电气控制总线系统的网关为_____（填写控制单元元件代号）。

二、任务操作

操作一　车载网络拓扑图绘制

1. 查阅电路图，绘制车载网络拓扑图。

（1）车型：_____。

（2）绘制网络拓扑图（左边方框填写网关控制单元）。

2. 查阅电路图，识别 LIN 总线控制单元分布。
(1) 该车型有_____个 LIN 总线。
(2) 填写 LIN 总线控制单元分布。

	主控制单元	从控制单元	线色	线径/mm
LIN 总线				

操作二　车载网络信息流路径分析

查找电路图，记录以下信号的传输路径。

源模块	传输路径	目标模块
冷却液温度		组合仪表
制动开关		发动机控制单元
转向信号		ESP
倒档开关		倒车雷达模块
左前门开关		组合仪表

项目二 车载网络系统维修

任务二 CAN 总线故障诊断与排除

	任务情景	• 当 CAN 总线出现故障时,可通过网络测试、测量终端电阻、总线电压和总线波形等方法确定故障点,请根据实操工单提示,完成相关作业
	预备知识	• CAN 总线特点 • CAN 总线组成及信号传输原理 • CAN 总线故障诊断方法
	训练目标	• 能正确测量诊断接口各端子电压 • 能执行网络测试 • 能执行 CAN 总线终端电阻的测量与分析 • 能执行 CAN 总线电压及波形的测量与分析 • 能诊断与排除 CAN 总线典型故障
	建议时间	• 135min
	注意事项	• 测量线路时,需要注意保护线路 • 断开控制单元线束时,应断开蓄电池负极
	实施条件	• 训练车辆 • 电路图、维修手册
	工具设备	• 诊断仪 • 万用表 • 示波器 • 跨接线 • 常用拆装工具

一、知识准备

下图为 CAN 总线波形，试回答以下问题：

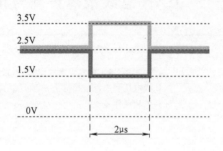

（1）CAN-H 显性电压为_____ V，隐性电压为_____ V。
（2）CAN-L 显性电压为_____ V，隐性电压为_____ V。
（3）CAN-H 与 CAN-L 电压和约为_____ V。
（4）图示 CAN 总线的数据传输速率为_____ kbit/s。

二、任务操作

操作一　诊断接口端子电压测量

1. 根据提供的车辆或台架，填写以下信息。
（1）车型：_____
（2）诊断接口与网关控制单元（是□　否□）集成为一体
2. 标出图中诊断接口 16 个引脚号（填写数字代号）。

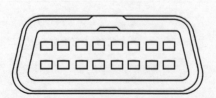

视频 2-1　DLC 结构与端子定义

3. 测量各引脚电压并说明其作用。

引脚号	作用	电压/V	引脚号	作用	电压/V
1			9		
2			10		
3			11		
4			12		
5			13		
6			14		
7			15		
8			16		

操作二　CAN 总线终端电阻测量

1. 关闭点火开关，断开蓄电池负极。

问题：测量终端电阻时，为何要断开蓄电池负极？

_____

2. 测量动力 CAN 总线终端电阻。

（1）查阅电路图，确定测量位置。

你选择的测量点是_____（诊断接口□　网关控制单元□　网络插接器□），对应的引脚号分别为_____、_____。

（2）万用表校零，测量 CAN-H 与 CAN-L 端子电阻，测得值为_____Ω，标准值应为_____Ω，结果（正常□　异常□）。

（3）断开发动机控制单元线束，测量 CAN-H 与 CAN-L 端子电阻，测得值为_____Ω，标准值应为_____Ω，结果（正常□　异常□）。

（4）断开网络中间插接器_____（填写插接器代号），测量 CAN-H 与 CAN-L 端子电阻，测得值为_____Ω，标准值应为_____Ω，结果（正常□　异常□）。

问题：若测得 CAN 总线终端电阻为 0Ω，说明 CAN 总线存在何种故障？

_____

3. 测量车身 CAN 总线终端电阻。

（1）查阅电路图，确定测量位置。

你选择的测量点是_____（诊断接口□　网关控制单元□　网络插接器□），对应的引脚号分别为_____、_____。

（2）万用表校零，测量 CAN-H 与 CAN-L 端子电阻，测得值为_____Ω，标准值应为_____Ω，结果（正常□　异常□）。

（3）断开网关控制单元线束，测量 CAN-H 与 CAN-L 端子电阻，测得值为_____Ω，标准值应为_____Ω，结果（正常□　异常□）。

（4）断开网络中间插接器_____（填写插接器代号），测量 CAN-H 与 CAN-L 端子电阻，测得值为_____Ω，标准值应为_____Ω，结果（正常□　异常□）。

操作三　CAN 总线电压测量

1. 打开点火开关，测量动力 CAN 总线电压。
CAN-H 电压为_____ V，CAN-L 电压为_____ V。
2. 关闭点火开关，等待 3min 后，测量动力 CAN 总线电压。
CAN-H 电压为_____ V，CAN-L 电压为_____ V。
问题：动力 CAN 总线休眠后，电压为多少？

_____

视频 2-2　总线系统终端电阻与总线电压的测量

操作四　CAN 总线波形测量

1. 用示波器测量动力 CAN 总线信号波形，填写在表格中（注意标注横、纵坐标单位）。

视频 2-3　CAN 总线波形测量

①网络正常通信	②网络停止工作

2. 用示波器测量车身 CAN 总线信号波形，填写在表格中（注意标注横、纵坐标单位）。

①网络正常通信	②网络停止工作

操作五　CAN 总线故障诊断

1. 确定故障现象

打开点火开关，尝试起动发动机，记录故障现象（包括仪表信息、起动机动作等）
_____
_____

2. 收集信息

（1）使用诊断仪执行车辆网络测试，记录测试结果。
_____
_____

（2）使用诊断仪读取故障码，记录故障码及其内容描述。
_____
_____

（3）如发现其他故障信息，请记录：
_____
_____

3. 分析信息

由以上收集到的信息，推测故障的可能原因：
_____
_____

针对分析结果，我的故障诊断思路是：
_____
_____

4. 故障诊断

测量对象：_____
测量条件：_____
测量设备：_____
测量数据：_____
标准值：_____
测量值：_____
测量数据分析：_____
故障点：_____
维修建议：_____

5. 故障机理分析
_____
_____
_____
_____

项目二 车载网络系统维修

任务三 LIN总线故障诊断与排除

	任务情景	• 车主反映使用左前侧车窗开关无法控制左后侧车窗工作,该车型前后车门控制单元采用LIN总线通信,为了正确诊断此类故障,需要对LIN总线进行检测
	预备知识	• LIN总线特点 • LIN总线组成及信号传输原理 • LIN总线故障诊断方法
	训练目标	• 能正确测量诊断接口各端子电压 • 能执行网络测试 • 能执行LIN总线终端电阻的测量与分析 • 能执行LIN总线电压及波形的测量与分析 • 能诊断与排除LIN总线典型故障
	建议时间	• 45min
	注意事项	• 测量线路时,需要注意保护线路 • 断开控制单元线束时,应断开蓄电池负极
	实施条件	• 训练车辆 • 电路图、维修手册
	工具设备	• 诊断仪、万用表、示波器、跨接线、常用拆装工具

一、知识准备

根据下图的 LIN 总线波形，试回答以下问题：

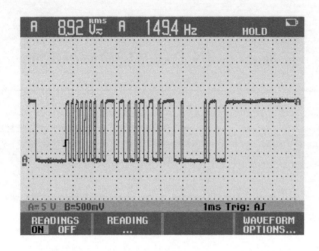

视频 2-4 长安福特车辆网络系统

（1）LIN 总线显性电压为_____ V，隐性电压为_____ V。

（2）LIN 总线属于_____（选填"高速"或"低速"）通信的总线。

（3）LIN 总线_____（选填"具备"或"不具备"）容错性能。

二、任务操作

（适用于前后车门控制单元采用 LIN 总线控制，且驾驶员侧车门控制单元为主控制单元的车型）

操作一　LIN 总线电阻测量

1. 查找电路图，驾驶员侧车门控制单元 LIN 线的颜色是：_____；引脚号是_____。

2. 断开驾驶员侧车门控制单元的插接器，使用万用表测量模块侧 LIN 引脚与电源引脚之间的电阻值为：_____ Ω。

3. 断开左后车门控制单元的插接器，使用万用表测量开关侧 LIN 引脚与电源引脚之间的电阻值为：_____ Ω。

操作二　LIN 总线电压测量

1. 用探针背插在左前车门控制单元 LIN 线路上。

2. 关闭点火开关，待 LIN 总线休眠，测量 LIN 总线电压。

LIN 总线电压为_____ V，结果（异常□　未见异常□）

3. 打开点火开关（ON位），测量LIN总线电压。

LIN总线电压为_____ V，结果（异常□ 未见异常□）。

打开点火开关后，LIN总线电压（增大□ 减小□ 不变□）。

4. 通过驾驶员侧控制开关操作左后车窗，测量LIN总线电压。

LIN总线电压为_____ V，结果（异常□ 未见异常□）。

问题：操作车窗开关后，LIN总线电压有无变化？

_____

_____

操作三　LIN总线波形测量

用示波器检测驾驶员侧车窗开关LIN总线电压波形（也可测量其他LIN总线波形），填写在表格中（注意标注横、纵坐标单位）。

①不操作车窗开关	②操作车窗开关

操作四　LIN总线故障诊断

1. 确定故障现象

打开点火开关或起动发动机，记录车辆LIN模块控制部件故障现象（包括仪表信息、多功能显示屏等）。

_____

_____

2. 收集信息

(1) 使用诊断仪执行车辆网络测试，记录测试结果。

_____

_____

(2) 使用诊断仪读取故障码，记录故障码及其内容描述。

_____

_____

(3) 如发现其他故障信息，请记录：

_____

_____

3. 分析信息

由以上收集到的信息，推测故障的可能原因：
_____
_____

针对分析结果，我的故障诊断思路是：
_____
_____

4. 故障诊断

测量对象：_____
测量条件：_____
测量设备：_____
测量数据：_____
标准值：_____
测量值：_____
测量数据分析：_____
故障点：_____
维修建议：_____

5. 故障机理分析

_____
_____
_____
_____
_____
_____
_____
_____
_____
_____
_____
_____
_____
_____
_____
_____
_____
_____
_____

项目三 充电系统维修

任务一 蓄电池性能测试

任务情景	• 客户报修车辆在起动时听到"咔、咔"声,同时仪表背景灯变暗,发动机无法起动。初步判断,该故障的原因是蓄电池电压过低,作为一名技师,您如何通过相应的检测工作来判断故障具体原因
预备知识	• 蓄电池功用与组成 • 蓄电池的工作原理 • 蓄电池标识
训练目标	• 会运用跨接方法起动汽车 • 能够完成蓄电池状态检查 • 能够完成蓄电池性能测试 • 能用不同方法对蓄电池充电 • 能够完成蓄电池更换
建议时间	• 70min
注意事项	• 请务必按照老师的指导,合理使用仪器,做到轻拿轻放,以免损坏 • 注意人身安全,避免损坏车辆 • 注意环境保护
实施条件	• 训练车辆 • 带有举升机的操作工位 • 实操工单、维修手册、电路图
工具设备	• 数字式万用表 • 专用电池搭电线 • 蓄电池密度计 • 蓄电池性能测试仪 • 蓄电池充电机 • 常用工具

一、知识准备

1. 蓄电池的工作过程是_____能与_____能的转换过程。蓄电池正、负极板之间的电压为_____ V，一般轿车用蓄电池由_____单格电池_____联组成，其额定电压为_____ V。

2. 蓄电池的电解液是_____的水溶液，具有很强的腐蚀性，因此在蓄电池检查时，要做好防护，注意安全；随着蓄电池的放电，电解液的相对密度会逐渐_____；而在充电过程中电解液的相对密度会逐渐_____，充电完毕后，若继续充电，将会引起水的电离，生成_____气和_____气，为防止蓄电池内部压力过高，蓄电池上应装有_____孔，同时在对蓄电池充电时，为了保证安全，在蓄电池附近一定要禁止出现。

3. 如果你在蓄电池上发现"55B24L"的标识，说明该蓄电池容量为_____，蓄电池长为_____、宽为_____、高为_____，正负桩头最靠近自己时观察，负极桩头位置在：左侧□　　右侧□。

二、任务操作

操作一　认识蓄电池

根据提供的车辆或台架，勾选蓄电池的类型。
（1）车型：_____
（2）该车有蓄电池（1块□　2块□）。
（3）蓄电池1安装位置在（发动机舱□　行李舱□　乘客舱□）。
　　 蓄电池2安装位置在（发动机舱□　行李舱□　乘客舱□）。
（4）蓄电池1的型号为_____
　　 蓄电池2的型号为_____

操作二　跨接起动发动机

1. 确认起动蓄电池安装位置在（发动机舱□　行李舱□　乘客舱□）。
2. 你选择的跨接起动电源是（蓄电池□　汽车□　应急起动电源□）。
3. 你选择的跨接起动电缆是（普通导线□　专用电池搭电线□）。
问题：跨接起动电缆选择错误会造成什么样的后果？
_____
4. 如果你选择的是蓄电池或汽车作为起动电源，它们的电压是_____
   与你要起动的汽车电源额定电压是否一致：是□　　否□
5. 如果你选择的是应急起动电源，你选择的电压是_____
问题：如果你选择的起动电源电压，与你要起动的汽车电源额定电压不一致，会造成什么样的后果？
_____

6. 跨接起动电缆红色导线接起动电源的（正极□　负极□　车身搭铁□）。

7. 跨接起动电缆红色导线连接被起动汽车的（蓄电池正极□　蓄电池负极□　车身搭铁□）。

8. 跨接起动电缆黑色导线接起动电源的（正极□　负极□　车身搭铁□）。

9. 跨接起动电缆黑色导线连接被起动汽车的（蓄电池正极□　蓄电池负极□　车身搭铁□）。

10. 检查起动电缆两端连接是否牢固：是□　否□

问题：如果正、负极接错了会造成什么后果？

_____

问题：如果起动电缆钳夹不牢固会造成什么后果？

_____

11. 是否起动：是□　否□
问题：如果被起动汽车此时能起动，则一定可以说明的是（单选）：
（1）发动机不能起动是因起动机故障引起□
（2）发动机不能起动是因发动机控制单元故障引起□
（3）发动机不能起动是因蓄电池电量不足引起□
（4）发动机不能起动是因蓄电池损坏引起□

_____

问题：如果此时仍然不能起动，可能原因是什么？你接下来应该怎么做？

_____

12. 拆卸起动电缆两端的红色钳夹。
13. 拆卸起动电缆两端的黑色钳夹。
问题：如果同时拆卸蓄电池两端的红色和黑色钳夹，有可能会造成什么后果？

_____

14. 清洁工具和车辆，设备复位。

_____

操作三　蓄电池状况检查

1. 蓄电池荷电状态指示器为（绿色□　黑色□　白色□）。
说明蓄电池：电量充足□　需充电□　需更换□
2. 关闭点火开关，测得蓄电池正、负极桩之间的电压是____V，此电压：正常□　偏低□；

关闭点火开关，测得蓄电池正、负极电缆之间的电压是_____V，此电压：正常□　偏低□。

3. 起动发动机，测得蓄电池正、负极桩之间的电压是____V，此电压：正常□　偏低□；

起动发动机，测得蓄电池正、负极电缆之间的电压是____V，此电压：正常□　偏低□。

问题：如果在两极桩之间和在正、负极电缆之间测量的电压存在较大差异，则说明：
_____
问题：如果起动发动机时较关闭点火开关时电压下降过多，则说明：
_____

4. 检查蓄电池端子是否腐蚀：是□　否□
问题：如果蓄电池端子腐蚀，该如何处理：_____
5. 检查蓄电池端子导线是否松动：是□　否□
问题：如果蓄电池端子导线松动，紧固力矩为_____
6. 检查电解液液位是否正常：是□　否□
7. 检查蓄电池壳体是否：裂纹□　变形□　电解液渗漏□　固定支架松动□
8. 检查通风孔塞是否损坏（维护蓄电池忽略）：是□　否□
9. 检查通风孔是否堵塞（维护蓄电池忽略）：是□　否□
10. 检查蓄电池电解液密度（维护蓄电池忽略）：_____
11. 清洁工具和车辆，设备复位。

操作四　蓄电池性能测试

视频 3-1
蓄电池检测

1. 蓄电池性能测试仪型号：_____
2. 测试位置：蓄电池极桩□　跨接起动端子□
3. 蓄电池性能测试仪红色夹钳连接蓄电池极_____，黑色夹钳连接蓄电池_____极。
4. 选择的电池类型：普通电池□　AGM 电池□
5. 选择的额定系统：CCA□　JIS□
6. 如选择 CCA 额定系统，低温电流检测值为_____
7. 蓄电池检测仪检查结果：电池状态：良好□　一般□　需注意□　请更换□
   当前电压_____　CCA 值_____　电池内阻_____
   电池电量_____　电池寿命_____
8. 根据以上测量结果，你给出的维修建议是：_____
9. 清洁工具和车辆，设备复位。

操作五　蓄电池充电

1. 蓄电池充电前检查：壳体裂纹□　壳体变形□　电解液液位□　电解液渗漏□　蓄电池极桩腐蚀□
2. 拆卸蓄电池加液孔（维护蓄电池忽略）。
3. 检查充电工位环境：通风良好□　无明火□　无可能产生电火花的用电器工作□　消防器材良好□　220V 电源安装可靠□
4. 充电设备型号：_____
5. 查阅充电设备使用说明。
6. 确定充电位置：蓄电池极桩□　跨接起动端子□

7. 蓄电池性能测试仪红色夹钳连接蓄电池极_____，黑色夹钳连接蓄电池_____极。
8. 检查充电设备开关是否处于关闭状态。
9. 检查充电设备充电电流是否处于最小值。
10. 将充电设备连接到220V电源上。
11. 打开充电设备电源开关。
12. 充电方法选择：
（1）定电流充电：第一阶段充电电流_____ A，第二阶段充电电流_____ A；
（2）定电压充电：充电电压_____ V；
（3）快速充电。
13. 蓄电池充电完成后性能测试：_____
当前电压_____、CCA值_____、电池内阻_____、电池电量_____、电池寿命_____。
14. 根据以上测量结果，你给出的维修建议是：_____。
15. 清洁工具和车辆，设备复位。

操作六 蓄电池更换

1. 查阅维修手册，确定蓄电池断开程序（维修手册_____页）。
2. 确认点火开关处于关闭状态。
3. 确认用电设备处于关闭状态。
4. 打开发动机舱盖。
5. 打开蓄电池盖。
6. 用扳手拆下蓄电池负极电缆固定螺栓。
7. 用扳手拆下蓄电池正极电缆固定螺栓。
问题：为什么要先拆负极电缆固定螺栓，再拆正极电缆固定螺栓？如果顺序错误，有可能造成什么后果？
_____
8. 拆卸蓄电池固定卡板。
9. 取出蓄电池。
10. 新蓄电池更换前检查：壳体裂纹□　壳体变形□　电解液液位□　电解液渗漏□　蓄电池极桩腐蚀□　生产日期：_____
问题：新更换的蓄电池，如存在库存过久还能否使用？具体原因是什么？
_____
11. 新更换的蓄电池品牌_____，与原车蓄电池品牌是否一致：
　　是□　否□
12. 新更换的蓄电池型号_____，与原车蓄电池型号是否一致：
　　是□　否□
问题：能否更换与原车蓄电池品牌不一致的蓄电池？原因是什么？
_____

问题：能否更换与原车蓄电池型号不一致的蓄电池？原因是什么？
_____

问题：带起停功能的车辆，用什么蓄电池：普通□ 增强型□ AGM□；如果选择错误会出现什么样的结果？
_____

13. 根据蓄电池型号，确定蓄电池的额定容量：_____、蓄电池的宽度：_____、高度：_____、长度：_____、负极端子的位置：左侧□ 右侧□
14. 测量新蓄电池的电压，为_____V，是否符合要求：是□ 否□
15. 安装符合要求的新蓄电池（注意方向）。
16. 安装蓄电池固定卡板，螺栓紧固力矩为_____N·m。
17. 安装蓄电池正极电缆，螺栓紧固力矩为_____N·m。
18. 安装蓄电池负极电缆，螺栓紧固力矩为_____N·m。
19. 更换新蓄电池后，检查发动机能否起动：能起动□ 不能起动□
20. 更换新蓄电池后，保持发动机运行20min左右。

问题：你知道更换新蓄电池后，为什么要保持发动机运行20min左右吗？
_____

21. 以下更换蓄电池后续工作，如无须操作，请忽略：
（1）解除电子防盗系统的锁止状态□
（2）执行发动机怠速控制系统的自适应学习□
（3）对遥控器进行匹配□
（4）重新设定电动车窗玻璃的自动上升/下降功能□
（5）对天窗进行初始化□
（6）设置显示屏的信息□
（7）进行方向盘转角传感器位置的初始化□
（8）重新设置可调式电动座椅、电动后视镜等机构□
（9）对供电控制单元进行设定□
_____□
_____□
_____□

22. 清洁工具和车辆，设备复位。

三、操作结果分析

根据以上检查测量，你认为导致车辆在起动时听到"咔、咔"声，同时仪表背景灯变暗，发动机无法起动的原因是什么？
_____
_____
_____

项目三 充电系统维修

任务二 车辆漏电检测

	任务情景	• 客户反映车辆新更换蓄电池,停放两三天后就没有电,发动机无法起动。经过与客户沟通确认,车主在发动机熄火后,没有长时间听收音机和开鼓风机的习惯,也没有频繁起动车辆,因此排除用户使用习惯导致蓄电池亏电。作为一名技师,您如何通过相应的检测工作来判断故障原因
	预备知识	• 休眠电流的概念及休眠电流存在的原因 • 车辆漏电检测方法
	训练目标	• 会测量蓄电池休眠电流 • 能通过检测找出车辆漏电部位
	建议时间	• 45min
	注意事项	• 请务必按照老师的指导,合理使用仪器,做到轻拿轻放,以免损坏 • 注意人身安全,避免损坏车辆 • 注意环境保护
	实施条件	• 训练车辆 • 带有举升机的操作工位 • 实操工单、维修手册、电路图
	工具设备	• 数字式万用表 • 电流钳 • 常用工具

一、知识准备

1. 休眠电流存在的原因有（多选）：电气设备为了保持数据的记忆功能☐　防盗用传感器需要长期供电☐　驾驶室内及行李舱照明☐　座椅加热☐
2. 导致汽车漏电的原因有：_____、_____、_____、_____。
3. 用电流夹钳测量电流时，电流钳的方向应：_____。

二、任务操作

操作一　认识汽车供电电路

根据提供的车辆或台架，查阅维修资料，找出以下部件。

1. 该车辆（或台架）共有_____个熔丝盒，它们分别安装在_____。
2. 与发电机连接的熔丝是：_____，该熔丝的规格是_____。
3. 与助力转向控制单元连接的熔丝是：_____，该熔丝的规格是_____。
4. 与冷却风扇控制单元连接的熔丝是：_____，该熔丝的规格是_____。
5. 与车内熔丝盒连接的熔丝是：_____，该熔丝的规格是_____。

操作二　休眠电流测量（用电流表）

1. 确认电流表的量程为_____。
2. 断开蓄电池的负极电缆，如右图将电流表串联在电路中。

问题：如果将电流表并联在电路中，会出现什么后果？
_____

3. 打开点火开关时，测量电流为_____。
4. 关闭点火开关时，测量电流为_____。
5. 关闭所有车门时，测量电流为_____。
6. 关闭行李舱盖时，测量电流为_____。
7. 关闭发动机舱盖时，测量电流为_____。

问题：测量时如果发动机舱盖不方便关闭，你会怎么做？
_____

8. 用遥控器锁门后，测量电流为_____。
9. 轻度休眠阶段，测量电流为_____。

问题：你在测量时，从锁门到轻度休眠大概需要多少时间？
_____

10. 深度休眠阶段，测量电流为_____。

问题：你在测量时，从轻度休眠到深度休眠大概需要多少时间？
_____

操作三　休眠电流测量（用电流钳）

1. 确认电流钳的量程为_____。
2. 扳开电流钳钳口，如右图将表头套在蓄电池的负极电缆上，注意，此时电流钳上的箭头应指向蓄电池负极。

问题：如果电流钳的方向错误，会出现什么情况？
_____

3. 打开点火开关时，测量电流为_____。
4. 关闭点火开关时，测量电流为_____。
5. 关闭所有车门时，测量电流为_____。
6. 关闭行李舱盖时，测量电流为_____。
7. 关闭发动机舱盖时，测量电流为_____。

问题：测量时如果发动机舱盖不方便关闭，你会怎么做？
_____

8. 用遥控器锁门后，测量电流为_____。
9. 轻度休眠阶段，测量电流为_____。

问题：你在测量时，从锁门到轻度休眠大概需要多少时间？
_____

10. 深度休眠阶段，测量电流为_____。

问题：你在测量时，从轻度休眠到深度休眠大概需要多少时间？
_____

问题：对比两种仪表测量休眠电流，请你分别说出它们的优缺点。
_____

问题：通过以上测量，你发现该车的休眠电流：正常□　过大□
_____

操作四　漏电范围查找

1. 用电流钳套住蓄电池与发电机连接线，测量电流为_____，测量值：过大□　正常□

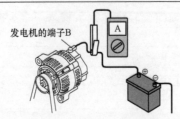

问题：如果此时的休眠电流过大，可能的原因会是什么？

_____

2. 用电流钳套住蓄电池与助力转向控制单元连接线，测量电流为_____，测量值：过大□　正常□。

问题：如果此时的休眠电流过大，可能的原因会是什么？

_____

3. 用电流钳套住蓄电池与冷却风扇控制单元连接线，测量电流为_____，测量值：过大□　正常□。

问题：如果此时的休眠电流过大，可能的原因会是什么？

_____

4. 用电流钳套住蓄电池与车内熔丝盒连接线，测量电流为_____，测量值：过大□　正常□。

问题：如果此时的休眠电流过大，可能的原因会是什么？

_____

操作五　熔丝电流分析

为了高效准确查找并缩小漏电范围，可以通过检测熔丝两端的电压，对照熔丝电压电流对应关系表，判断该熔丝是否有电流流过，并写出电流大小。如果实验车辆或教学台架没有以下熔丝，请忽略，如没有涉及到，可自行添加。

1. 发动机控制单元主供电熔丝（编号）_____两端电压：_____V，对应电流：_____A，测量值：过大□　正常□。

2. ABS控制单元主供电熔丝（编号）_____两端电压：_____V，对应电流：_____A，测量值：过大□　正常□。

3. 仪表控制单元主供电熔丝（编号）_____两端电压：_____V，对应电流：_____A，测量值：过大□　正常□。

4. 变速器控制单元主供电熔丝（编号）_____两端电压：_____V，对应电流：_____A，测量值：过大□　正常□。

5. 空调控制单元主供电熔丝（编号）_____两端电压：_____V，对应电流：_____A，测量值：过大□　正常□。

6. 车身控制单元主供电熔丝（编号）_____两端电压：_____V，对应电流：_____A，测量值：过大□　正常□。

7. 网关控制单元主供电熔丝（编号）_____两端电压：_____V，对应电流：_____A，测量值：过大□　正常□。

8. 前照灯供电熔丝（编号）_____两端电压：_____V，对应电流：_____A，测量值：过大☐ 正常☐。

  9. 刮水器供电熔丝（编号）_____两端电压：_____V，对应电流：_____A，测量值：过大☐ 正常☐。

  10. _____（编号）_____两端电压：_____V，对应电流：_____A，测量值：过大☐ 正常☐。

  11. _____（编号）_____两端电压：_____V，对应电流：_____A，测量值：过大☐ 正常☐。

  12. _____（编号）_____两端电压：_____V，对应电流：_____A，测量值：过大☐ 正常☐。

  问题：通过以上测量，你发现的异常点在哪个系统？能具体到哪个部位吗？

_____

13. 清洁工具和车辆，设备复位。

三、操作结果分析

根据你的检查结果，请给出维修建议。

_____

项目三　充电系统维修

任务三　充电系统测试

	任务情景	● 发动机因蓄电池亏电而无法起动,经过测量发现蓄电池性能良好且无漏电现象,因此怀疑是发电机发电量不足导致蓄电池亏电。作为一名技师,您如何通过相应的检测工作来判断故障原因
	预备知识	● 发电机的结构与组成 ● 发电机的发电、整流、调压原理 ● 充电系统工作原理
	训练目标	● 能够对充电系统进行测试 ● 能够对发电机进行测量 ● 能够排除充电系统故障
	建议时间	● 70min
	注意事项	● 请务必按照老师的指导,合理使用仪器,做到轻拿轻放,以免损坏 ● 注意人身安全,避免损坏车辆 ● 注意环境保护
	实施条件	● 训练车辆 ● 带有举升机的操作工位 ● 实操工单、维修手册、电路图
	工具设备	● 数字式万用表 ● 台虎钳 ● 游标卡尺 ● 常用工具、专用工具

一、知识准备

下图为某车型发电机结构图，看图回答以下问题：

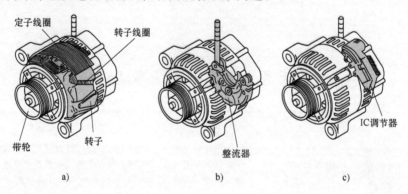

a)　　　　　　　　b)　　　　　　　　c)

（1）交流发电机中产生旋转磁场的是_____（选填"定子"或"转子"）；产生感应电动势的是_____（选填"定子"或"转子"）。

（2）交流发电机输出的是交流电，由_____来实现将交流电转变为直流电。

（3）发电机的输出电压随发动机转速增加而_____（选填"上升"或"下降"），为保证用电设备对恒定电压的要求，由_____来实现稳压。

二、任务操作

操作一　测试充电系统

1. 打开点火开关，不起动发动机，观察仪表中充电指示灯：常亮□　不亮□

2. 测量蓄电池电压：_____V，测量值：过低□　正常□

3. 如右图，连接电流表及电压表，起动发动机后怠速运行，关闭所有用电设备，充电指示灯：常亮□　不亮□，测量蓄电池电压：_____V，测量值：过大□　过小□　正常□；电流：_____A，测量值：过大□　过小□　正常□

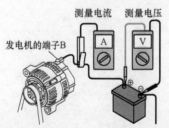

问题：如果充电指示灯在发动机起动后一直常亮，说明什么问题？

4. 将发动机加速到 2000r/min，保持所有用电设备关闭，测量蓄电池电压：_____ V，测量值：过大□ 过小□ 正常□；电流：_____ A，测量值：过大□ 过小□ 正常□

问题：如果测得结果超出特定值，发电机可能有故障。如果此值高于上限，问题应该在_____；相反，如果此值低于下限，问题应该在_____。

5. 保持发动机转速 2000r/min，打开前照灯远光，并将加热器鼓风机开关转至 HI 位置。

6. 测量蓄电池电压：_____ V，测量值：过大□ 过小□ 正常□；电流：_____ A，测量值：过大□ 过小□ 正常□

7. 增加电气负载（运行刮水器、后窗除雾器等）。

8. 测量蓄电池电压：_____ V，测量值：过大□ 过小□ 正常□；电流：_____ A，测量值：过大□ 过小□ 正常□

问题：如果测得结果小于规定值，说明发电机有问题，问题应该在_____。

视频 3-2 交流发电机的拆装与检测

操作二　发电机拆检

操作步骤	图示
1. 检查交流发电机每个接线端子的连接情况、蓄电池接线端子的连接情况、熔丝、熔断器连接情况。正常□ 异常□	
2. 检查发电机传动带是否变形、破损：正常□ 异常□ 测量传动带张紧力为：_____ 正常□ 异常□	
3. 脱开蓄电池负极（-）端子电缆。	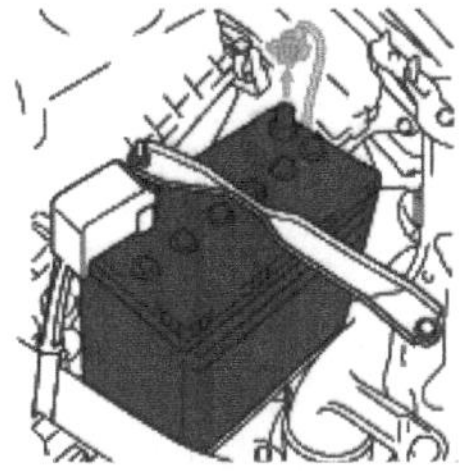

（续）

操作步骤	图示
4. 脱开发电机电缆和插接器。	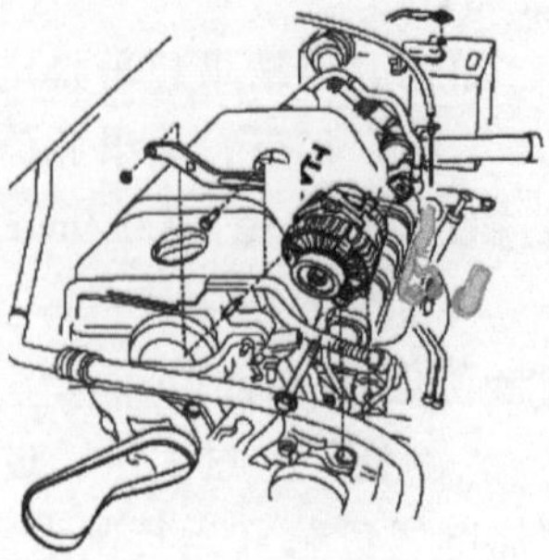
5. 拆卸发电机。	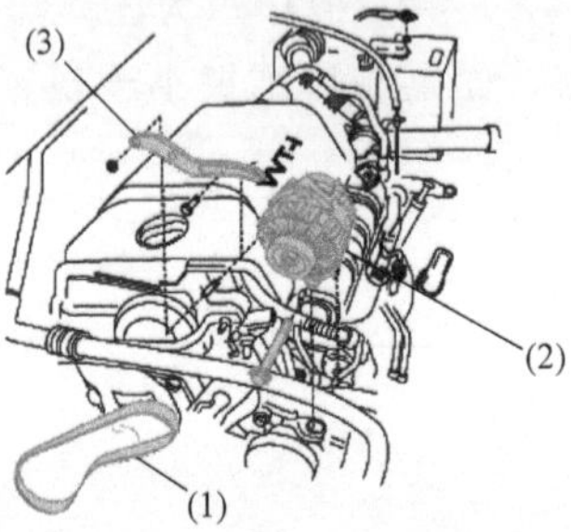
6. 拆卸发电机带轮。	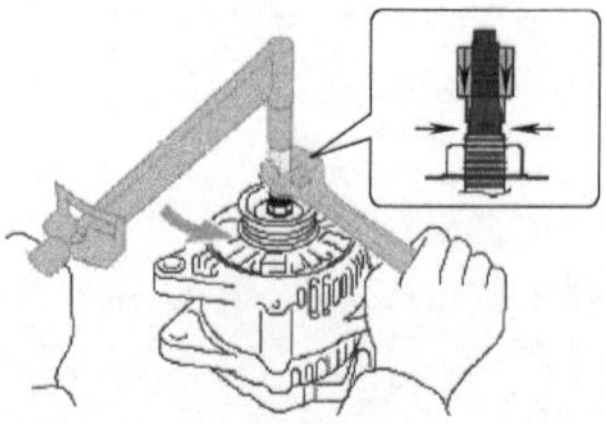
7. 拆卸整流器端盖。	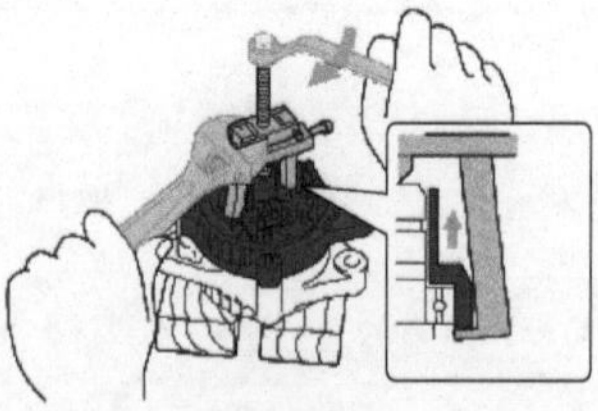
8. 拆卸发电机转子总成。	

(续)

操作步骤	图示
9. 目视检查发电机转子总成:良好□　脏污□　烧蚀□ 处理方式:清洁□　更换转子总成□	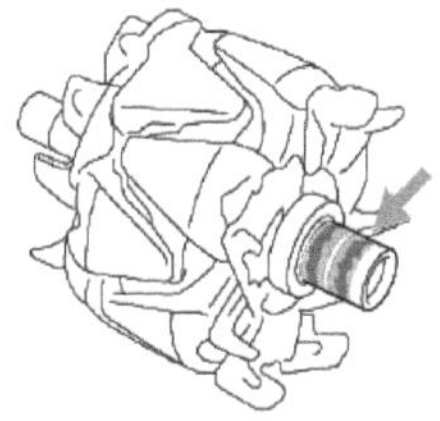
10. 测量两集电环之间的电阻,测量值:_____ Ω。 测量结果判断:良好□　转子线圈断路□　转子线圈短路□	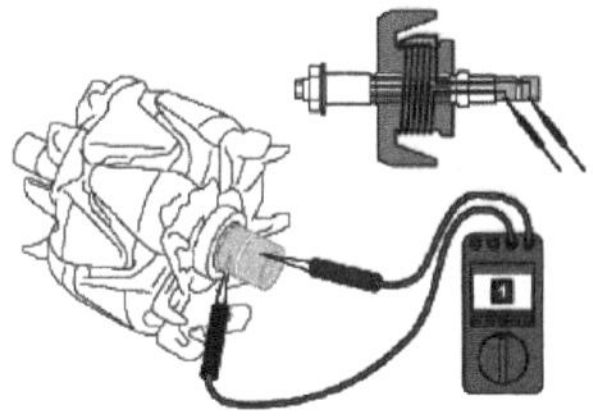
11. 测量集电环和转子爪极之间的电阻,测量值:_____ Ω。 测量结果判断:良好□　转子线圈对爪极短路□	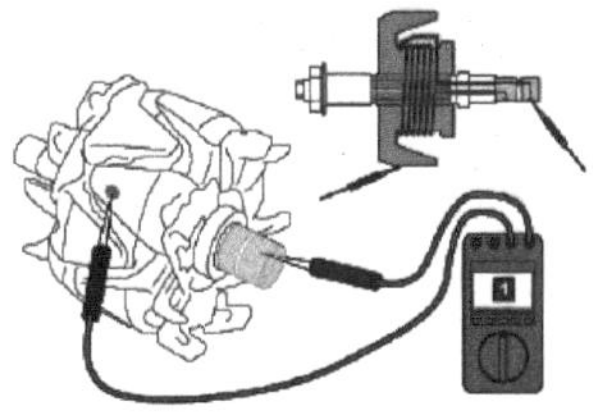
12. 测量集电环外径,测量值:_____ mm。 测量结果判断:良好□　磨损过度□	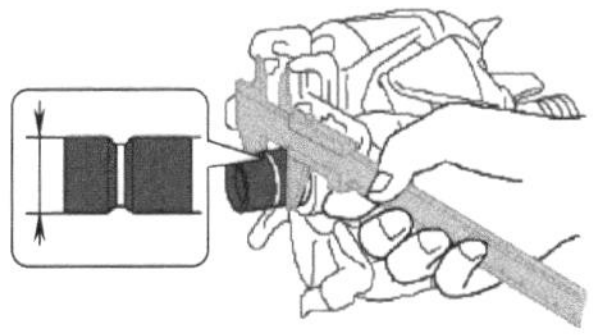
13. 测量三相绕组间的电阻,线圈 A-B 电阻____ Ω,A-C 电阻_____ Ω,B-C 电阻_____ Ω。 测量结果判断:良好□　线圈断路□　线圈短路□	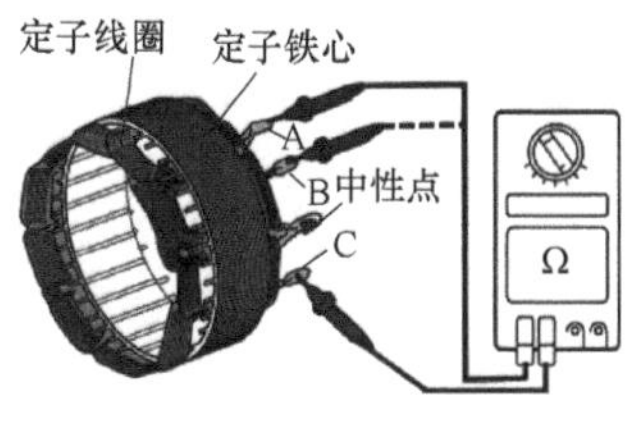
14. 测量三相绕组与定子铁心间的电阻,线圈 A-搭铁电阻_____ Ω,线圈 B-搭铁电阻_____ Ω,线圈 C-搭铁电阻_____ Ω,测量结果判断:良好□　线圈 A-搭铁短路□　线圈 B-搭铁短路□　线圈 C-搭铁短路□	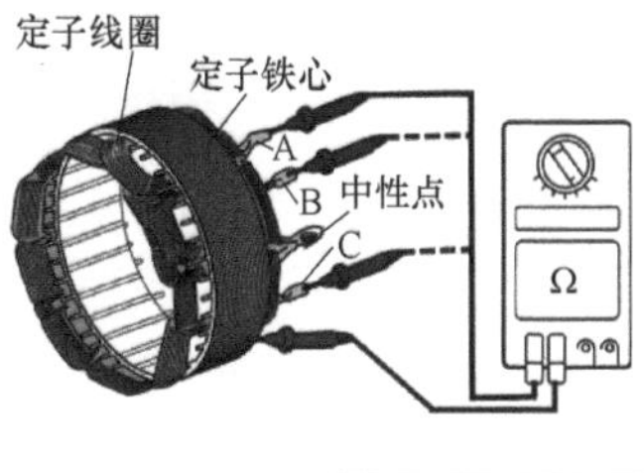

（续）

操作步骤	图示
15. 测量整流器的二极管单向导通性。 测量结果判断：有断路□　有击穿□	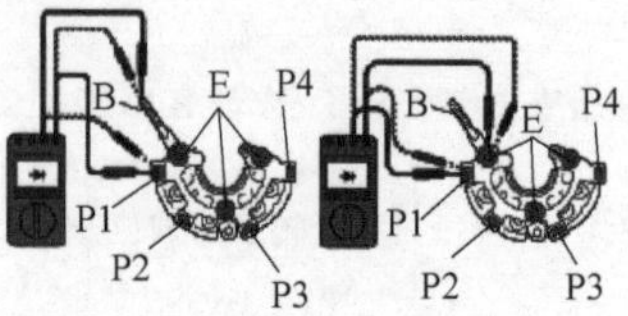
16. 测量电刷长度，测量值：_____ mm。 测量结果判断：良好□　磨损过度□	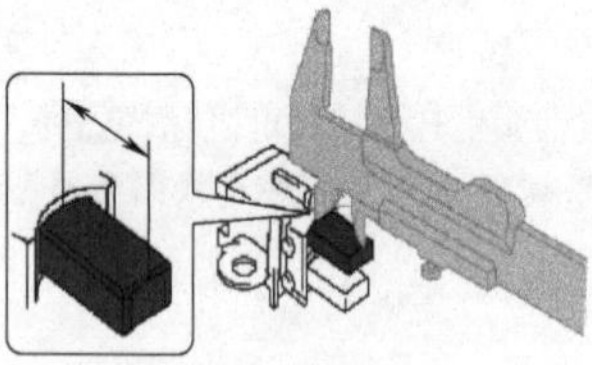
17. 安装发电机转子总成。	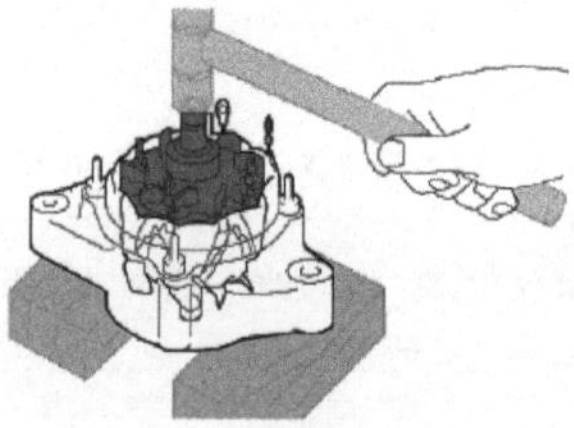
18. 安装整流器端盖，螺栓紧固力矩为_____ N·m。	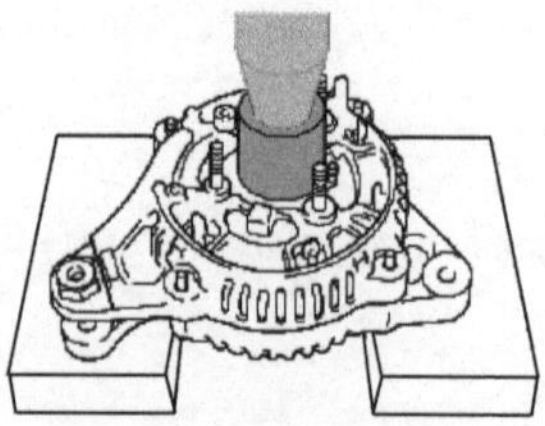
19. 安装发电机电刷座。	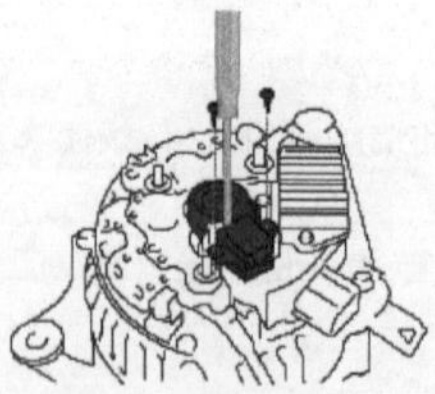
20. 安装发电机带轮。	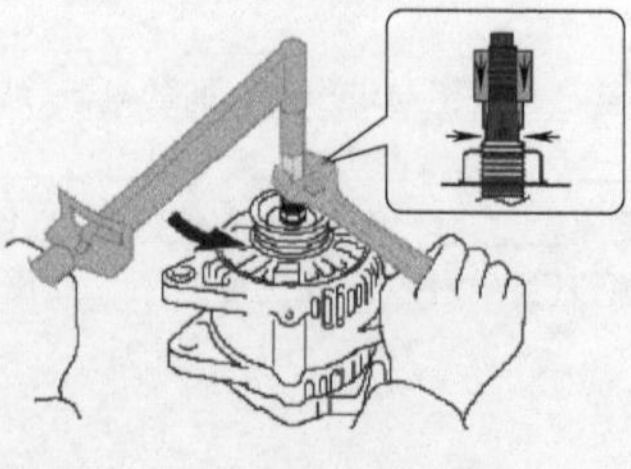

(续)

操作步骤	图示
21. 紧固带轮,带轮螺栓紧固力矩为_____N·m。	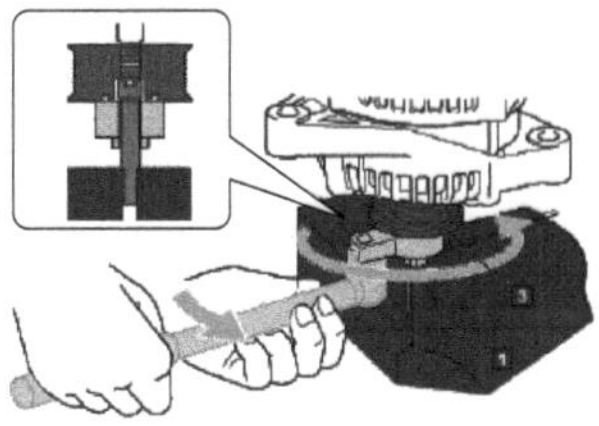
22. 安装发电机,螺栓紧固力矩为_____N·m。	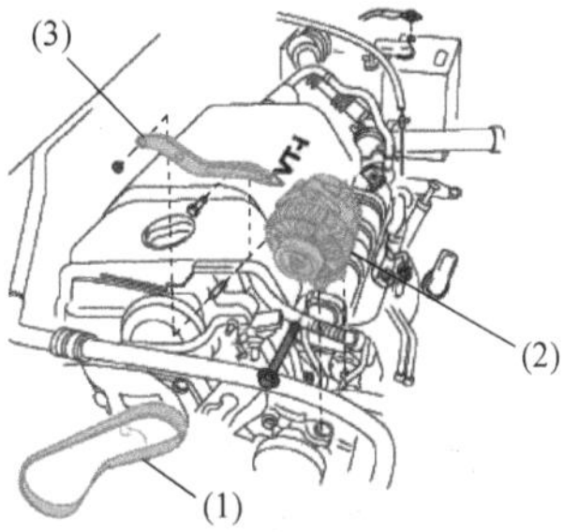
23. 连接发电机电缆和插接器电缆,螺栓紧固力矩为_____N·m。	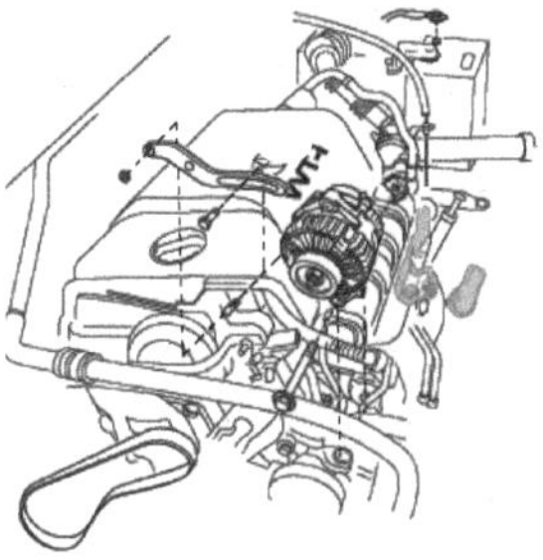
24. 连接蓄电池负极(-)端子电缆,螺栓紧固力矩为_____N·m。	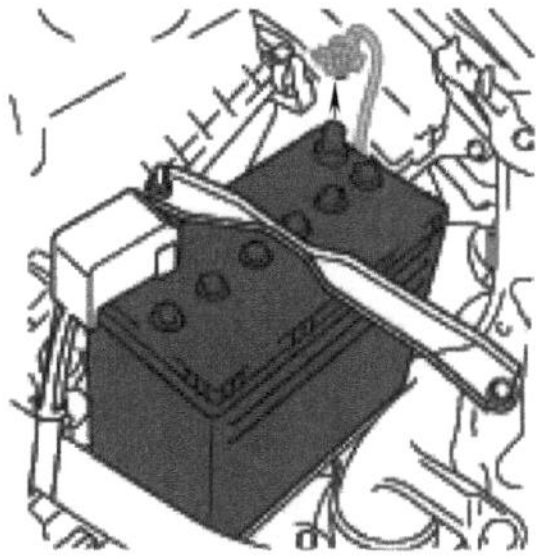
25. 起动发动机,检查发电机工作情况,检查结果:良好□ 不发电□ 发电量不足□	
26. 清洁工具和车辆,设备复位	

问题:起动发动机后,如果发电机不发电或者发电量不足,你接下来应该怎么办?

_____

_____

_____

三、操作结果分析

根据充电系统检查结果，提出维修建议。

项目四　汽车灯光系统维修

任务一　汽车灯光系统基本检查

	任务情景	• 某客户报修灯光系统故障,请对汽车灯光系统进行基本检查,并完成工单的填写
	预备知识	• 汽车灯光系统的作用 • 汽车灯光系统各开关的认识 • 汽车灯光系统的组成、分类 • 汽车灯光系统的安装位置 • 汽车灯光系统的操作方法
	训练目标	• 能在车辆或台架上找到车辆的外部灯光和内部灯光及相应的灯光开关 • 能熟练查阅汽车灯光系统使用手册 • 能正确操作开启汽车灯光系统
	建议时间	• 90min
	注意事项	• 请务必按照老师的指导,合理使用仪器,做到轻拿轻放,以免损坏 • 注意人身安全,避免损坏车辆 • 在车间,发动机处于运行期间,需要连接尾气排放装置
	实施条件	• 训练车辆或台架 • 实操工单、使用手册、维修手册、电路图
	工具设备	• 蓄电池充电器4只 • 万用表4只

一、知识准备

1. 典型汽车灯光开关。

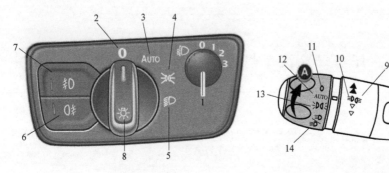

迈腾B8L车灯开关　　　　　标致4008车灯开关

以上是旋钮式和拨杆式车灯开关,请将相应功能档位序号填写到以下空格中,注意一个空可以填一个或两个答案。

（1）灯光系统标志符号_____　　（2）OFF 档_____
（3）小灯（示宽灯）档_____　　（4）自动前照灯档_____
（5）前照灯（近光灯）档_____　（6）前雾灯档_____
（7）后雾灯档_____　　　　　　（8）前照灯高度调节开关_____

2. 转向开关和变光开关。

以下是迈腾 B8L 和标致 4008 的转向和变光开关,请将相应功能档位字母填写到以下空格中,注意一个空可以填一个或两个答案。

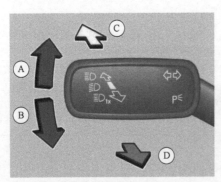 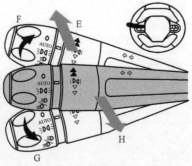

迈腾B8L转向和变光开关　　　　　标致4008转向和变光开关

（1）远光灯_____　　　　　　（2）超车灯_____
（3）左转向灯_____　　　　　（4）右转向灯_____

二、任务操作

操作一　外部灯光基本检查

1. 查看车辆或台架信息。
（1）品牌、车型和车架号：_____
（2）你所操作的车辆属于哪个车系

国产□　德系□　美系□　英系□　法系□　意大利□
日系□　韩系□　其他□

（3）车辆操作手册类型（纸质版□　电子版□）
2. 查询用户手册，操作灯光开关，观察外部灯光工作情况，并回答以下问题。
（1）做好车辆防护：内部防护□　外部防护□　车轮挡块□
（2）车辆起动前连接尾气排放装置。□
（3）蓄电池电压检查：_____ V。
（4）车灯开关认识：

1）你所实验的车辆灯光开关的位置（仪表台左侧□　仪表台右侧□）。

2）车灯开关的操作方式（旋钮式□　拨杆式□）。

3）车灯开关有几个操作档位（三档□　四档□　其他□_____），分别是_____档、_____档、_____档、_____档（有几个档位就填几个）。

4）车灯开关上是否带有"AUTO"字样（是□　否□）
　　若带有"AUTO"档位，含义是_____。

5）如果车灯开关在"AUTO"档时，打开点火开关，你会发现_____。

（5）检查示宽灯：

1）不打开点火开关，直接打到小灯（示宽灯）档，小灯（示宽灯）是否会点亮（是□　否□）。说明，打开小灯（示宽灯），需要（30电□　15电□）[⊖]。

2）车灯开关打到小灯（示宽灯）档时，有几只灯点亮？
　　（1□　2□　3□　4□）只。
　　车辆前部亮了（1□　2□）只小灯，颜色是（红色□　白色□）。
　　车辆后部亮了（1□　2□）只小灯，颜色是（红色□　白色□）。

3）仪表上是否显示小灯（示宽灯）的指示灯（是□　否□），若是，该指示灯符号为_____，颜色是（蓝色□　绿色□　红色□　黄色□）。

4）小灯（示宽灯）点亮的同时车上的下列哪些灯也点亮？
　　仪表背景照明灯□　牌照灯□　氛围灯□　按键背景照明灯□

5）车辆上是否有仪表背景照明灯调节按钮（是□　否□）。若有，请调节仪表灯的亮度。

6）车辆后部的牌照灯点亮（1□　2□）只，颜色是（红色□　白色□）。

⊖ "30电"指蓄电池常电，"15电"指 on 档电（钥匙开关打到 on 档）。

7）车内是否有氛围灯（是□　否□），若有，颜色是（蓝色□　淡绿色□

红橙色□ 紫色□ 白色□ 其他颜色□_____)。
　　8）小灯（示宽灯）（正常□ 异常□）。
　　9）仪表背景照明灯照明和调节（正常□ 异常□）。
　　10）牌照灯（正常□ 异常□）。
　　11）氛围灯（正常□ 异常□）。
　（6）检查近光灯：
　　1）不打开点火开关，直接打到前照灯档，前照灯是否会点亮（是□ 否□）?
　　　若是，此时默认开启的是（近光灯□ 远光灯□），
　　　说明打开近光灯，需要（30电□ 15电□）。
　　　若否，打开点火开关，打到前照灯档，默认_____灯点亮；
　　　此时说明近光灯的供电是（30电□ 15电□）。
　　2）车灯开关打到前照灯档时，有几只灯点亮?
　　　（1□ 2□ 3□ 4□ 5□ 6□）只，颜色是（蓝白色□ 白色□）。
　　3）实验车的前照灯是（两灯制□ 四灯制□ 六灯制□）。
　　4）实验车近光灯类型（卤素灯□ 氙气灯□ LED灯□ 激光灯□）。
　　5）打到前照灯档时，仪表上是否显示近光灯的指示灯（是□ 否□），
　　　若是，该指示灯符号为____，颜色是（蓝色□ 绿色□ 红色□ 黄色□）。
　　6）近光灯（正常□ 异常□）。
　（7）检查远光灯：
　　1）变光开关的位置在（转向柱左侧□ 转向柱右侧□）。
　　2）进行灯光切换，需要（30电□ 15电□）。
　　　操作变光开关（向前推□ 向后拉□），可将近光切换至远光。
　　3）操作变光开关切换至远光时，有几只灯点亮?
　　　（1□ 2□ 3□ 4□ 5□ 6□）只，颜色是（蓝白色□ 白色□）。
　　4）实验车远光灯类型（卤素灯□ 氙气灯□ LED灯□ 激光灯□）
　　5）切换到远光时，仪表上是否显示远光灯的指示灯（是□ 否□）?
　　　若是，该指示灯符号为_____，颜色是（蓝色□ 绿色□ 红色□ 黄色□）
　　6）你所实训的车辆是否有前照灯高度调节装置（是□ 否□）?
　　　若是，位置在_____，有几个档位_____，
如何操作_____。
　　7）若车灯开关有"AUTO"档位，如何设置"离家灯"和"回家灯"的开启和
关闭以及灯光照射的时间长度：_____。
　　8）远光灯（正常□ 异常□）。
　　9）前照灯高度调节（正常□ 异常□）。
　（8）检查雾灯：
　　1）你所实验的车辆雾灯开关的位置在（仪表台左侧□ 转向柱左侧□）。
　　2）雾灯开关的操作方式为（旋钮式□ 拨杆式□ 按键式□）。
　　3）打开雾灯，需要（30电□ 15电□）。
　　4）开启雾灯前，必须先将车灯开关_____。

然后再开雾灯开关，只能先开启（前雾灯□　后雾灯□），再开启（前雾灯□　后雾灯□），不能实现_____灯的单独开启。

5）仪表上前雾灯指示灯符号为_____，颜色是_____；
仪表上后雾灯指示灯符号为_____，颜色是_____。

6）你所实验的车辆，前雾灯有_____只，开启后的颜色是_____；后雾灯有_____只，开启后的颜色是_____。

7）雾灯（正常□　异常□）。

（9）检查倒车灯：

1）倒车灯开关的位置：_____。

2）开启倒车灯，需要（30电□　15电□）。

3）挂上倒档，（1□　2□）只倒车灯点亮，颜色是（红色□　白色□）。

4）倒车灯（正常□　异常□）。

5）实验车是否有倒车雷达（是□　否□），若有，倒车雷达情况（正常□　异常□）。

（10）检查日间行车灯：

1）你所实验的车辆上是否有日间行车灯（是□　否□）?

2）若是，日间行车灯的类型为（卤素灯□　氙气灯□　LED灯□）。

3）如何设置日间行车灯的开启和关闭？_____
_____

4）如果设置日间行车灯开启，什么情况下点亮？_____
_____

（11）检查危险警告灯：

1）危险警告灯开关的位置在_____。

2）打开危险警告灯，需要（30电□　15电□）。

3）仪表上危险警告灯指示灯符号为_____，颜色是（红色□　绿色□）。

4）你所实验的车辆，危险警告灯有_____只，颜色是（红色□　橙色□）。

5）危险警告灯（正常□　异常□）。

（12）检查转向灯：

1）转向灯开关的位置在（转向柱左侧□　转向柱右侧□）。

2）转向灯的位置在（车辆前部□　车辆后部□　两侧后视镜□　两侧车身□）。

3）开启转向灯，需要（30电□　15电□）。

4）仪表上左转向灯指示灯符号为_____，颜色是（红色□　绿色□）。
仪表上右转向灯指示灯符号为_____，颜色是（红色□　绿色□）。

5）你所实验的车辆，转向灯有_____只，颜色是（红色□　绿色□）。

6）转向灯（正常□　异常□）。

（13）检查制动灯：

1）制动灯开关的位置在_____。

2）开启制动灯，需要（30电□　15电□）。

3）仪表上制动灯指示灯符号为_____，颜色是（红色□　白色□）。

4）你所实验的车辆，制动灯有＿＿＿＿＿＿只，颜色是（红色□ 白色□）。
5）高位（或第三）制动灯的位置在＿＿＿＿＿＿＿＿＿。
6）制动灯类型为（卤素灯□ 氙气灯□ LED 灯□）。
7）制动灯（正常□ 异常□）。

操作二 内部灯光基本检查

检查阅读灯、杂物箱灯、化妆镜灯、行李舱灯，并回答以下问题。
(1) 你所实验的车辆，阅读灯有＿＿＿＿＿＿个档位，请画出各档位的标识：＿＿＿＿＿＿＿＿＿＿＿＿，并解释各档位标识的含义：＿＿＿＿＿＿＿＿＿＿＿＿。

(2) 如何点亮杂物箱灯？

(3) 如何点亮化妆镜照明灯？

(4) 如何点亮行李舱照明灯？

(5) 阅读灯（正常□ 异常□）。
(6) 杂物箱灯（正常□ 异常□）。
(7) 化妆镜灯（正常□ 异常□）。
(8) 行李舱灯（正常□ 异常□）。

三、操作结果分析

汽车灯光系统检查结果总结（列出检查的哪些灯光正常，哪些灯光异常）。

项目四　汽车灯光系统维修

任务二　前照灯检测

	任务情景	• 客户到 4S 店做车辆的精确保养,要求对前照灯进行检测,必要时进行调整
	预备知识	• 汽车前照灯的认识和操作 • 汽车前照灯的作用、组成、分类 • 前照灯检测仪的使用方法
	训练目标	• 能在车辆或台架上找到前照灯的主要组成部件 • 能熟练查阅汽车保养手册、维修手册、电路图 • 能正确选用仪器、设备完成前照灯的检测和调整
	建议时间	• 90min
	注意事项	• 请务必按照老师的指导,合理使用仪器,做到轻拿轻放,以免损坏 • 注意人身安全,避免损坏车辆 • 在车间,发动机处于运行期间,需要连接尾气排放装置
	实施条件	• 训练车辆或台架 • 实操工单、使用手册、维修手册、电路图
	工具设备	• 前照灯检测仪 • 诊断仪 • 常用拆装工具

一、知识准备

1. 认识前照灯光学系统组成。

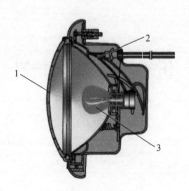

1：_____　　2：_____　　3：_____

2. 交通法规要求前照灯应能防止眩目，所以前照灯有远光和近光，可以相互切换。具体措施有：
（1）采用双丝灯泡□
（2）在近光灯丝下方设置配光屏□
（3）采用非对称形配光□

二、任务操作

操作一　前照灯检测和调整

1. 根据提供的车辆或台架，确定车辆及灯光系统相关信息。
（1）车型：_____。
（2）查看实操车型前照灯，勾选前照灯类型。
　　　前照灯类型（卤素□　氙气□　LED□）。
（3）你所实操的车辆是否有前照灯照明范围调节装置。（是□　否□）
　　　若是，如何操作_____
（4）你所实操的车辆是否有氙气前照灯清洗装置。（是□　否□）
　　　若是，如何操作_____。
2. 查阅使用手册，完成前照灯的检测和调整。
（1）前照灯检测与调整的前提条件（满足请在□中打"√"）
1）轮胎充气压力正常□
2）透镜不得损坏或弄脏□
3）反射镜和灯泡正常□
4）车辆必须处于加载状态□
5）车辆必须向前或向后行驶几米或多次压缩前后悬架，使其调整到位□
6）车辆前照灯必须与前照灯测试仪的镜面处于同一高度□

7) 设置倾斜度，倾斜度箭头刻在前照灯的上部饰板上□
(2) 使用的前照灯检测仪的型号为＿＿＿＿＿＿＿＿＿＿＿＿＿＿＿＿
(3) 按步骤完成前照灯的检测与调整（以大众车型为例），完成请勾选

操作步骤	图示
(1)按压车辆前后部,使减振弹簧复位□	
(2)调整检测仪位置,检测仪至被检灯光的距离在50±5cm范围内□	
(3)将检测仪移至被检车辆的纵向中心线□ (4)选定两个参考点,旋转瞄准仪,当激光光斑落在两个参考点时,说明车辆已对准□	
(5)检查左侧近光灯:将检测仪推至左侧,打开近光灯□ (6)检查右侧近光灯:将检测仪推至右侧,打开近光灯□ (7)设置灯光检测仪:选择近光灯,选择灯光类型（卤素□　氙气□　LED□），选择15°设置线,根据前照灯上方倾斜度数据设置倾斜度＿＿＿＿＿,检测仪中显示出的测量线是否在检测线范围内（是□　否□）	 

（续）

操作步骤	图示
（8）若测量线不在检测线范围内，则对检测不合格的灯光进行相应调整。 （9）打开发动机舱盖，调整灯光上下照射角度，调整灯光左右照射角度，直至灯光检测仪左上角显示 OK，调整完成。	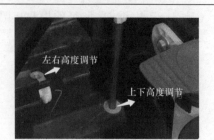
（10）再次确认检测结果，灯光检测仪左上角显示"OK"，关闭仪器。	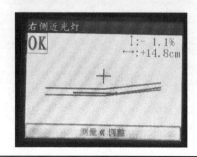

操作二　前照灯设定

1. 何时进行前照灯基本设定？（以大众车型为例）

（1）前照灯范围控制单元 J745 被重新编码。

（2）新装了前照灯。

（3）前照灯被拆卸并重新安装。

（4）前照灯范围控制单元 J745 被重新安装。

（5）左后车辆高度传感器 G76 被更换。

（6）左前车辆高度传感器 G78 被更换。

（7）安装了新的车辆高度传感器支架。

（8）车辆高度传感器所固定的副车架或支撑架被更换。

2. 基本设定的前提条件：（以大众车型为例）

（1）步进电动机没有故障。

（2）高度传感器没有故障。

（3）前照灯范围控制单元 J745 必须被编码。

（4）蓄电池电压必须高于 10.5V。

（5）左前车辆高度传感器 G78 的数值必须在 12.5%~50.0%之间。

（6）左后车辆高度传感器 G76 的数值必须在 50%~87.5%之间。

3. 请简述如何完成你所实验车型的前照灯的基本设定。

项目四　汽车灯光系统维修

任务三　灯光控制系统故障诊断与排除

	任务情景	• 客户报修灯光系统工作异常,作为维修技师,请对灯光系统进行全面检查,完成故障的诊断与排除,并完成工单的填写
	预备知识	• 汽车灯光系统功能与分类 • 汽车灯光控制原理 • 汽车灯光系统故障诊断流程
	训练目标	• 能在车辆或台架上找到汽车前照灯主要组成部件 • 能熟练查阅汽车维修手册、电路图 • 能完成灯光开关检测 • 能正确选用仪器、设备完成灯光系统故障诊断 • 能正确更换汽车灯具
	建议时间	• 90min
	注意事项	• 请务必按照老师的指导,合理使用仪器,做到轻拿轻放,以免损坏 • 注意人身安全,避免损坏车辆 • 在车间,发动机处于运行期间,需要连接尾气排放装置
	实施条件	• 训练车辆或台架 • 实操工单、使用手册、维修手册、电路图
	工具设备	• 数字式万用表/示波器/诊断仪 • 常用拆装工具 • 跨接线/探针

一、知识准备

1. 查看车辆信息：_____

2. 查阅电路图，结合实物，勾选前照灯和转向灯类型。

   前照灯类型（卤素☐　氙气☐　LED☐）

   转向灯灯泡类型（钨丝灯泡☐　钨丝卤素灯泡☐　LED 灯泡☐）

3. 查阅实操车辆电路图，勾选灯光系统控制类型。

   前照灯控制类型（开关直接控制☐　BCM 控制☐　灯光模块控制☐）

4. 查阅实操车辆使用手册，勾选前照灯的附加功能。

   （前照灯照明距离调节器☐　静态弯道灯☐　自适应前照灯系统 AFS☐　动态车灯辅助系统 DLA☐）

5. 查阅前照灯电路图（或维修手册），若为 BCM 控制，绘制出该车型前照灯控制原理简图，并在简图上标注出各部分名称，如开关、熔丝、继电器、灯具、控制模块供电、搭铁、网线及各相关端子。

6. 若为灯光模块控制，请绘制前照灯系统联网图，并在图中标注出相关的控制单元名称、开关、网线等。

二、任务操作

操作一　数据流读取和功能测试

使用诊断仪完成下列操作。

1. 车灯开关数据流读取：
(1) 车灯关闭□　　(2) 自动前照灯□　　(3) 示宽灯□
(4) 近光灯□　　(5) 远光灯□　　(6) 前雾灯□
(7) 后雾灯□　　(8) 左转向灯□　　(9) 右转向灯□
(10) 危险警告灯开关□

2. 该车型是否具备诊断仪动作测试功能，若具备，完成前照灯动作测试。
(1) 近光灯□　　(2) 远光灯□　　(3) 示宽灯、尾灯□
(4) 前雾灯□　　后雾灯□
(5) 左前转向灯□　右前转向灯□
　　左后转向灯□　右后转向灯□

操作二　灯光开关检测

写出灯光开关各引脚号，并完成灯光开关各引脚电压测量。

开关状态	引脚					
OFF 档位						
示宽灯档位						
前照灯档位						

操作三　转向灯工作电压测量

操作转向灯开关或危险警告灯开关,用示波器检测转向灯工作电压波形,填写在表格中(注意标注横、纵坐标单位)。

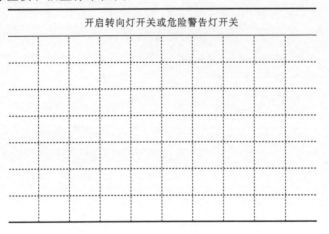

视频 4-2　灯光应急控制原理

操作四　灯光系统故障诊断与排除

1. 做好车辆防护：内部防护□　外部防护□　车轮挡块□
2. 车辆起动前连接尾气排放装置。□
3. 蓄电池电压检查：_____V。
4. 液位检查
(1) 冷却液液位（正常□　偏高□　偏低□）
(2) 机油液位（正常□　偏高□　偏低□）
(3) 制动液液位（正常□　偏高□　偏低□）
5. 故障现象描述：_____
_____

6. 可能原因分析：_____
_____

7. 故障码读取：_____
_____

8. 开关数据流读取：_____
前照灯动作测试：正常□　异常□
9. 故障可能原因：_____
_____

10. 测量

(1) 测量点选择：_____
_____

(2) 测量对象：_____
_____

(3) 测量条件：_____
_____

(4) 测量设备：_____
_____

(5) 测量数据
1) 标准值：_____
2) 测量值：_____
(6) 测量数据分析：_____
_____

11. 故障点：_____
_____

12. 维修建议：_____
_____

13. 故障机理分析：_____
_____
_____
_____
_____
_____
_____
_____
_____
_____
_____
_____
_____

项目五　汽车辅助电气系统维修

任务一　电动车窗系统故障诊断与排除

任务情景	• 客户报修电动车窗工作异常,作为维修技师,请对电动车窗系统进行全面检查,完成故障的诊断与排除,并完成工单的填写
预备知识	• 汽车电动车窗系统功能与分类 • 汽车电动车窗系统的组成 • 电动车窗开关及车窗电动机工作原理 • CAN、LIN通信基础知识 • 电动车窗系统故障诊断流程
训练目标	• 能在车辆或台架上找到电动车窗系统主要组成部件 • 能熟练查阅汽车电动车窗系统使用手册、维修手册、电路图 • 能正确选用仪器、设备,完成车窗系统故障诊断 • 能够正确描述汽车电动车窗系统故障并分析排除
建议时间	• 90min
注意事项	• 请务必按照老师的指导,合理使用仪器,做到轻拿轻放,以免损坏 • 注意人身安全,避免损坏车辆 • 在车间,发动机处于运行期间,需要连接尾气排放装置
实施条件	• 训练车辆或台架 • 实操工单、使用手册、维修手册、电路图
工具设备	• 数字式万用表/示波器/诊断仪 • 常用拆装工具 • 跨接线/探针

一、知识准备

1. 查阅实操车型电路图，勾选电动车窗类型。

控制方式（开关直接控制式□　　模块控制式□）

2. 若为开关直接控制式，查阅电路图，指出熔丝及继电器名称，并使用标签在实车上标明。

熔丝：_____

继电器：_____

3. 若为模块控制式，查阅电路图（或维修手册），绘制出该车型电动车窗原理简图，并在简图上标注出控制模块供电、搭铁、网线。

二、任务操作

操作一　电动车窗功能检查

查阅使用手册，分别使用主控开关、分控开关在实车上完成功能操作，完成后勾选。

1. 该车型车窗手动操作条件：

（1）打开点火开关即可□

（2）打开点火开关____s内可操作，超过时间后需起动发动机□（带电源管理功能车辆）

2. 主控开关操作：

（1）驾驶员侧车窗控制开关□　（2）右前控制开关□　（3）左后控制开关□

（4）右后控制开关□　　　　　（5）后排禁用开关□

3. 分控开关操作：
(1) 右前分控开关☐ (2) 左后分控开关☐ (3) 右后分控开关☐
4. 实操车型是否具备防夹功能？
(1) 具备☐ (2) 不具备☐
5. 实操车型四个车窗是否均具备一触式（自动升降）功能？
(1) 左前☐ (2) 右前☐
(3) 左后☐ (4) 右后☐
6. 若该车型具备一触式功能，但使用中不起作用了，如何进行初始化设置？

_____
_____
_____
_____

视频 5-1　电动车窗的组成和功能

操作二　数据流读取及功能测试

若实操车型为模块控制式，使用诊断仪完成下列操作。
1. 主控开关数据流读取：
(1) 左前☐ (2) 右前☐ (3) 左后☐
(4) 右后☐ (5) 后排禁用☐
2. 分控开关数据流读取：
(1) 右前分控开关☐   (2) 左后分控开关☐   (3) 右后分控开关☐
3. 该车型是否具备诊断仪动作测试功能，若具备，则完成四个车窗电动机动作测试。
(1) 左前☐   (2) 右前☐   (3) 左后☐   (4) 右后☐

操作三　电动车窗故障诊断与排除

1. 做好车辆防护：内部防护☐　外部防护☐　车轮挡块☐
2. 车辆起动前连接尾气排放装置。☐
3. 蓄电池电压检查：_____V。
4. 液位检查
(1) 冷却液液位（正常☐　偏高☐　偏低☐）
(2) 机油液位（正常☐　偏高☐　偏低☐）
(3) 制动液液位（正常☐　偏高☐　偏低☐）
5. 故障现象描述：_____
_____
_____
6. 可能原因分析：_____
_____

视频 5-2　后侧车窗无法升降故障诊断

7. 故障码读取：_____
_____
_____

8. 开关数据流读取：_____
_____
_____

电动机动作测试：正常☐　异常☐

9. 故障可能原因：_____

10. 测量

（1）测量点选择：_____

（2）测量对象：_____

（3）测量条件：_____

（4）测量设备：_____

（5）测量数据

1）标准值：_____

2）测量值：_____

（6）测量数据分析：_____

11. 故障点：_____

12. 维修建议：_____

13. 故障机理分析：_____
_____
_____
_____

操作四　电动车窗初始化设定

若长时间断开蓄电池或对电动车窗系统进行维修后，则车辆的电动车窗防夹功能或自动升降功能会失效。如果想要恢复其正常功能，则需要对电动车窗系统进行初始化设置。请查阅实操车型使用手册，在实操车型上完成一次电动车窗初始化设置。

1. 初始化前提条件：

（1）打开点火开关☐

（2）起动发动机（脱离电源管理模式）☐

（3）车窗及车门状态要求关闭☐

（4）车窗及车门状态无特定要求☐

视频 5-3　电动车窗、电动天窗初始化

2. 操作方法（记录操作关键步骤）：
_____
_____
_____
_____

项目五　汽车辅助电气系统维修

任务二　电动后视镜系统故障诊断与排除

任务情景	• 客户报修电动后视镜工作异常,作为维修技师,请对电动后视镜系统进行全面检查,完成故障的诊断与排除,并完成工单的填写
预备知识	• 汽车电动后视镜系统功能与分类 • 汽车电动后视镜系统的组成 • 电动后视镜开关及后视镜电动机工作原理 • CAN、LIN通信基础知识 • 电动后视镜系统故障诊断流程
训练目标	• 能在车辆或台架上找到电动后视镜系统主要组成部件 • 能熟练查阅汽车使用手册、维修手册、电路图 • 能正确选用仪器、设备,完成后视镜系统故障诊断 • 能够描述汽车电动后视镜系统故障并分析排除
建议时间	• 90min
注意事项	• 请务必按照老师的指导,合理使用仪器,做到轻拿轻放,以免损坏 • 注意人身安全,避免损坏车辆 • 在车间,发动机处于运行期间,需要连接尾气排放装置
实施条件	• 训练车辆或台架 • 实操工单、使用手册、维修手册、电路图
工具设备	• 数字式万用表/示波器/诊断仪 • 常用拆装工具 • 跨接线/探针

一、知识准备

1. 查阅实操车型电路图，勾选电动后视镜类型。

控制方式（开关直接控制式□　　模块控制式□）

2. 若为开关直接控制式，查阅电路图，指出熔丝及继电器名称，并使用标签在实车上标明。

熔丝：_____

继电器：_____

3. 若为模块控制式，查阅电路图（或维修手册），绘制出该车型电动后视镜原理简图，并在简图上标注出控制模块供电、搭铁、网线及相应端子号。

二、任务操作

操作一　电动后视镜功能检查

查阅使用手册，操作后视镜调节开关，在实车上完成功能操作，完成后勾选。

1. 该车型后视镜操作条件：

（1）打开点火开关即可□

（2）打开点火开关_____ s 内可操作，超过时间后需起动发动机□

2. 开关调节：

（1）L 位

上□　下□　左□　右□

（2）R 位

上□　下□　左□　右□

3. 实操车型是否具备折叠功能？

（1）具备□

1）手动折叠□　手动展开□　自动折叠□　自动展开□

2）（查阅使用手册，找到如何关闭电动后视镜自动折叠功能

自动折叠功能转换步骤：_____

_____

（2）不具备□

4. 实操车型电动后视镜是否均具备加热功能？

（1）具备□

查阅使用手册，实操车型后视镜加热功能操作条件：_____

_____

（2）不具备□

5. 实操车型是否具备倒车记忆功能，如何进行设定？

（1）具备□

_____

_____

_____

_____

（2）不具备□

6. 实操车型是否具备左、右侧后视镜联动功能，如何进行设定？

（1）具备□

_____

_____

_____

_____

_____

（2）不具备□

操作二　数据流读取及功能测试

若实操车型为模块控制式，使用诊断仪完成下列操作。

1. 选择开关、调节开关数据流读取：

（1）L 位□　（2）0 位□　（3）R 位□　（4）折叠□　（5）加热□

（6）上□　（7）下□　（8）左□　（9）右□

2. 电动机位置数据流读取：

（1）右侧□　（2）右侧□

3. 该车型是否具备诊断仪动作测试功能，若具备，完成两侧后视镜电动机动作测试。

（1）左侧□　（2）右侧□

操作三　电动后视镜故障诊断与排除

1. 做好车辆防护：内部防护□　外部防护□　车轮挡块□
2. 车辆起动前连接尾气排放装置。□
3. 蓄电池电压检查：_____ V。
4. 液位检查
   （1）冷却液液位（正常□　偏高□　偏低□）
   （2）机油液位（正常□　偏高□　偏低□）
   （3）制动液液位（正常□　偏高□　偏低□）
5. 故障现象描述：_____
   _____
   _____

6. 可能原因分析：_____
   _____
   _____

7. 故障码读取：_____
   _____
   _____

8. 开关数据流读取：_____
   _____
   _____

   电动机动作测试：正常□　异常□
9. 故障可能原因：_____
   _____
10. 测量
    （1）测量点选择：_____
    （2）测量对象：_____
    （3）测量条件：_____
    （4）测量设备：_____
    （5）测量数据
    1) 标准值：_____
    2) 测量值：_____
    （6）测量数据分析：_____
11. 故障点：_____
12. 维修建议：_____
13. 故障机理分析：_____
    _____
    _____

视频 5-4　电动后视镜无法调节故障诊断

项目五　汽车辅助电气系统维修

任务三　电动座椅系统故障诊断与排除

	任务情景	• 客户报修汽车电动座椅工作异常,作为维修技师,请对汽车电动座椅系统进行全面检查,完成故障的诊断与排除,并完成工单的填写
	预备知识	• 汽车电动座椅系统功能与分类 • 汽车电动座椅系统的组成 • 汽车电动座椅开关及座椅电动机工作原理 • CAN、LIN通信基础知识 • 汽车电动座椅系统故障诊断流程
	训练目标	• 能在车辆或台架上找到汽车电动座椅系统主要组成部件 • 能熟练查阅汽车使用手册、维修手册、电路图 • 能正确选用仪器、设备,完成电动座椅系统故障诊断 • 能够正确描述汽车电动座椅系统故障并分析排除
	建议时间	• 90min
	注意事项	• 请务必按照老师的指导,合理使用仪器,做到轻拿轻放,以免损坏 • 注意人身安全,避免损坏车辆 • 在车间,发动机处于运行期间,需要连接尾气排放装置
	实施条件	• 训练车辆或台架 • 实操工单、使用手册、维修手册、电路图
	工具设备	• 数字式万用表/示波器/诊断仪 • 常用拆装工具 • 跨接线/探针

一、知识准备

1. 查阅实操车型电路图，勾选实操汽车电动座椅类型。

控制方式（开关直接控制式□　　模块控制式□）

2. 若为开关直接控制式，查阅驾驶员电动座椅电路图，指出熔丝及继电器名称，并使用标签在实车上标明。

熔丝：＿＿＿＿＿＿＿＿＿＿＿＿＿＿＿＿＿＿＿＿＿＿＿＿＿＿＿＿＿＿＿＿

继电器：＿＿＿＿＿＿＿＿＿＿＿＿＿＿＿＿＿＿＿＿＿＿＿＿＿＿＿＿＿＿＿

二、任务操作

操作一　电动座椅功能检查

查阅使用手册，分别在实车上完成功能操作，完成后勾选。

1. 该车型电动座椅手动操作条件：

（1）打开点火开关即可□

（2）打开点火开关＿＿＿＿＿＿＿s 内可操作，超过时间后需起动发动机□

2. 电动座椅位置调节：

（1）滑动调节（前□　后□）

（2）坐垫调节（上□　下□）

坐垫是否具备前后分开调节功能　具备□　不具备□

（前部上□　前部下□　后部上□　后部下□）

（3）靠背调节　具备□　不具备□

（前□　后□）

（4）腰靠调节　具备□　不具备□

（前□　后□）

（5）座椅加热　具备□　不具备□

（1档□　2档□　3档□）

（6）座椅通风　具备□　不具备□

（1档□　2档□　3档□）

3. 观察实操车型前排乘员电动座椅是否均具备商务调节功能。

具备□　不具备□

操作二　电动座椅记忆功能设定

查阅使用手册，找到电动座椅记忆功能设定，完成下表。

1. 实操车型电动座椅记忆功能有几个预设档位：2个□　3个□

2. 电动座椅记忆功能设定条件：

打开点火开关□　起动发动机（解除能量管理模式）□

3. 记录关键操作步骤，并根据自身情况完成一次记忆功能设定。

关键操作步骤：＿＿＿＿＿＿＿＿＿＿＿＿＿＿＿＿＿＿＿＿＿＿＿＿＿＿

4. 设定成功后是否有对外显示？

声音提示□　文本提示□

5. 实操车型是否具备座椅迎宾功能，如有，请设定记忆后完成一次车门上锁再解锁，并拉开驾驶员侧车门观察其功能与座椅记忆 1 位置有何联系？

具备□　不具备□

6. 实操车型是否具备座椅记忆与后视镜联动功能，如有，请设定记忆后改变记忆位置，观察后视镜与电动座椅记忆的联动动作。

具备□　不具备□

操作三　数据流读取及功能测试

若实操车型为模块控制式，使用诊断仪完成下列操作

1. 选择调节开关数据流读取：

（1）滑动调节　　向前□　向后□
（2）靠背调节　　向前□　向后□
（3）坐垫调节　　向上□　向下□
（4）腰靠调节　　向上□　向下□
（5）加热调节　　OFF□　1 档□　2 档□　3 档□
（6）通风调节　　OFF□　1 档□　2 档□　3 档□
（7）商务调节　　向前□　向后□
（8）记忆开关　　M□　1□　2□　3□

2. 该车型是否具备诊断仪动作测试功能，若具备，完成驾驶员座椅电动机动作测试。

（1）滑动电动机□
（2）坐垫电动机□
（3）靠背电动机□
（4）腰背电动机□

3. 该车型是否具备诊断仪动作测试功能，若具备，完成驾驶员座椅加热动作测试。

加热测试□

4. 该车型是否具备诊断仪动作测试功能，若具备，完成驾驶员座椅通风动作测试。

通风测试□

操作四　电动座椅故障诊断与排除

1. 做好车辆防护：内部防护□　外部防护□　车轮挡块□
2. 车辆起动前连接尾气排放装置。□
3. 蓄电池电压检查：_____ V。

4. 液位检查

（1）冷却液液位（正常□　偏高□　偏低□）

（2）机油液位（正常□　偏高□　偏低□）

（3）制动液液位（正常□　偏高□　偏低□）

5. 故障现象描述：_____

_____

6. 可能原因分析：_____

_____

7. 故障码读取：_____

_____

8. 开关数据流读取：_____

_____

电动机动作测试：正常□　异常□

9. 故障可能原因：_____

10. 测量

（1）测量点选择：_____

（2）测量对象：_____

（3）测量条件：_____

（4）测量设备：_____

（5）测量数据

1）标准值：_____

2）测量值：_____

（6）测量数据分析：_____

11. 故障点：_____

12. 维修建议：_____

13. 故障机理分析：_____

_____

_____

_____

_____

_____

_____

项目五　汽车辅助电气系统维修

任务四　中控门锁系统故障诊断与排除

任务情景	• 客户报修中控门锁工作异常，作为维修技师，请对中控门锁系统进行全面检查，完成故障的诊断与排除，并完成工单的填写
预备知识	• 汽车中控门锁系统功能、分类及组成 • 中控门锁开关、门锁电动机及机械钥匙工作原理 • CAN、LIN 通信基础知识 • 中控门锁系统故障诊断流程
训练目标	• 能在实操车辆或台架上找到中控门锁系统主要组成部件 • 能熟练查阅汽车使用手册、维修手册、电路图 • 能正确选用仪器、设备，完成中控门锁故障诊断 • 能够正确描述汽车中控门锁系统故障并分析排除
建议时间	• 90min
注意事项	• 请务必按照老师的指导，合理使用仪器，做到轻拿轻放，以免损坏 • 注意人身安全，避免损坏车辆 • 在车间，发动机处于运行期间，需要连接尾气排放装置
实施条件	• 训练车辆或台架 • 实操工单、使用手册、维修手册、电路图
工具设备	• 数字式万用表/示波器/诊断仪 • 常用拆装工具 • 跨接线/探针

一、知识准备

1. 查阅使用手册，写出中控门锁的所有操作方式，并观察车门闭锁时和解锁时的现象。

操作方式：_____
_____
_____
_____

车门闭锁现象：_____
_____
_____

车门解锁现象：_____
_____
_____

2. 查阅电路图（或维修手册），绘制出该车型中控系统电路简图，并在简图上标注出控制模块供电、搭铁、网线及相应端子号。

二、任务操作

操作一　中控门锁功能检查

使用诊断仪,完成下列数据流读取和动作测试。完成后勾选。

1. 门锁开关数据流读取:
（1）闭锁□
（2）解锁□

2. 门锁电动机状态数据流读取:
（1）闭锁□
（2）解锁□

3. 门锁触点信号数据流读取:
（1）闭锁□
（2）解锁□

4. 机械钥匙开启数据流读取:
（1）闭锁□
（2）解锁□

5. 行李舱开启数据流读取:
（1）闭锁□
（2）解锁□

6. 该车型是否具备诊断仪动作测试功能,若具备,完成驾驶员侧车门锁电动机动作测试。
（1）闭锁□
（2）解锁□

视频5-5　中控门锁使用与操作（一）

操作二　中控门锁应急操作

当中控门锁系统故障或整车蓄电池没电时,可能涉及到中控门锁应急操作。

操作方法	图示
1. 车门锁应急锁止及解锁 （1）驾驶员侧车门锁止及解锁 使用机械钥匙插入驾驶员侧车门锁孔,顺时针转动闭锁,逆时针转动解锁	
（2）其余车门锁止及解锁 打开车门,在车门侧边找到应急锁孔,将堵盖取下,使用机械钥匙拧动内部装置,关上车门即可应急锁止;解锁需从车门拉动内部车门解锁开关	

(续)

操作方法	图示
2. 行李舱应急解锁 　　放倒后排座椅，从车内进入行李舱，使用手电筒照明，找到行李舱锁总成处应急解锁孔，有的车型有堵盖，有的没有，利用合适的工具按照使用手册拨动开关，便可实现行李舱应急开启 视频 5-6　中控门锁使用与操作（二）	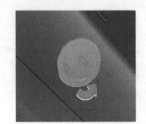 迈腾 标致

操作三　中控门锁故障诊断与排除

1. 做好车辆防护：内部防护□　外部防护□　车轮挡块□
2. 车辆起动前连接尾气排放装置。□
3. 蓄电池电压检查：_____V。
4. 液位检查
（1）冷却液液位（正常□　偏高□　偏低□）
（2）机油液位（正常□　偏高□　偏低□）
（3）制动液液位（正常□　偏高□　偏低□）

视频 5-7　中控门锁使用与操作（三）

5. 故障现象描述：_____
_____
_____
_____

6. 可能原因分析：_____
_____
_____
_____

7. 故障码读取：_____
_____
_____

8. 开关数据流读取：_____
_____
_____

电动机动作测试：正常□　异常□
9. 故障可能原因：_____
_____
_____

10. 测量
（1）测量点选择：_____

（2）测量对象：_____

（3）测量条件：_____

（4）测量设备：_____

（5）测量数据
1）标准值：_____

2）测量值：_____

（6）测量数据分析：_____

11. 故障点：_____

12. 维修建议：_____

13. 故障机理分析：_____
_____
_____
_____
_____
_____

项目五　汽车辅助电气系统维修

任务五　电动刮水器系统故障诊断与排除

任务情景	• 客户报修电动刮水器系统工作异常,作为维修技师,请对电动刮水器系统进行全面检查,完成故障的诊断与排除,并完成工单的填写
预备知识	• 汽车电动刮水器系统功能与分类 • 汽车电动刮水器系统的组成 • 电动刮水器系统工作原理 • CAN、LIN 通信基础知识 • 电动刮水器系统故障诊断流程
训练目标	• 能在车辆或台架上找到电动刮水器系统主要组成部件 • 能熟练查阅汽车使用手册、维修手册、电路图 • 能正确选用仪器、设备对电动刮水器系统进行诊断 • 能够正确描述汽车电动刮水器系统故障并分析排除
建议时间	• 90min
注意事项	• 请务必按照老师的指导,合理使用仪器,做到轻拿轻放,以免损坏 • 注意人身安全,避免损坏车辆 • 在车间,发动机处于运行期间,需要连接尾气排放装置
实施条件	• 训练车辆或台架 • 实操工单、使用手册、维修手册、电路图
工具设备	• 数字式万用表/示波器/诊断仪 • 常用拆装工具 • 跨接线/探针

一、知识准备

1. 查阅实操车型电路图，勾选电动刮水器类型。

控制方式（开关直接控制式□　　模块控制式□）

2. 若为开关直接控制式，查阅电路图，指出熔丝及继电器名称，并使用标签在实车上标明。

熔丝：_____

继电器：_____

3. 若为模块控制式，查阅电路图（或维修手册），绘制出该车型电动刮水器原理简图，并在简图上标注出控制模块供电、搭铁、网线。

二、任务操作

操作一　电动刮水器系统功能检查

查阅使用手册，操作刮水器开关，在实车上完成功能操作，完成后勾选。

1. 该车型电动刮水器工作条件：

打开点火开关即可□

关闭发动机舱盖□

发动机运行□

2. 开关操作：
(1) 点动档位：正常□ 异常□
(2) 低速档位：正常□ 异常□
(3) 高速档位：正常□ 异常□
(4) 间歇档位：正常□ 异常□
(5) 关闭档位：正常□ 异常□
(6) 洗涤喷水档位：正常□ 异常□

视频 5-8 电动刮水器的作用及其组成

3. 实操车型是否具自动刮水功能？
(1) 具备□
1) 将开关档位打至自动档位，使用喷水壶对准雨量传感器喷洒，观察刮水器动作。正常□ 异常□
2) 观察开关上是否具备灵敏度调节开关。有□ 无□
(2) 不具备□

操作二 数据流读取及功能测试

若实操车型为模块控制式，使用诊断仪完成下列操作。
1. 开关数据流读取：
(1) 低速档位□
(2) 高速档位□
(3) 点动档位□
(4) 间歇档位□
(5) 关闭档位□
(6) 洗涤喷水□
(7) 自动档位□
(8) 雨量传感器数据□

2. 该车型是否具备诊断仪动作测试功能，若具备，则完成刮水器电动机、洗涤喷水动作测试。
(1) 刮水器电动机
低速□ 高速□
(2) 洗涤喷水□

操作三 刮水器刮片更换

1. 实操车型刮片类型为
蝶形刮片□ 平行刮片□ 有骨刮片□ 无骨刮片□
2. 刮片设置至维修保养位置
打开点火开关后再关闭，紧接着在_____ s 内拨动刮水器开关，刮片运行至风窗玻璃中间。
3. 抬起刮水器臂，找到解锁按钮或卡扣取下刮片，更换新刮片，放下刮水器臂。
4. 打开点火开关或起动发动机，验证喷水后刮片刮拭效果。

操作四 电动刮水器系统故障诊断与排除

1. 做好车辆防护：内部防护□ 外部防护□ 车轮挡块□
2. 车辆起动前连接尾气排放装置。□
3. 蓄电池电压检查：_____ V。
4. 液位检查
（1）冷却液液位（正常□ 偏高□ 偏低□）
（2）机油液位（正常□ 偏高□ 偏低□）
（3）制动液位（正常□ 偏高□ 偏低□）
5. 故障现象描述：_____
_____
_____
6. 可能原因分析：_____
_____
_____
7. 故障码读取：_____
_____
_____
8. 开关数据流读取：_____
_____
_____
电动机动作测试：正常□ 异常□
9. 故障可能原因：_____
10. 测量
（1）测量点选择：_____
（2）测量对象：_____
（3）测量条件：_____
（4）测量设备：_____
（5）测量数据
1）标准值：_____
2）测量值：_____
（6）测量数据分析：_____
11. 故障点：_____
12. 维修建议：_____
13. 故障机理分析：_____
_____
_____
_____

项目六　汽车仪表及报警系统维修

任务一　组合仪表认知

任务情景	• 某轿车出现充电指示灯不亮故障,请对其组合仪表进行检查,确定故障原因,并完成工单的填写
预备知识	• 汽车组合仪表的作用 • 汽车组合仪表的分类 • 汽车组合仪表的组成 • 汽车组合仪表的操作方法
训练目标	• 能在车辆或台架上找到车辆的组合仪表 • 能熟练查阅汽车组合仪表使用操作手册 • 能正确读取、识别组合仪表的各种信息
建议时间	• 90min
注意事项	• 请务必按照老师的指导,合理使用仪器,做到轻拿轻放,以免损坏 • 注意人身安全,避免损坏车辆 • 在车间,发动机处于运行期间,需要连接尾气排放装置
实施条件	• 训练车辆或台架 • 实操工单、使用手册、维修手册、电路图
工具设备	• 蓄电池充电器4只 • 万用表4只

一、知识准备

1. 查看车辆或台架信息。

（1）品牌、车型和车架号：_____

（2）你所操作的车辆属于哪个车系

国产□　德系□　美系□　英系□　法系□　意大利□　日系□　韩系□　其他□

（3）车辆操作手册类型（纸质版□　电子版□）

2. 你所实验车辆上的组合仪表类型，请勾选。

（机械式仪表□　电气式仪表□　模拟电路电子式仪表□　数字式电子仪表□）

3. 你所实验车辆上的组合仪表包括，请勾选。

（常规仪表□　警告灯和指示灯□　信息中心□　警告音□）

二、任务操作

操作一　认识组合仪表及警告灯

查阅使用手册，根据引导完成汽车组合仪表的操作，并回答以下问题。

1. 做好车辆防护：内部防护□　外部防护□　车轮挡块□
2. 车辆起动前连接尾气排放装置。□
3. 蓄电池电压检查：_____ V。
4. 点火开关置于 ON 档，观察里程表、行程表、燃油量表、冷却液温度表等信息，完成下面表格。

序号	项目	显示信息
1	转速表	
2	车速表	
3	里程表	
4	行程表	
5	燃油量表	
6	冷却液温度表	
...		

5. 指示灯或警告灯检查。

（1）点火开关置于 ON 档，观察实验车辆的组合仪表显示，勾选实际显示，并完成表格。

图案	名称	颜色	含义
	发动机冷却系统故障警告灯□	红色□　黄色□　绿色□ 蓝色□　其他 ____	
	发动机机油压力过低警告灯□	红色□　黄色□　绿色□ 蓝色□　其他 ____	

（续）

图案	名称	颜色			含义
	助力转向系统故障警告灯□	红色□ 蓝色□	黄色□ 其他□	绿色□ _____	
	制动系统故障警告灯□	红色□ 蓝色□	黄色□ 其他□	绿色□ _____	
	电子驻车制动器状态指示灯□	红色□ 蓝色□	黄色□ 其他□	绿色□ _____	
	安全带未系警告灯□	红色□ 蓝色□	黄色□ 其他□	绿色□ _____	
	充电指示灯□	红色□ 蓝色□	黄色□ 其他□	绿色□ _____	
	DSG 7 档双离合器变速器过热警告灯□	红色□ 蓝色□	黄色□ 其他□	绿色□ _____	
	预碰撞安全系统警告灯□	红色□ 蓝色□	黄色□ 其他□	绿色□ _____	
	施加行车制动指示灯□	红色□ 蓝色□	黄色□ 其他□	绿色□ _____	
	制动衬块过度磨损指示灯□	红色□ 蓝色□	黄色□ 其他□	绿色□ _____	
	电控行车稳定系统 ESP 指示灯□	红色□ 蓝色□	黄色□ 其他□	绿色□ _____	
	TCS 系统关闭指示灯□	红色□ 蓝色□	黄色□ 其他□	绿色□ _____	
	制动防抱死系统故障指示灯□	红色□ 蓝色□	黄色□ 其他□	绿色□ _____	
	电子驻车制动器故障指示灯□	红色□ 蓝色□	黄色□ 其他□	绿色□ _____	
	安全气囊和安全带张紧器警告灯□	红色□ 蓝色□	黄色□ 其他□	绿色□ _____	
EPC	发动机功率电子控制系统故障指示灯□	红色□ 蓝色□	黄色□ 其他□	绿色□ _____	

（续）

图案	名称	颜色			含义
	轮胎气压系统故障指示灯□	红色□ 蓝色□	黄色□ 其他□	绿色□ _____	
	助力转向系统故障指示灯□	红色□ 蓝色□	黄色□ 其他□	绿色□ _____	
	排气监控系统故障指示灯□	红色□ 蓝色□	黄色□ 其他□	绿色□ _____	
	洗涤液液位过低指示灯□	红色□ 蓝色□	黄色□ 其他□	绿色□ _____	
	燃油量过低警告灯□	红色□ 蓝色□	黄色□ 其他□	绿色□ _____	
	预碰撞安全系统当前不可用指示灯□	红色□ 蓝色□	黄色□ 其他□	绿色□ _____	
	后雾灯开启指示灯□	红色□ 蓝色□	黄色□ 其他□	绿色□ _____	
	照明系统故障指示灯□	红色□ 蓝色□	黄色□ 其他□	绿色□ _____	
	发动机润滑系统故障指示灯□	红色□ 蓝色□	黄色□ 其他□	绿色□ _____	
	转向信号指示灯□	红色□ 蓝色□	黄色□ 其他□	绿色□ _____	
	未踩制动踏板指示灯□	红色□ 蓝色□	黄色□ 其他□	绿色□ _____	
	CCS 工作指示灯□	红色□ 蓝色□	黄色□ 其他□	绿色□ _____	
	ACC 启用指示灯□	红色□ 蓝色□	黄色□ 其他□	绿色□ _____	
	预碰撞安全系统工作指示灯□	红色□ 蓝色□	黄色□ 其他□	绿色□ _____	
	远光指示灯□	红色□ 蓝色□	黄色□ 其他□	绿色□ _____	

（2）你所实验的车辆是否存在上表中没有的指示灯或警告灯，如果有，填入下列表格中。

序号	图案	名称	颜色	含义
1				
2				
3				
4				
5				
…				

6. 信息显示中心检查

（1）观察组合仪表的信息显示中心，请完成下列选项。

（车门未关警报信号显示□　车外温度□　变速杆位置显示项□）

（2）实验车辆是否有定速巡航、ACC 辅助等功能（是□　否□）

若有，操作方向盘上相应的按键，信息中心会有哪些显示？

短时行驶里程□　　续驶里程□　　平均油耗□　　瞬时油耗□

平均车速□　　　　瞬时车速□　　室外温度□

轮胎实时胎压□　　机油剩余量□　收音机频率□

蓝牙连接项□　　　车道保持□　　跟车距离□

其他：

_____

7. 根据提示完成下列操作，并完成工单空表项。

（1）打开点火开关，操作转向灯开关，仪表显示和提示音□

（2）打开危险警告灯，观察仪表显示和提示音□

（3）调节转向灯提示音的音量□

（4）打开车门，观察仪表信息和车门未关提示音□

（5）免钥匙进入的车辆，不关闭点火开关，拿走遥控钥匙，观察提示音□

8. 根据操作手册，操作多功能方向盘，若包含下列菜单信息，请完善表格。

主菜单	子菜单	功能
MFD（多功能显示）		
ACC（自适应巡航系统）		
Audio（音响系统）		
Navigation（导航系统）		
Telephone（电话）		
Assistant（驾驶辅助系统）		
Vehicle status（本车状态）		
Settings（设置）		

操作二　保养灯清零

1. 你所实验的车辆上有保养指示器吗？_____。如果有，请写出保养指示器显示的内容：_____。
如何操作进行保养指示器的清零？_____
_____
_____。

2. 里程表的类型：_____

3. 哪个里程表可以清零？_____。清零如何操作？_____
_____。

视频 6-1　仪表自检与保养灯归零

三、操作结果分析

你所实验的车辆，组合仪表上显示哪些故障信息，请记录并分析。

项目六　汽车仪表及报警系统维修

任务二　组合仪表及报警系统检修

	任务情景	• 客户报修组合仪表中某故障灯常亮,作为维修技师,请对汽车仪表和报警系统进行全面检查,完成故障的诊断与排除,并完成工单的填写
	预备知识	• 汽车组合仪表功能与分类 • 汽车组合仪表的控制原理 • 汽车组合仪表的网络拓扑结构 • CAN、LIN 通信基础知识 • 汽车组合仪表报警系统的故障诊断流程
	训练目标	• 能在车辆或台架上找到汽车组合仪表组成部件 • 能熟练查阅汽车使用手册、维修手册、电路图 • 能正确选用仪器、设备完成组合仪表故障诊断 • 能够描述汽车组合仪表报警系统故障并分析排除
	建议时间	• 90min
	注意事项	• 请务必按照老师的指导,合理使用仪器,做到轻拿轻放,以免损坏 • 注意人身安全,避免损坏车辆 • 在车间,发动机处于运行期间,需要连接尾气排放装置
	实施条件	• 训练车辆或台架 • 实操工单、使用手册、维修手册、电路图
	工具设备	• 数字式万用表/示波器/诊断仪 • 常用拆装工具 • 跨接线/探针

一、知识准备

1. 查看车辆信息：_____
2. 你所实验车辆上的组合仪表类型，请勾选。
（机械式仪表□　电气式仪表□　模拟电路电子式仪表□　数字式电子仪表□）
3. 你所实验车辆上的组合仪表包括，请勾选。
（常规仪表□　警告灯和指示灯□　信息中心□　警告音□）
4. 查阅实验车辆电路图和维修手册，结合所学知识，完成下列某些仪表显示的原理图，空格中填写传感器或控制单元名称，箭头上方填写信号传递的线路类型（例如硬线/CAN 线等），需要几个空填几个。

（1）车速表的工作原理

（2）冷却液温度表工作原理

（3）ABS 显示工作原理

（4）车门状态显示工作原理

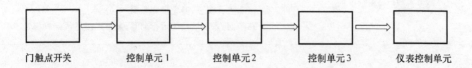

（5）远光灯指示灯显示工作原理

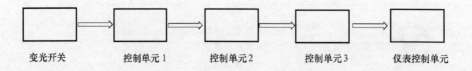

5. 查阅实验车辆电路图和维修手册，画出包含汽车仪表的网络拓扑结构图。

二、任务操作

操作一　组合仪表不亮故障诊断与排除

请根据实验车辆的电路图和维修手册，完成组合仪表不亮的故障检修。

1. 做好车辆防护：内部防护□　外部防护□　车轮挡块□
2. 车辆起动前连接尾气排放装置。□
3. 蓄电池电压检查：_____ V。
4. 液位检查：
(1) 冷却液液位（正常□　偏高□　偏低□）
(2) 机油液位（正常□　偏高□　偏低□）
(3) 制动液液位（正常□　偏高□　偏低□）
5. 故障现象描述：_____
6. 可能原因分析：_____
(1) 仪表单元供电线路故障□
(2) 仪表单元接地线路故障□
(3) 仪表自身故障□
(4) 仪表单元局部故障□
(5) 仪表单元通信故障□
7. 故障码读取：_____

8. 故障所涉及的相关电路简图：

9. 故障可能原因：_____
_____
10. 测量
(1) 测量点选择：_____
(2) 测量对象：_____
(3) 测量条件：_____
(4) 测量设备：_____
(5) 测量数据
1) 标准值：_____
2) 测量值：_____
(6) 测量数据分析：_____
_____
_____
_____
_____
_____
_____

11. 故障点：_____
_____

12. 维修建议：_____

13. 故障机理分析：_____
_____
_____

操作二 燃油量表无法显示故障诊断与排除

1. 做好车辆防护：内部防护□ 外部防护□ 车轮挡块□
2. 车辆起动前连接尾气排放装置。□
3. 蓄电池电压检查：_____ V。
4. 液位检查：
（1）冷却液液位（正常□ 偏高□ 偏低□）
（2）机油液位（正常□ 偏高□ 偏低□）
（3）制动液液位（正常□ 偏高□ 偏低□）
5. 打开点火开关，观察汽车组合仪表的故障灯显示。
6. 故障现象描述：_____
_____
_____

7. 可能原因分析：_____
_____
_____

8. 故障码读取：_____
_____

9. 故障所涉及的相关电路简图：

10. 故障可能原因：_____
_____
_____
_____

11. 测量
(1) 测量点选择：_____
_____
_____
_____

(2) 测量对象：_____
_____

(3) 测量条件：_____
_____

(4) 测量设备：_____
_____

(5) 测量数据
1) 标准值：_____
2) 测量值：_____
(6) 测量数据分析：_____
_____
_____
_____
_____
_____
_____

12. 故障点：_____
_____
_____

13. 维修建议：_____
_____
_____

14. 故障机理分析：_____
_____
_____

项目七　汽车空调系统维修

任务一　汽车空调基本检查

	任务情景	• 客户报修空调不制冷,作为维修技师,对空调系统进行全面检查并排除空调系统故障,填写好工单
	预备知识	• 汽车空调系统功能与分类 • 汽车空调系统的组成 • 通风及配气系统组成及原理 • 空调控制面板上功能键的含义 • 空调系统检查内容及方法
	训练目标	• 能在车辆或台架上指出空调系统主要组成部件 • 能熟练查阅汽车空调系统使用手册 • 能正确选用仪器、设备完成空调系统基本检查(仪表板下和发动机舱盖下检查) • 能够正确描述汽车空调系统故障
	建议时间	• 90min
	注意事项	• 请务必按照老师的指导,合理使用仪器,做到轻拿轻放,以免损坏 • 注意人身安全,避免损坏车辆 • 在车间,发动机处于运行期间,需要连接尾气排放装置
	实施条件	• 训练车辆或台架 • 实操工单、车主手册
	工具设备	• 数字式万用表/风速仪/传动带张力测试器/温度计 • 纱手套、抹布等

一、知识准备

下图为某车型空调系统配气系统示意图，看图回答以下问题：

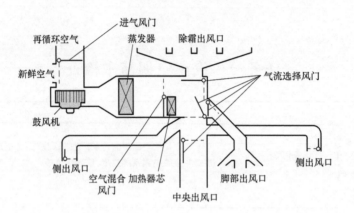

（1）用于制冷的热交换器是_____，其中流动的介质是_____；用于取暖的热交换器是_____，其中流动的介质是_____。

（2）关于风门翻板：改变空调进气模式的是_____风门；实现温度调节的是_____风门；用于改变出风方向的是_____风门。

（3）实现强制通风的是_____。

（4）出风口向上的是_____出风口，向下的是_____出风口，向前的是_____出风口；图示出风模式为_____。

二、任务操作

操作一　认识空调系统

1. 根据提供的车辆或台架，勾选空调的类型。

（1）车型：_____

（2）控制方式（手动□　自动□）

（3）温区控制（单温区□　双温区□　多温区□）

（4）压缩机驱动方式（非独立式□　独立式□　电驱动□）

2. 查阅车主手册，观察空调控制面板，找出并勾选相应功能键（空调控制面板图打印在活页上）。

（1）空调面板（按键□　旋钮□　触屏□）

（2）空调电源开关□

（3）自动调节开关□

（4）鼓风机调速开关（前排□　后排□）

（5）制冷开关□

(6) 温度调节（前排□　后排□）

(7) 温度同步调节□

(8) 进气模式调节□

(9) 出风模式调节（前排□　后排□）

(10) 前风窗除霜□

(11) 后风窗除霜□

(12) MAX A/C□

(13) MAX 除霜□

(14) 座椅加热□

(15) 座椅通风□

(16) 余热加热□

(17) 空气净化□

(18) 空调其他按键（如有请补充）：_____

视频 7-1　迈腾 B8L 汽车空调的使用与操作

3. 在提供的车辆或台架上，找出以下部件（勾选）。

(1) 压缩机□

(2) 冷凝器及风扇□

(3) 膨胀阀□

(4) 空调滤清器□

(5) 鼓风机总成□

(6) 蒸发器（1 个□　2 个□）

(7) 加热器芯（1 个□　2 个□）

(8) 进气风门□

(9) 进气流量翻板□

(10) 空气混合风门□（1 个□　2 个□）

(11) 气流选择风门□

(12) 除霜出风口□

(13) 中央出风口（前排□　后排□）

(14) 侧面出风口（前排左侧□　前排右侧□）

(15) B 柱出风口□

(16) 前部车门内饰板出风口□

(17) 脚部出风口（前排□　后排□）

(18) 其他出风口（如有请补充）：_____

操作二　空调系统基本检查

1. 做好车辆防护。
2. 车辆起动前连接尾气排放装置。□
3. 蓄电池电压检查：_____V。
4. 检查液位：
冷却液液位（正常□　偏高□　偏低□）
机油液位（正常□　偏高□　偏低□）
制动液液位（正常□　偏高□　偏低□）
5. 使用传动带张力测试器检查压缩机传动带张紧力
（正常□　过松□　过紧□）。
问题：传动带过松会有什么后果？过紧会有什么后果？
_____
_____

6. 检查空调滤清器。
问题：为何要清洁或更换空调滤清器？
_____
_____
_____

问题：查阅车主手册，空调滤清器更换周期为_____。
问题：距离上一次更换空调滤清器里程数：_____km；时间：_____天。
7. 起动发动机，观察充电指示灯（点亮□　熄灭□）。
8. 开启鼓风机，外循环，出风模式为正面出风，用风速仪在中央出风口测得鼓风机最高风速为_____m/s（正常□　偏高□　偏低□）。
9. 检查鼓风机调速情况，鼓风机共有_____档；调节情况（正常□　异常□）。
10. 检查出风模式切换情况，共有_____种出风模式。
（1）除霜出风口（正常□　异常□）
（2）前部脚部出风口（正常□　异常□）
（3）后部脚部出风口（正常□　异常□）
（4）正面出风口（正常□　异常□）
（5）侧面出风口（正常□　异常□）
11. 检查进气模式切换：鼓风机至最高档，用一张白纸放在外循环进风口处测试吸力。
（1）外循环（有吸力□　无吸力□）
（2）内循环（有吸力□　无吸力□）
12. 检查暖风功能：将温度设置为最高，用温度计测得左侧中央出风口温度为：_____℃。
13. 开启空调至最大制冷模式，鼓风机档位_____档；A/C_____；温度设置为_____；进气模式为_____；出风模式为_____。

14. 用温度计测得左侧中央出风口温度为_____℃。

15. 检查压缩机工作情况。

（1）压缩机（有□ 无□）异响

（2）压缩机进出口（有□ 无□）明显温差

16. 检查冷凝器表面及风扇运转。

（1）冷凝器表面划痕（有□ 无□）

（2）冷凝器风扇运转（是□ 否□）

17. 蒸发器的下方区域排出水滴（有□ 无□）。

18. 制冷循环维修阀盖帽。

（1）高压侧（完好□ 缺失□）

（2）低压侧（完好□ 缺失□）

19. 关闭空调、关闭点火开关。

20. 清洁工具和车辆，设备复位。

三、操作结果分析

写出空调系统检查结果，并提出空调维护或维修建议。

_____
_____
_____
_____
_____
_____
_____
_____
_____
_____
_____
_____
_____
_____
_____
_____

项目七 汽车空调系统维修

任务二 制冷循环不良故障诊断与排除

	任务情景	• 客户报修空调制冷不足,出风口温度不够凉,经服务顾问检查,发现空调低压管路温度偏高,初步怀疑制冷循环不良。请对制冷循环进行检测,确定故障点,修复车辆
	预备知识	• 制冷循环组成及工作原理 • 制冷循环元部件结构与工作原理 • 空调压力表、制冷剂回收充注机、检漏仪、鉴别仪等常用空调维修工具、设备的使用方法 • 制冷循环不良故障分析 • 制冷循环故障维修工艺
	训练目标	• 能对制冷循环进行检查 • 能测量制冷循环压力,根据压力值判断制冷循环故障 • 能编制汽车空调系统回收、净化及充注工艺流程 • 能按照 JT/T 774—2010《汽车空调制冷剂回收、净化、加注工艺规范》完成制冷剂鉴别、检漏、回收及充注作业
	建议时间	• 180min
	注意事项	• 请务必按照老师的指导,合理使用仪器,做到轻拿轻放,以免损坏 • 佩戴好护目镜及橡胶手套 • 在通风条件良好、无明火的环境作业 • 排出的冷冻机油需要进行专门化处理 • 注意人身安全,避免损坏车辆 • 在车间,发动机处于运行期间,需要连接尾气排放装置
	实施条件	• 训练车辆或台架 • 实操工单、维修手册
	工具设备	• 空调压力表/制冷剂鉴别仪/电子检漏仪/荧光检漏仪/制冷剂回收充注机/温度计/湿度计/护目镜/手套/抹布等

一、知识准备

1. 下图为膨胀阀式制冷循环示意图，看图回答以下问题：

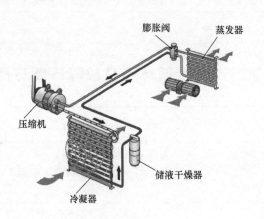

（1）制冷循环的四个工作过程依次是压缩→_____→_____→_____。

（2）压缩机将制冷剂从_____温_____压_____态转变为_____温_____压_____态。

（3）冷凝器将制冷剂从_____温_____压_____态转变为_____温_____压_____态。

（4）膨胀阀将制冷剂从_____温_____压_____态转变为_____温_____压_____态。

（5）蒸发器将制冷剂从_____温_____压_____态转变为_____温_____压_____态。

（6）制冷循环中_____和_____是高低压分界线，_____和_____是气态和液态的分界线。

2. 根据歧管压力表的不同应用，填写下表。

应用	高压手动阀	低压手动阀	红色软管	蓝色软管	黄色软管
测量压力					
回收					
抽真空					
加冷冻机油					
初充制冷剂					
补充制冷剂					

二、任务操作

操作一　制冷循环部件结构识别

1. 根据提供的车辆或台架，勾选空调的类型。
（1）车型：_____
（2）节流元件类型（膨胀阀式□　膨胀管式□）
2. 压缩机识别。
（1）在车上找到空调系统压缩机，记录其位置。

问题：空调压缩机在发动机（前端□　后端□）；曲轴带轮的（上方□　下方□）。

（2）找到与压缩机连接的制冷管路，区分高压管与低压管。

问题：压缩机进口管路（低压管路）相对出口管路更（粗□　细□）。

（3）观察分析此车压缩机属于哪种类型（可变排量□　固定排量□），并回答以下问题。

1）压缩机前端带有电磁离合器（是□　否□）
2）无电磁离合器的压缩机（一定□　不一定□）是可变排量压缩机
3）有电磁离合器的压缩机（一定□　不一定□）是固定排量压缩机
4）开启空调后，可变排量压缩机（会□　不会□）根据车内温度变化而切断/接通与发动机的动力传递
5）开启空调后，固定排量压缩机（会□　不会□）根据车内温度变化而切断/接通与发动机的动力传递

（4）判断可变排量压缩机类型（内控式压缩机□　外控式压缩机□），并回答以下问题。

1）外部控制式变排量压缩机（一定有□　不一定有□）调节电磁阀
2）压缩机调节电磁阀位于压缩机（前□　后□）端
（5）观察压缩机传动带保护装置。

问题：有些压缩机带轮与从动盘之间的连接为什么使用橡胶元件？

_____

3. 冷凝器的识别
（1）在车上找到空调系统的冷凝器和冷却风扇，记录其安装位置。
1）空调冷凝器在发动机散热器（前□　后□）端
2）冷却风扇安装在（冷凝器前□　散热器后□）
3）开启空调后，冷却风扇（不运转□　低速运转□　高速运转□）
（2）找到与冷凝器连接的制冷管路，区分进口管与出口管。
1）冷凝器进口管路相对出口管路更（粗□　细□）
2）冷凝器进口管路布置在（上□　下□）方，出口管路布置在（上□　下□）方
3）如果冷凝器表面过脏，会对空调系统产生什么影响？

4. 储液干燥装置的识别

在车上找到储液干燥装置，记录其位置：_____

_____

5. 节流装置的识别

在车上找到空调系统的节流装置，记录其安装位置

（1）膨胀阀的四个接口分别接向哪里？

_____

_____

（2）膨胀阀开度大小由什么决定？

_____

_____

（3）如果节流装置堵塞，空调系统制冷效果不佳，制冷循环压力也会异常。
低压侧压力（过低□　过高□）；高压侧压力（过低□　过高□）

6. 制冷循环连接管路的识别

（1）在发动机舱内找到制冷循环连接管路，并回答以下问题。

1）制冷系统的各元件为何不能全部用刚性金属材料连接？

_____

_____

2）哪段连接管路最粗？哪段最细？

_____

_____

（2）观察管路内部热交换器（拍照贴至活页上）。

7. 蒸发器的识别

找到车辆或台架的蒸发器，记录其安装位置，并回答以下问题。

（1）蒸发器的下部有一个通向车外的管子，其作用是什么？

_____

_____

（2）如果这个通向车外的管子堵塞，可能产生怎样的后果？

_____

_____

<h3 style="text-align:center">操作二　空调压力测量</h3>

1. 做好车辆防护。
2. 车辆起动前连接尾气排放装置。
3. 关闭点火开关，关闭空调
4. 佩戴护目镜和手套。
5. 拆卸空调高低压检修阀盖帽，清洁维修阀口。
6. 连接空调压力表。

视频 7-2　汽车空调压力测量

注意：确保压力表手动阀关闭、各管接头连接牢固

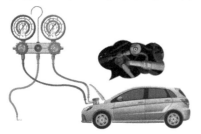

7. 记录环境温度和湿度。

环境温度：_____℃；环境湿度：_____%

8. 记录空调静态压力值。

参数	实测值（bar）	标准值（bar）	结果判断
低压侧压力			正常☐ 异常☐
高压侧压力			正常☐ 异常☐

9. 开启空调，接通压缩机，设置空调为最大制冷模式。

（1）温度设置为最低

（2）出风方向调到仪表板排风口上

（3）找到调节新鲜空气鼓风机转速的旋转开关，将鼓风机转速设置为最大

（4）开启内循环

（5）发动机转速设定为 1500~2000r/min

10. 5min 后，记录测量值。

参数	实测值（bar）	标准值（bar）	结果判断
低压侧压力			正常☐ 异常☐
高压侧压力			正常☐ 异常☐

11. 根据测得的空调静态压力值和动态压力值，分析制冷循环故障可能的原因。

（1）制冷剂：过多☐ 过少☐ 有空气☐

（2）压缩机故障☐

（3）膨胀阀：堵塞☐ 开度过大☐

（4）储液干燥器堵塞☐

（5）连接管路：堵塞☐ 泄漏☐

（6）蒸发器泄漏☐

（7）冷凝器：脏污☐ 泄漏☐

12. 根据故障点，制定制冷循环故障维修工艺路线。

_____

_____

_____

_____

13. 关闭空调、关闭点火开关。
14. 待空调静置 2min 后,取下空调压力表,清洁维修阀口,安装维修阀盖帽。
15. 清洁工具和车辆,设备复位。

操作三　制冷剂状态检查

1. 做好车辆防护。
2. 车辆起动前连接尾气排放装置。
3. 开启空调,接通压缩机,设置空调为最大制冷模式(设置方法见操作二步骤 9)。
4. 记录观察孔观察结果。

　　清晰□　气泡□　泡沫□　机油条纹□　污蚀□　视液镜□

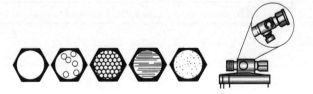

5. 根据观察结果,判断制冷循环(是□　否□)正常。
6. 关闭空调、关闭点火开关。
7. 清洁工具和车辆,设备复位。

操作四　制冷剂鉴别

以 ROBINAiR 16910 为例,执行以下操作。

视频 7-3　汽车空调制冷剂鉴别

1. 作业前准备:

操作步骤	图示
(1) 做好车辆防护,佩戴好护目镜及手套,确保发动机停止运转。	
(2) 检查采样滤清器滤芯,确认无红斑。	
(3) 检查采样软管有无磨损痕迹,有无开裂、磨断和纠结;确认软管无堵塞,软管内无油液	

（续）

操 作 步 骤	图示
（4）检查采样管入口、出口是否保持通畅，无堵塞	
（5）检查采样排放口是否保持通畅，无堵塞	空气进气口

2. 开机预热。

3. 设定海拔高度：同时按住"A"和"B"按钮，调节海拔高度。

设定海拔高度为：_____英尺。

4. 系统标定：环境空气通过进气口被吸入，然后被送到检测装置进行自动标定，在此过程中仪器会发出声音。

5. 连接管路及压力调节。

（1）取下低压检修阀盖帽，清洁低压检修阀接口。

（2）将管路连接接头一端连接制冷剂鉴别仪采样管入口，另一端连接到车辆空调低压检修阀。

注意：

（1）应先逆时针方向关闭快速接口，然后提拉快速接头，将其接在低压阀上。

（2）为确保正确运行，仪器压力表的读数至少应为10psi。

问题：制冷剂鉴别时为何将采样软管连接到低压检修阀？

_____
_____
_____

6. 按"A"键开始进行样品检验，记录检测结果。

项目	检测数据	结果分析
R134a		
R12		
R22		
HC		
AIR		

7. 提拉快速接头，从低压阀上取下该接头，清洁低压阀口和快速接头。
8. 从仪器上取下采样管，检查采样管有无裂纹，观察样品滤清器有无红斑。
9. 对低压阀口进行泄漏检查。
10. 清洁工具和车辆，设备复位。

操作五　制冷循环泄漏检查（电子检漏）

视频 7-4　制冷循环泄漏检查（电子检漏）

1. 做好车辆防护，佩戴好护目镜及手套，确保发动机停止运转。
2. 连接空调压力表至空调高、低压侧检修阀，进行检漏前的压力确认。
（1）低压侧压力：_____ bar；高压侧压力：_____ bar。
（2）满足电子检漏的条件（是□　否□）。

问题：查阅《汽车空调制冷剂回收、净化、加注工艺规范》（JT/T 774—2010），电子检漏的前提条件是空调的静态压力需大于_____ bar。

3. 调节电子检漏仪灵敏度，清洁检漏仪探头。
4. 将仪器的探头放在被检查部位的下面（因为制冷剂比空气重）。在沿管路检查时，每秒移动探头 2.5cm，沿软管检查时，每秒移动探头 0.6cm。若点亮的 LED 灯增多，声音频率增高，则说明有泄漏现象。
5. 利用重设键可以找到泄漏的源头。当检测到泄漏时按下该键，继续检测，直到检测到比原来浓度更大的地方才会再次报警。
6. 记录检查结果。
无泄漏□　有泄漏□（泄漏部位在：_____）
7. 清洁工具和车辆，设备复位。

操作六　制冷循环泄漏检查（荧光检漏）

采用荧光检漏时需要先确定制冷循环中有荧光剂，如果没有，需要事先添加荧光剂。

1. 做好车辆防护，佩戴好护目镜及手套。

2. 完成制冷剂回收及抽真空（具体操作见后续制冷剂回收、充注操作）。
3. 将荧光剂瓶的封口拉开，使之与注射枪连接，顺时针旋转拧紧。

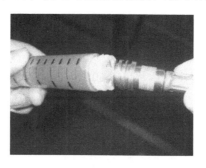

4. 连接荧光剂瓶与注射枪。拨动注射枪拉杆可释放推杆，然后逆时针旋转使注射枪上紧。

5. 用注射枪将荧光剂从空调系统低压阀处推入空调系统内（注射量为1格）。

6. 起动空调，系统运行15min。
7. 戴上滤光眼镜，连接射灯，用射灯照射系统管路。如果有地方泄漏，该处将出现荧光（黄绿色）。

8. 记录检查结果。
无泄漏□　有泄漏□（泄漏部位在：＿＿＿＿＿＿＿＿）

9. 修复后，用喷雾清洗剂清洗泄漏处。
10. 清洁工具和车辆，设备复位。

操作七　制冷剂回收、充注

视频 7-5　制冷剂回收加注流程

以半自动制冷剂回收充注一体机 AC350C 为例进行操作，全自动制冷剂回收充注一体机见设备使用手册。

1. 做好车辆防护，佩戴好护目镜及手套。
2. 确定回收充注机所在地面平整，锁紧回收充注机。

问题：如果地面不水平，可能带来什么后果？

_____
_____

3. 打开车辆空调管路的维修接头，连接高压和低压的快速接头，拧紧快速接头上的螺母。
4. 记录管路连接结果。
（1）低压侧压力：_____ bar；高压侧压力：_____ bar。
（2）管路连接结果：正常□　异常□。
5. 回收制冷剂。
（1）在回收制冷剂之前要起动空调运行几分钟，以便于在回收时将杂质和冷冻机油带出。
（2）开机，排气，记录制冷剂初始罐重：_____ kg、废油瓶初始油量：_____ mL。
（3）选择面板上的"回收"键，打开面板上的高/低压手动阀。
（4）当压力表指针指到"0"或更少且回收量无增加时，按住"取消"键，停止程序。
（5）为保证回收彻底，停机后静待 5min，若压力表回升至"0"以上，则重复回收操作，正常情况下，如果回收充分，保压时间应超过 2min。
6. 排冷冻机油：制冷剂回收完成后，按下"确认"键开始排油。
7. 记录回收后制冷剂罐重和废油瓶液面，并计算制冷剂和冷冻机油回收量。
（1）制冷剂回收量为回收后制冷剂罐重与回收前制冷剂罐重之差
制冷剂回收量 = _____ kg - _____ kg = _____ kg。
（2）冷冻机油回收量为回收后废油瓶液面与回收前废油瓶液面差值
冷冻机油回收量 = _____ mL - _____ mL = _____ mL。
8. 初抽真空（双管抽真空）。
（1）将高压软管和低压软管连接到空调系统上，并打开控制面板上的高/低压手动阀。
（2）按下"抽真空"键，显示屏上抽真空时间默认为 15min。
（3）抽真空至系统真空度低于 -90kPa，关闭高/低压手动阀，按"取消"键，停止抽真空。

项目七　汽车空调系统维修

问题：空调系统抽真空的目的是什么？
_____
_____

9. 保压至少 15min，并记录。保压前压力：_____ bar；保压后压力：_____ bar。

（1）压力无回升，进行加注冷冻机油操作。□

（2）压力有回升，则继续抽真空，如累计抽真空时间超过 30min，压力仍回升，则可以判定制冷循环有泄漏，应检修制冷循环。□

10. 加注冷冻机油。

（1）将适量的冷冻机油加入注油瓶内，并记录冷冻机油液面：_____ mL。

注意：冷冻机油尽量用小瓶，大瓶的用后及时密闭，不应长时间将冷冻机油暴露在空气中，使冷冻机油被空气氧化。

（2）安装注油瓶。注意必须拧紧，防止空气进入。

（3）查阅维修手册，设定冷冻机油加注量：_____ mL。

注意：在没有更换元件时，注油油量＝回收油量＋20mL；更换元件时，还需根据维修手册额外添加对应量的冷冻机油。

（4）打开控制面板上的高压手动阀，按下"确认"键从高压侧注入冷冻机油。达到补充量后及时按"确认"键，暂停加注冷冻机油，确认加注量达到要求后，按"取消"键结束加注冷冻机油并关闭控制面板上的高压手动阀。

11. 记录冷冻机油加注量：_____ mL－_____ mL＝_____ mL。

12. 再次抽真空（单管抽真空）。

（1）关闭控制面板上的高压手动阀，打开低压手动阀。

（2）按下"抽真空"键，显示屏上抽真空时间默认为 15min。

13. 充注制冷剂。

（1）查阅车辆铭牌或维修手册，制冷剂加注量为_____ kg。

（2）记录充注前制冷剂罐重：_____ kg。

（3）按下控制面板上的"加注制冷剂"键，设定制冷剂量。

（4）打开控制面板上的高压手动阀，按下"确认"键开始充注。

注意：在充注制冷剂前，应确定制冷剂回收充注机内工作罐罐重应该超过车辆空调系统标准充注量的 3 倍以上，否则将会导致所要充注的制冷剂没有被完全充入空调系统，或制冷剂充注过慢，这是因为工作罐中的压力和空调系统中的压力过于平衡所致。

（5）制冷剂加注后，静置 2min。

（6）起动空调系统，保持空调系统运转直到控制面板上的高/低压力表指示稳定，检查指针读数，以确定所充注的系统工作是否正常。

（7）关闭空调，并从汽车空调系统上拆下红色高压软管。

（8）打开控制面板上的红色高压阀和蓝色低压阀，将红、蓝色软管中的制冷剂回收到制冷剂回收充注机内。

（9）记录制冷剂罐重并计算制冷剂加注量。

制冷剂加注量 = _____ kg - _____ kg = _____ kg。

（10）关闭控制面板上的高/低压手动阀，切断仪器电源。

14. 将废油瓶的废油无害化处理并清洗废油瓶。
15. 清洁工具和车辆，设备复位。

操作八　空调性能测试

1. 做好车辆防护，佩戴好护目镜及手套。
2. 连接空调压力表。
3. 空调性能测试条件设置。

（1）环境温度大于15℃（是□　否□）。
（2）散热器冷凝器必须干净无污物（是□　否□）。
（3）压缩机传动多楔带正常且已正确张紧，带轮确实驱动压缩机（是□　否□）。
（4）所有空气导管、盖板和密封件均正常且安装正确（是□　否□）。
（5）车辆没有放置在阳光下（是□　否□）。
（6）发动机处于工作温度（80℃）（是□　否□）。
（7）空调滤清器无堵塞（是□　否□）。
（8）空调控制单元中无故障码存储（与空调相关）（是□　否□）。
（9）出风模式为仪表板出风（依车型不同，出风模式设置不同）（是□　否□）。
（10）所有仪表板出风口以及后部中控台内出风口都处于打开状态（是□　否□）。
（11）发动机在运转，转速设定为1500~2000r/min（是□　否□）。
（12）空调温度设定为_____。
（13）压缩机（接通□　断开□）。
（14）新鲜空气鼓风机转速设定为_____。
（15）空气循环状态设定为（内循环□　外循环□）。
（16）运行空调5min。

4. 读取并记录测量结果。

	参数		数值	结果分析
空调性能测试	压力	吸气口压力/bar		
		排气口压力/bar		
	温度	环境温度/℃		
		出风温度/℃		
	相对湿度	环境湿度/%		
		车内湿度/%		
	备注：在下图中进行标定并判断空调性能			

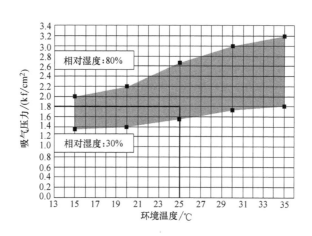

注：$1kgf/cm^2 = 98kPa$

环境温度与吸气压力对照图

视频7-6 空调性能检验

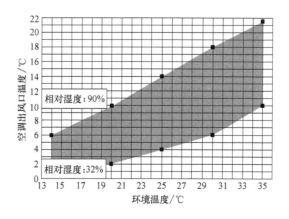

环境温度与空调出风口温度对照图

5. 清洁工具和车辆，设备复位。

项目七　汽车空调系统维修

任务三　空调控制系统故障诊断与排除

	任务情景	• 客户报修空调不制冷,请结合制冷循环、空调控制系统相关知识进行故障检测,确定故障点,修复车辆
	预备知识	• 制冷循环组成及工作原理 • 压缩机、鼓风机、温度调节、进气风门、出风模式风门控制原理 • 典型车型空调控制系统电路识读方法 • 空调控制系统诊断方法
	训练目标	• 能识读空调控制系统电路图 • 能使用诊断仪读取空调控制系统故障码和数据流 • 能制定空调控制系统检修方案 • 能利用万用表、示波器检测空调控制系统电路元件及线路
	建议时间	• 180min
	注意事项	• 请务必按照老师的指导,合理使用仪器,做到轻拿轻放,以免损坏 • 所有拆装必须按照规范操作 • 注意车辆内饰、座椅的防护,避免划伤内饰 • 戴好手套,避免割伤 • 在车间,发动机处于运行期间,需要连接尾气排放装置
	实施条件	• 训练车辆或台架 • 实操工单、维修手册
	工具设备	• 诊断仪/万用表 • 跨接线/常用拆装工具

一、知识准备

根据下图所示的压缩机结构图，试回答下列问题：

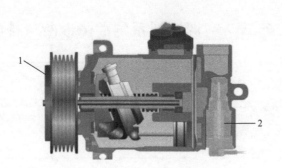

（1）图中_____（填写数字序号）为电磁离合器，_____（填写数字序号）为压缩机调节电磁阀。

（2）图示压缩机为_____（填写"定排量"或"变排量"）压缩机。

（3）当环境温度过_____（填写"高"或"低"）时，压缩机电磁离合器将不工作。

（4）当蒸发器温度过_____（填写"高"或"低"）时，压缩机电磁离合器将不工作。

（5）当空调压力过高或过低时，_____将停止工作；当空调压力高于正常值时，_____将高速运转。

（6）对于变排量压缩机，当蒸发器温度较高时，压缩机排量较_____（填写"大"或"小"）。

二、任务操作

操作一　压缩机控制电路诊断

1. 根据提供的车辆或台架，勾选空调的类型。
（1）车型：_____
（2）空调控制类型（手动空调□　自动空调□）
2. 连接诊断仪，读取数据流。

视频7-7　压缩机工作条件数据读取

参数名称	不制冷工况	制冷工况	结果分析
蒸发箱温度			正常□ 异常□
空调压力			正常□ 异常□
车内温度			正常□ 异常□
车外温度			正常□ 异常□
发动机温度			正常□ 异常□

从数据流可以看出，故障原因可能为：_____
_____

3. 压缩机控制电路及元件检测。

（1）查阅电路图，控制压缩机电磁离合器的控制单元是_____，控制压缩机继电器的针脚号为_____；导线颜色为_____。控制压缩机调节阀的控制单元是_____。

（2）测量压缩机离合器的电阻，阻值为_____Ω（正常□ 异常□）。

（3）找到压缩机继电器，用万用表检测该继电器线圈电阻为_____Ω（正常□ 异常□）；给继电器线圈通电后，继电器触点间电阻_____Ω（正常□ 异常□）。

操作二　鼓风机控制电路诊断

视频7-8　鼓风机工作条件数据流读取

1. 连接诊断仪，读取数据流。

参数名称	不制冷工况	制冷工况	结果分析
鼓风机转速指令			正常□ 异常□

2. 测量鼓风机调速模块各端子电压。

端子含义	端子号	测试条件	实测数值	标准值	结果判定
供电					正常□ 异常□
搭铁					正常□ 异常□
信号电压					正常□ 异常□
鼓风机供电					正常□ 异常□
鼓风机搭铁					正常□ 异常□

（1）根据测量，可以得出，鼓风机档位越高，鼓风机调速模块信号端子占空比越_____（填"大"或"小"），鼓风机电机工作电压_____（填"大"或"小"）。

（2）根据测量，故障原因为：_____

三、操作结果分析

写出故障检查结果，并分析故障机理。

_____
_____
_____
_____
_____
_____
_____
_____
_____
_____
_____
_____
_____
_____
_____
_____
_____

高等职业教育汽车类专业活页式新形态创新教材
江苏省高等学校重点教材（编号：2021-2-168）

汽车电气系统维修

（含实训工作页）

主　编　程丽群
副主编　张从学　王　勇
参　编　沙　颂　王少君　刘　静
主　审　文爱民

机械工业出版社

本书是南京交通职业技术学院汽车工程学院项目化教学改革的成果之一。

为了适应项目化教学，全书采用了任务驱动的编写模式，对汽车电气系统维修进行了详细介绍，主要内容包括汽车电气系统维修基础、车载网络系统维修、充电系统维修、汽车灯光系统维修、汽车辅助电气系统维修、汽车仪表及报警系统维修、汽车空调系统维修。书中既对汽车电气系统的功能、结构、原理进行了阐述，也对电气系统的检查保养、检测维修、故障诊断相关学习任务进行了布置，同时还有相应的自我测试题对学习效果进行检验。

为了达到项目化教学效果，本书还配套有《汽车电气系统维修实训工作页》。

本书可作为高职高专院校汽车类专业的教科书，也可供汽车检测、汽车维修技术人员学习参考。

图书在版编目（CIP）数据

汽车电气系统维修：含实训工作页/程丽群主编. —北京：机械工业出版社，2022.5（2024.8重印）
高等职业教育汽车类专业活页式新形态创新教材　江苏省高等学校重点教材
ISBN 978-7-111-70922-0

Ⅰ.①汽… Ⅱ.①程… Ⅲ.①汽车-电气系统-车辆修理-高等职业教育-教材　Ⅳ.①U472.41

中国版本图书馆 CIP 数据核字（2022）第 095945 号

机械工业出版社（北京市百万庄大街22号　邮政编码100037）
策划编辑：舒　恬　邢　琛　责任编辑：舒　恬
责任校对：樊钟英　李　婷　封面设计：张　静
责任印制：单爱军
北京虎彩文化传播有限公司印刷
2024年8月第1版第3次印刷
184mm×260mm · 22.5印张 · 489千字
标准书号：ISBN 978-7-111-70922-0
定价：59.90元（含实训工作页）

电话服务　　　　　　　网络服务
客服电话：010-88361066　机　工　官　网：www.cmpbook.com
　　　　　010-88379833　机　工　官　博：weibo.com/cmp1952
　　　　　010-68326294　金　书　网：www.golden-book.com
封底无防伪标均为盗版　机工教育服务网：www.cmpedu.com

前　言

随着汽车技术的发展和人们对汽车舒适性、安全性、可靠性要求的提高，汽车电气系统配置越来越高，涉及的维修内容、技术、工艺、规范及要求发生了新的变化，汽车维修行业对技术技能人才培养提出了新的要求。为满足汽车检测与维修技术专业教学的需要，使广大汽车维修人员系统掌握汽车电气系统的原理和维修技术，我们编写了本书。本书内容紧贴实际工作岗位的具体需要，围绕汽车电气系统的使用与维护、检测与维修、诊断与分析三方面能力展开，主要内容包括汽车电气系统维修基础、车载网络系统维修、充电系统维修、汽车灯光系统维修、汽车辅助电气系统维修、汽车仪表及报警系统维修、汽车空调系统维修。本书具有以下特色：

1. 教材内容对接 1+X 职业技能等级标准。本教材内容对接汽车运用与维修职业技能等级标准的"汽车电子电气与舒适空调技术"模块、"汽车全车网关与娱乐系统技术"模块相关内容，结合汽车维修工岗位能力要求进行编写，保证人才培养与企业需求零距离对接。

2. 采用项目导向任务驱动的编写思路。对接汽车电气系统维修的典型工作任务，立足学生职业能力的培养，确定完成具体工作任务所需要的知识、具备的技能和职业素养，然后基于工作过程，设计学习任务，而不是将知识、技能简单罗列和堆砌，即完成一个任务，学习者不仅要学会动手做（技能训练），还要动脑想（为什么要这样做，知识储备），在完成任务时还要具备良好的职业素养，养成良好的工作习惯、具有良好的职业作风。

3. 采用全新的结构编排模式。本书由主教材和配套的活页式学习工作页两部分组成。主教材中包含项目描述、学习任务、知识拓展以及自我测试四部分。"项目描述"部分对项目进行分析，阐述实施该项目需达到的要求。"学习任务"主要用于学生在任务实施前或任务实施过程中的知识查询。"知识拓展"融入汽车新技术、新工艺、新规范和新设备，学生可以扫二维码进行学习。每个项目学习结束后还设置了相应的"自我测试"题，能及时地让学生测试自己的学习效果。活页式学习工作页包含知识准备和实训操作引导文，一方面通过测试引导学生掌握实训操作必备知识，另一方面通过具体操作步骤和问题，引导学生训练操作技能、熟悉操作规范、达成作业标准、形成职业素养。

本书图文并茂、深入浅出，在重点知识和技能旁放置了二维码，扫码可观看动画和视频。

参加本书编写工作的有：南京交通职业技术学院程丽群、张从学、沙颂、刘静、王少君，北京中车行高新技术有限公司王勇。全书由程丽群担任主编，文爱民担任主审。

本书在编写过程中参考了大量文献资料，同时得到了南京市相关汽车4S店维修技术人员的特别帮助，在此表示感谢。鉴于编者水平有限，书中难免存在不足之处，恳请各位读者批评指正。

编 者

全书资源总码

活页式教材使用注意事项

 根据需要,从教材中选择需要夹入活页夹的页面。

 小心地沿页面根部的虚线将页面撕下。为了保证沿虚线撕开,可以先沿虚线折叠一下。注意:一次不要同时撕太多页。

 选购孔距为80mm的双孔活页文件夹,文件夹要求选择竖版,不小于B5幅面即可。将撕下的活页式教材装订到活页夹中。

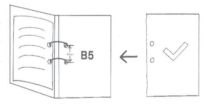

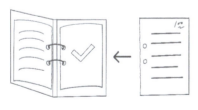 也可将课堂笔记和随堂测验等学习资料,经过标准的孔距为80mm的双孔打孔器打孔后,和教材装订在同一个文件夹中,以方便学习。

温馨提示:在第一次取出教材正文页面之前,可以先尝试撕下本页,作为练习

目 录

前言

项目一　汽车电气系统维修基础 ………………………………………………… 1

项目描述 …………………………………………………………………………… 1
学习任务 …………………………………………………………………………… 2
 任务一　汽车电路图的使用 …………………………………………………… 2
  一、汽车电路的组成及特点 ………………………………………………… 2
  二、汽车电路的主要元器件 ………………………………………………… 2
  三、电路图识读方法 ………………………………………………………… 4
  四、电路图的使用方法 ……………………………………………………… 9
 任务二　电气线路及元件检测 ………………………………………………… 14
  一、电动机电压检测 ………………………………………………………… 14
  二、熔丝检测 ………………………………………………………………… 15
  三、继电器检测 ……………………………………………………………… 15
自我测试 …………………………………………………………………………… 16

项目二　车载网络系统维修 ……………………………………………………… 17

项目描述 …………………………………………………………………………… 17
学习任务 …………………………………………………………………………… 18
 任务一　车载网络拓扑图绘制 ………………………………………………… 18
  一、多路传输技术 …………………………………………………………… 18
  二、车载网络常用术语 ……………………………………………………… 18
  三、车载网络系统在汽车上的应用 ………………………………………… 21
 任务二　CAN 总线故障诊断与排除 …………………………………………… 23
  一、CAN 总线特征 …………………………………………………………… 23
  二、CAN 总线系统工作原理 ………………………………………………… 25
  三、CAN 总线故障诊断方法 ………………………………………………… 28
 任务三　LIN 总线故障诊断与排除 ……………………………………………… 31
  一、LIN 总线特征 …………………………………………………………… 31

　　二、LIN 总线工作原理 ································· 31
　　三、LIN 总线故障诊断方法 ····························· 35
　知识拓展：MOST 总线和 FlexRay 总线 ····················· 36
　自我测试 ··· 36

项目三　充电系统维修 ····································· 37

　项目描述 ··· 37
　学习任务 ··· 38
　　任务一　蓄电池性能测试 ································· 38
　　　一、蓄电池的功用与类型 ······························· 38
　　　二、蓄电池的结构与工作原理 ··························· 39
　　　三、蓄电池型号 ······································· 45
　　　四、蓄电池技术状况检查 ······························· 47
　　　五、蓄电池充电 ······································· 50
　　　六、蓄电池的正确使用与更换 ··························· 50
　　任务二　车辆漏电检测 ··································· 52
　　　一、休眠电流概述 ····································· 52
　　　二、车辆漏电检测方法 ································· 53
　　任务三　充电系统测试 ··································· 54
　　　一、充电系统功能与组成 ······························· 54
　　　二、交流发电机结构与原理 ····························· 57
　　　三、智能电源管理系统 ································· 68
　　　四、充电系统电路分析 ································· 73
　　　五、充电系统性能测试 ································· 76
　　　六、充电系统常见故障分析 ····························· 78
　知识拓展：智能发电机调节装置（智能再生充电系统） ········· 79
　自我测试 ··· 79

项目四　汽车灯光系统维修 ································· 80

　项目描述 ··· 80
　学习任务 ··· 81
　　任务一　汽车灯光系统基本检查 ··························· 81
　　　一、汽车灯光系统的组成 ······························· 81
　　　二、灯光系统的用途和要求 ····························· 84
　　　三、汽车灯光系统的使用和操作 ························· 84
　　任务二　前照灯检测 ····································· 86
　　　一、汽车对前照灯的性能要求 ··························· 86
　　　二、前照灯的结构 ····································· 86
　　　三、前照灯的防眩目措施 ······························· 87

四、前照灯的类型及工作原理 ………………………………………………… 88
　　五、前照灯检测 ………………………………………………………………… 93
　任务三　灯光控制系统故障诊断与排除 …………………………………………… 96
　　一、前照灯电路控制原理 ……………………………………………………… 96
　　二、灯光控制系统故障诊断与排除 …………………………………………… 99
知识拓展：自适应式前照灯 ……………………………………………………… 101
自我测试 …………………………………………………………………………… 101

项目五　汽车辅助电气系统维修 …………………………………………… 102

项目描述 …………………………………………………………………………… 102
学习任务 …………………………………………………………………………… 102
　任务一　电动车窗系统故障诊断与排除 ………………………………………… 102
　　一、电动车窗系统功能 ……………………………………………………… 102
　　二、电动车窗系统组成 ……………………………………………………… 104
　　三、电动车窗系统控制原理 ………………………………………………… 107
　　四、电动车窗系统故障诊断与排除 ………………………………………… 111
　任务二　电动后视镜系统故障诊断与排除 ……………………………………… 114
　　一、电动后视镜系统功能 …………………………………………………… 114
　　二、电动后视镜系统组成及工作原理 ……………………………………… 115
　　三、电动后视镜系统故障诊断与排除 ……………………………………… 118
　任务三　电动座椅系统故障诊断与排除 ………………………………………… 120
　　一、电动座椅系统功能 ……………………………………………………… 120
　　二、电动座椅系统组成及工作原理 ………………………………………… 121
　　三、电动座椅系统故障诊断与排除 ………………………………………… 127
　任务四　中控门锁系统故障诊断与排除 ………………………………………… 130
　　一、中控门锁系统功能 ……………………………………………………… 130
　　二、中控门锁系统组成 ……………………………………………………… 132
　　三、中控门锁系统工作原理 ………………………………………………… 135
　　四、免钥匙进入系统 ………………………………………………………… 137
　　五、中控门锁系统故障诊断 ………………………………………………… 139
　任务五　电动刮水器系统故障诊断与排除 ……………………………………… 140
　　一、电动刮水器系统功能 …………………………………………………… 140
　　二、电动刮水器系统分类与组成 …………………………………………… 141
　　三、电动刮水器系统工作原理 ……………………………………………… 144
　　四、风窗系统洗涤装置 ……………………………………………………… 145
　　五、电动刮水器系统电路分析 ……………………………………………… 146
　　六、电动刮水器系统典型故障分析 ………………………………………… 149
知识拓展：电动尾门系统 ………………………………………………………… 152
自我测试 …………………………………………………………………………… 152

项目六　汽车仪表及报警系统维修 ········· 153

项目描述 ········· 153
学习任务 ········· 154
　任务一　组合仪表认知 ········· 154
　　一、汽车仪表分类 ········· 154
　　二、汽车仪表作用及组成 ········· 154
　任务二　组合仪表及报警系统检修 ········· 161
　　一、组合仪表工作原理 ········· 161
　　二、仪表诊断与检修 ········· 163
　　三、组合仪表典型故障案例分析 ········· 165
自我测试 ········· 167

项目七　汽车空调系统维修 ········· 168

项目描述 ········· 168
学习任务 ········· 168
　任务一　汽车空调基本检查 ········· 168
　　一、汽车空调系统组成及功能 ········· 168
　　二、汽车空调通风及配气系统 ········· 170
　　三、汽车空调暖风系统 ········· 175
　　四、汽车空调空气净化系统 ········· 177
　　五、汽车空调系统基本检查内容 ········· 177
　任务二　制冷循环不良故障诊断与排除 ········· 179
　　一、制冷循环组成及工作原理 ········· 179
　　二、制冷循环组成部件 ········· 185
　　三、制冷循环维修常用工具与设备 ········· 192
　　四、利用歧管压力表诊断制冷循环的故障 ········· 196
　　五、制冷循环维修 ········· 200
　任务三　空调控制系统故障诊断与排除 ········· 206
　　一、汽车空调控制系统组成 ········· 206
　　二、汽车空调控制系统工作原理 ········· 215
　　三、汽车空调控制系统故障诊断 ········· 219
知识拓展：变排量压缩机 ········· 221
自我测试 ········· 221

参考文献 ········· 222

项目一

汽车电气系统维修基础

项目描述

作为一名汽车机电维修技师,在遇到车辆电气类故障时,要想顺利地完成维修任务,首先应熟练运用电路图,然后结合自身知识储备,分析出故障系统的工作原理,明确电路中信息流的传递,知晓相关元器件的安装位置、接线位置、搭铁点等,并在此基础上完成电路的故障诊断,最终实施线路修复或换件维修。

本项目融合《汽车电子电气与空调舒适系统技术》职业技能等级标准内容,介绍了汽车电路基本组成及特点、汽车电路基本组成元件、汽车电路图类型及识读方法与示例以及汽车电路元器件检测方法。通过对汽车电路图使用、电气线路及元件检测两个任务的训练,培养学习者使用汽车电路图及电气线路检修的能力。

通过本项目的学习,应达到以下要求:

1. 知识目标

1)掌握汽车电路组成及特点。

2)熟悉电路图的分类及功能。

3)掌握电路图中原理框图、电气原理图、接线图、安装位置图等的查询方法。

4)掌握电路图读图方法。熟悉常见电路图表达图标及缩略语。

5)掌握汽车电气线路的常规检查方法。

2. 技能目标

1)能根据车型正确选择电路图。

2)能识别不同品牌电路图的表达方式,从电路中查询并记忆常见图标。

3)会分析电路图的绘制特点,结合储备知识,读懂常见电路原理图。

4)能根据电路图在实车上找到模块、熔丝、继电器、元件、线束、插接器、接地点等安装位置以及不同引脚接线图。

5)会检测电气线路及典型元件。

任务一　汽车电路图的使用

一、汽车电路的组成及特点

（一）汽车电路的组成

为了使汽车的电气设备正常工作，应按照它们各自的工作特性及相互间的内在联系，用导线和车架把电源、电路保护装置、控制器件及用电设备等装置连接起来，最终构成能使电流流通的路径，这种路径称为汽车电路。

汽车电路主要由电源、电路保护装置、控制器件、用电设备及导线等组成。

（二）汽车电路的基本特点

1. 低压直流

汽车电路系统的额定电压有12V和24V两种，目前汽油车普遍采用12V电路系统，而中、重型柴油车则多采用24V电路系统。汽车正常运行中的电压，一般12V电路系统的为14V，24V电路系统的为28V。汽车发动机要靠起动机起动，它是直流串励电动机，必须由蓄电池供电，而向蓄电池充电必须用直流电，所以汽车电路系统为直流系统，这主要是从蓄电池充电角度来考虑的。

2. 单线并联

汽车上的电源和所有的电气设备均采用并联，即它们正常工作时的电压相同，个别电气设备故障不会影响其他电气设备正常工作，每个用电设备都由各自串联在其支路中的专用开关控制，互不产生干扰。单线制是指从电源到用电设备只用一根导线连接，而用汽车底盘、发动机等金属机体作为另一根公用导线。

3. 负极搭铁

采用单线制时，蓄电池的一个电极必须接至车架上，俗称"搭铁"。将蓄电池的负极接车架就称之为"负极搭铁"；反之，则称为"正极搭铁"。目前汽车电路系统已统一为负极搭铁。

4. 网络通信

由于汽车智能化的要求，各控制系统间需要共享多种信息，为减少导线数量，提高系统可靠性及功能可扩展性，车载控制单元间采用网络进行通信。

二、汽车电路的主要元器件

（一）汽车电源

传统燃油汽车采用蓄电池和发电机两个电源为全车用电设备提供低压直流电。

（二）保险装置

在汽车电路中，为了防止过载或短路时电流过大而烧毁用电设备和导线，在电源与用电设备间都会串联有保险装置。常见的保险装置有易熔线、熔丝和断路器三类。

(三) 继电器

继电器是汽车控制电路中常用的一种元件，它是利用电磁感应原理，控制某一回路的接通或断开，实现用小电流控制大电流，从而减小控制开关触点的电流负荷，保护开关触点不被烧蚀。汽车上广泛使用电磁式继电器，常见的继电器有供电继电器、起动继电器、喇叭继电器、雾灯继电器、刮水器继电器等。

(四) 线束及插接器

在汽车电路中，为了安装方便和保护线路，往往将导线用绝缘材料包扎成束，称之为线束。现代汽车线束总成一般由导线、端子、插接器（J-BOX）、护套（开口PVC）、胶带、海绵、胶套、骨架、扣钩等组成。图1-1所示为汽车线束组成图。

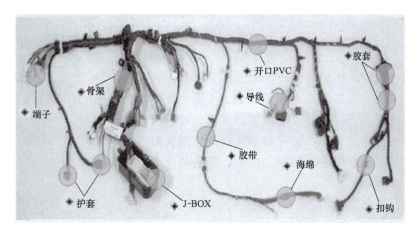

图1-1 汽车线束组成

视频1-1 汽车线束的结构认识

1. 导线

汽车上的导线是将汽车用电器与开关或控制部件、电源、搭铁连接在一起的装置，是汽车控制和传递信号的枢纽。按承受电压的高低分类，汽车上的导线可分为高压导线和低压导线。其中低压导线又可分为普通低压导线和低压电缆线。

在汽车电路系统中，汽车的仪表设备、照明设备、信号设备、充电系统、辅助电气系统等均采用普通低压导线进行连接；起动机与蓄电池及车身搭铁间连线、蓄电池主搭铁线均采用低压电缆线；点火系统的高压输出线或老式分电器的分缸线等均采用高压点火线或高压阻尼线。

为便于安装和检修，汽车采用单色或双色导线。双色导线主色为基础色，辅色为环布导线的条色带或螺旋色带，且标注时主色在前，辅色在后。

2. 插接器

插接器又称连接器，由插头和插座（或称公插、母插）两部分组成，用于线束与线束或导线与电气元件之间（如传感器、执行器、控制单元）的相互连接，是连接汽车电气线路的重要元件。

插接器有不同的规格型号、外形和颜色，为了防止插接器在汽车行驶中脱开，所有的插接器均采用了闭锁装置，不同位置的插接器闭锁装置也不尽相同。常见插接器及其闭锁装置如图1-2所示。在检修需要断开插接器时，首先要解除闭锁，使锁扣脱开才能将其分开，不允许在未解除闭锁的情况下野蛮操作，这样会损坏闭锁装置或连接导线。

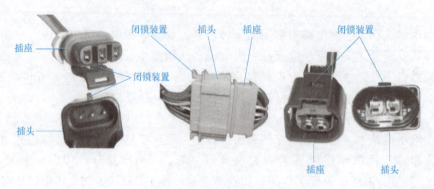

图 1-2 插接器及其闭锁装置

三、电路图识读方法

汽车电路图是将汽车电器和电子设备用图形符号和代表导线的线条连接在一起的关系图,是对汽车电器的组成、工作原理、工作过程及安装要求所做的图示说明。通过对电路图的识读,可以认识并确定电路图上所绘制电气元件的名称、型号和规格,清楚地掌握汽车电气系统的组成、相互关系、工作原理和安装位置,便于对汽车电路进行检查、维修、安装、配线等工作。

视频 1-2 汽车电路组成及特点

根据汽车电路图的用途,可绘制成不同形式的电路图。常见的电路图有电气原理图、接线图、线束图与安装位置图等。

(一) 电气原理图

1. 电气原理图的作用

电气原理图是用规定的图形符号及文字缩略语,根据汽车各系统的工作原理和电气设备的连接关系绘制而成的一种简图。电气原理图能简明清晰地反映汽车电路构成、连接关系和工作原理,而不考虑其实际安装位置。其优点是图面清晰、简单明了、通俗易懂、便于分析和查找电路故障。

2. 电气原理图读图方法

要读懂电气原理图首先要熟悉常用元器件的图形符号及缩略语,并熟知基本单元电路的工作原理,再按下述方法进行识读。

1) 浏览电路图。拿到一张电路图后,首先要浏览一下电路图中的元件图形符号及缩略语,是否有特殊的或不认识的符号以及不熟悉的缩略语;然后根据电路的名称或用途确认特殊符号的含义以及电路的功能。一般厂家在电路图手册的开始或最后会概述该手册使用方法,其中会罗列出该车系元件图形符号及缩略语。电气符号是简单的图形符号,只大概地表示出电器外形,在图形符号上或旁边会用文字对电器名称加以说明。各汽车生产厂家绘制的电气符号不尽相同,但从外形上基本可以判断出所表征元件。

2) 找到电路的电源及搭铁。任何电路要工作都离不开供电回路,先找到电源部分。如丰田车系会将电源电路绘制在电路图的左下角,电路中电源为上正下负;而大众车系会将电源绘制在电路图上部,接地(搭铁)则绘制在电路图的下部,中间部分绘制电气元件。

3）找到信号的输入端和输出端。电路的作用是对电信号进行处理，那就需要有信号的输入端和输出端。读图时应当确定电路中有几路输入和输出以及输入和输出信号的形式。

4）找到电路的核心部分。任何电路根据其功能都有其核心电路部分，找出这部分电路，确认其符号及作用。

5）按信号流分析工作原理。按信号的传输方向，从输入端开始逐一分析工作流程和原理。

（二）线束图

1. 线束图作用

线束图表明了电路线束与各用电器的连接部位、接线柱的标记、端子、插接器的形状及位置等，是人们在汽车上能够实际接触到的一种汽车电路图。从线束图中可以了解到线束的走向，并可以通过露在线束外面的端子与插接器详细编号或字母标记得知线束各插接器的位置。线束图常用于汽车制造厂总装线和修理厂的线束连接、检修、配线和更换。图1-3所示为丰田凯美瑞电动座椅线束图。

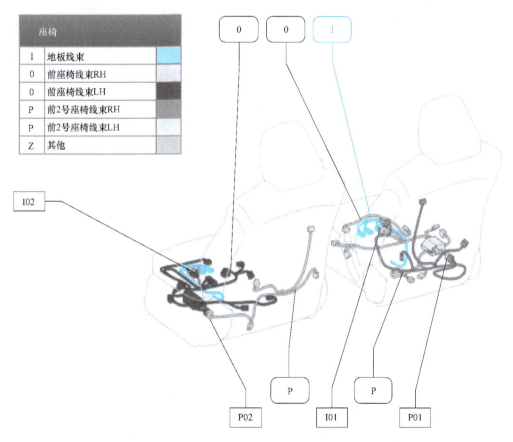

图1-3　丰田凯美瑞电动座椅线束图

2. 线束图的读图方法

1）识别整车共有几组线束、各线束名称以及各线束在汽车上的实际安装位置。

2)认清每一线束上的分支通向车上哪个电气设备、每一分支有几根导线、它们的颜色与标号以及它们各连接到电气设备的哪个接线柱上。

3)认清有哪些插接件,它们应该与哪个电气设备上的插接器相连接。

(三) 安装位置图

1. 安装位置图作用

安装位置图常见以平面图或实物图的形式显示元器件、插接器、配电盒(熔丝、继电器盒)、接地点等在车上的具体位置。通过安装位置图可以帮助我们准确地找到各电器在车上的安装位置。常见的安装位置图有车载控制单元位置图、电器位置图、熔丝和继电器位置图、接地点(搭铁)位置图、中间插接器位置图等。

通过读取安装位置图,我们能够方便地在实车上找到相关故障元件或线路,快速展开诊断与维修。

2. 安装位置图识读方法

安装位置图常用箭头或带点的黑实线来指明相应位置,用文字辅助说明电器名称,识读时注意文字的说明及箭头的指向,即可找到实物。

(1) 元器件安装位置图

图1-4所示为丰田凯美瑞电动车窗元器件安装位置图。通过读取图示及文字辅助说明,我们可轻而易举地在实车上找到对应的元器件实际位置。元器件安装位置图主要分为两类,一类是控制单元,另一类是开关、传感器与执行元器件。不同车系描述方法也略有不同。有的在电路图中专门绘制有整车控制单元安装位置图,开关、传感

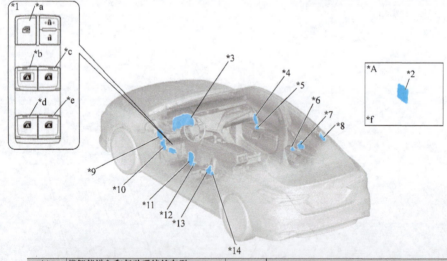

图1-4 丰田凯美瑞电动车窗元器件安装位置图

器与执行元器件有的在分系统中绘制，有的在电路图中没有表述，却在维修工艺中标明了明确的位置。

(2) 配电盒安装位置图

熔丝、继电器一般集中安装在配电盒中，读图时先从位置图中查找其在车上的安装位置，再通过查询熔丝、继电器在支架上的位置，结合功能列表进一步明确各熔丝和继电器具体位置和用途。在电路图中，熔丝和继电器往往采用所在系统或所起作用的缩略语或代码进行标识。图1-5所示为迈腾B8L熔丝及继电器安装位置图。图1-6所示为SC熔丝安装位置图。

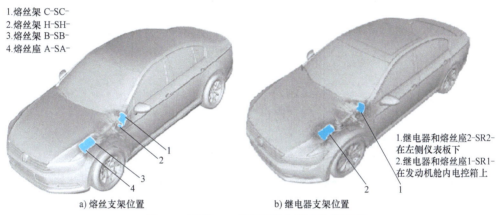

图1-5 迈腾B8L熔丝及继电器安装位置图

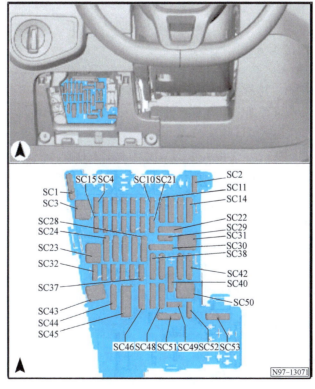

图1-6 SC熔丝安装位置图

在电路图中，熔丝和继电器往往采用所在系统或所起作用的缩略语或代码进行标识。图 1-7 所示为悦动发动机舱熔丝、继电器安装位置图。图中 ABS 10A 即为 ABS 供电熔丝，规格为 10A。

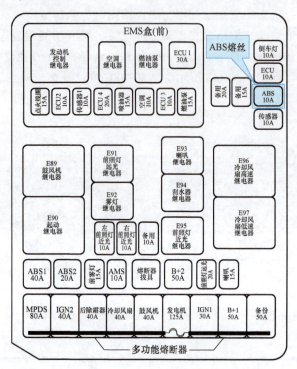

图 1-7　悦动发动机舱熔丝、继电器安装位置图

继电器安装位置查询方法同熔丝查询方法一样，在此不再赘述。

（3）接地点位置

在车辆的发动机舱、驾驶室内、车辆的后部都分布着很多接地点。接地点一般采用字母加数字的编号方法进行标识。图 1-8 所示为东风标致 508L 接地点安装位置图。

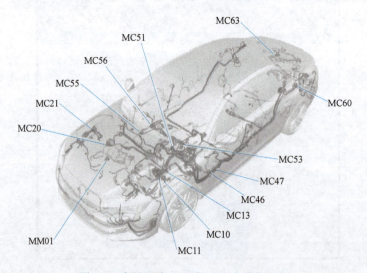

图 1-8　东风标致 508L 接地点安装位置图

（4）插接器位置图及端子图

在汽车电路中，线束与零件、线束与线束、线束与配电盒之间一般采用插接器进行连接。在电路图中的插接器一般都有编号，在电路诊断维修过程中需要查询插接器位置图去获取插接器的安装位置，查询端子图确定导线连接端子的位置。图1-9所示为迈腾B8L发动机控制单元线束插接器位置及端子图。

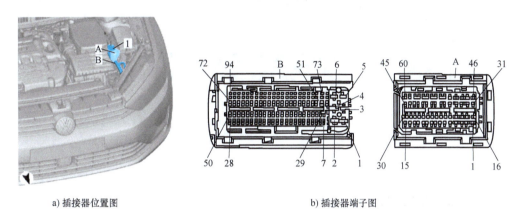

a) 插接器位置图　　　　　　　　　　　b) 插接器端子图

图1-9　迈腾B8L发动机控制单元线束插接器位置及端子图

四、电路图的使用方法

（一）电路图手册类型及组成

目前各主机厂的电路图编制方式常见有纸质版、单机版电子档或者在线网络版三种。为了便于资料管理，目前单机版电子档和在线网络版电路图应用最为广泛。虽然三种类型变现方式有差异，但所涵盖内容基本一致。一般包括电路图使用说明、电气原理框图、各系统电气原理图、安装位置图等。

（二）电路图手册使用方法

查阅电路图手册时，首先应熟悉目录或系统索引，找到手册使用说明；然后按照系统的分类，找到对应电气原理图或系统框图，分析电路原理、系统间连接方式及信息流；接下来根据故障现象分析可能的故障原因，再结合诊断仪读取故障码（DTC）、数据流或执行动作测试，缩小故障范围；再结合安装位置图在实车上找到元器件、线束、插接器、接地点、电源控制或保护装置位置；利用万用表、示波器等，在元器件工作条件下对其进行检测，分析测量数据值，锁定故障点并进行修复或换件。

（三）电路图手册使用示例

接下来我们以丰田凯美瑞2.5L喇叭电路查询为例，演示丰田车型电路图手册的使用。

1. 单击电路图

选择产品日期并单击服务信息打开相应的手册，单击电路图，浏览树状目录，具体操作如图1-10所示。

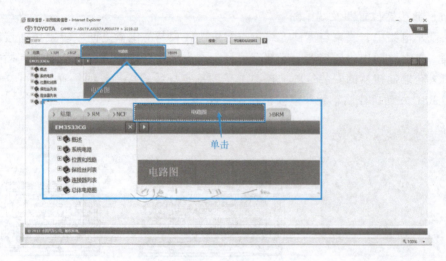

图 1-10 凯美瑞电路图手册进入界面

2. 查阅电路图使用方法

单击树状目录-概述，查阅电路图使用方法、缩略语、符号表，具体查阅操作如图 1-11 所示。

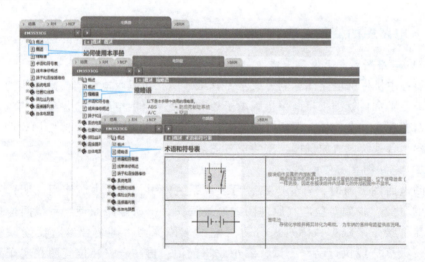

图 1-11 查阅电路图使用方法、缩略语、符号表

3. 查阅系统电路图

查阅喇叭系统图，分析喇叭控制原理及信息流，具体查询操作如图 1-12 所示。操作步骤为：修理手册→车辆外饰→喇叭→系统图。

4. 查阅电气原理图，分析完整配线信息

在丰田电路图中，可以通过"系统电路"和"总体电路"两种方式查找喇叭电气原理图。系统电路仅表述出喇叭系统的元器件供电、搭铁及连线情况，但不完整，如图 1-13 所示。完整的电气图如图 1-14 所示。

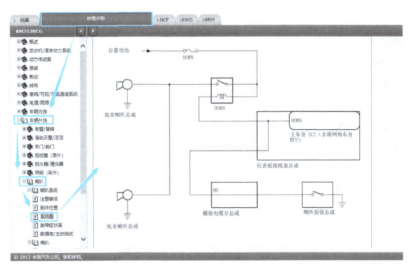

图 1-12 查阅喇叭系统图

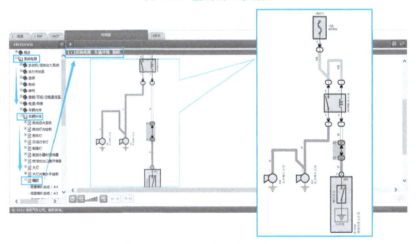

图 1-13 凯美瑞喇叭系统原理图

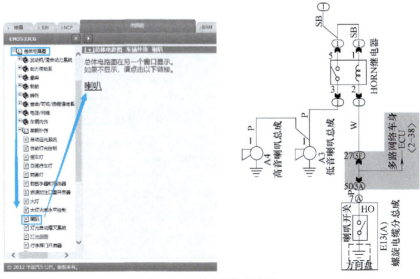

图 1-14 喇叭总体电路图

喇叭电路原理如下：

（1）喇叭继电器线圈回路

+BAT→喇叭熔丝（10A HORN）→喇叭继电器 1 端子→继电器线圈→喇叭继电器 2 端子→仪表板接线盒 5F 插接器（27 端子至 50 端子）→螺旋电缆分总成插接器 7 端子→喇叭开关→方向盘搭铁。

喇叭继电器线圈搭铁控制端线路连接至多路网络车身 ECU，作为诊断仪读取喇叭开关数据流和动作测试用。

（2）喇叭工作电路

+BAT→喇叭熔丝（10A HORN）→喇叭继电器 5 端子→继电器触点→喇叭继电器 3 端子→低音喇叭总成 A3 及高音喇叭总成 A4→壳体搭铁。

5. 查阅位置图

1）喇叭系统部件安装位置，如图 1-15 所示。

查询路径为：修理手册→车辆外饰→喇叭→部件位置。

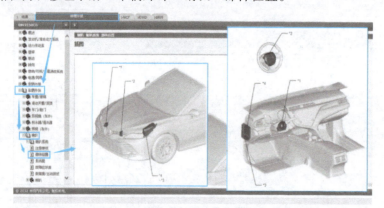

图 1-15　喇叭部件安装位置

2）喇叭熔丝位置查询，如图 1-16 所示。

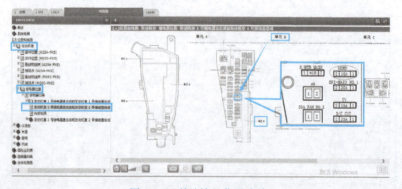

图 1-16　喇叭熔丝位置查询

查询路径为：电路图→位置和线路→发动机室⊖→继电器位置→发动机室 1 号接

⊖ "发动机室"的正确术语为"发动机舱"，此处为与软件界面一致，仍采用"发动机室"的提法。——编辑注

线盒总成→单元 B→HORN（10A）。

3）喇叭继电器安装位置查询，如图 1-17 所示。

查询路径为：电路图→位置和线路→仪表板→继电器位置→5 号继电器盒→S-HORN 继电器。

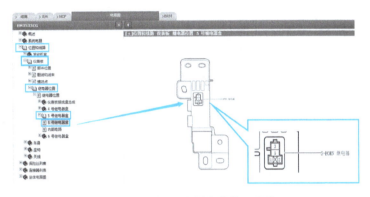

图 1-17　喇叭继电器安装位置查询

4）仪表板接线盒总成位置查询，如图 1-18 所示。

查询路径为：电路图→位置和线路→仪表板→继电器位置。

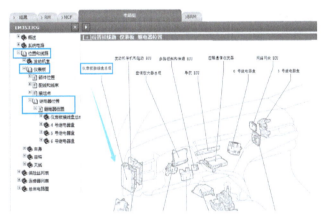

图 1-18　仪表板接线盒总成位置查询

5）仪表板接线盒内 5A、5F 插接器安装位置查询，如图 1-19 所示。

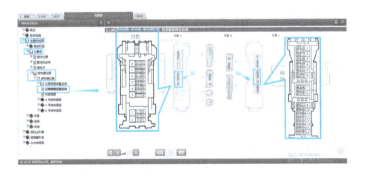

图 1-19　仪表板接线盒内 5A、5F 插接器安装位置查询

查询路径为：电路图→位置和线路→仪表板→继电器位置→仪表板总成（5F 上 27 号端子、5A 上 50 号端子）。

任务二　电气线路及元件检测

图 1-20 所示为继电器控制式的电动机电路示意图，下面以电动机不转故障为例分析其电路检测。

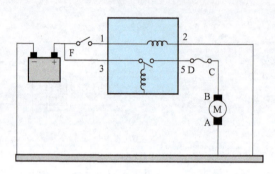

视频 1-3　汽车熔丝、继电器、点火开关检测

图 1-20　典型电动机电路示意图

一、电动机电压检测

（一）电动机工作电压测量

控制开关、继电器、线路是否有故障暂不考虑，该电路中电动机工作条件为控制开关闭合，使用万用表电压档位，测量电动机 A-B 间工作电压。

1）若 A-B 间电压测量数据为电源电压，则故障原因为电动机自身故障；下一步关闭控制开关，断开电动机插接器，测量 A-B 间电动机阻值。

2）若测量数据为 0V，则故障原因为电动机供电线或搭铁电路故障。

3）若测量数据介于 0V~+B（电源电压）之间，则故障原因为电动机供电电路存在虚接。

（二）电动机单点对地电压测量

若无工作电压，则故障原因可能是电动机无供电输入或其搭铁电路故障。需打开控制开关，对电动机线路进行单点带载测量。

1）若 B 点对地电压为 0V，则电动机供电线路及其上游存在断路。下一步测量熔丝对地电压，转至 2）。

2）若 B 点对地电压为+B，则故障在电动机搭铁线路。下一步关闭控制开关，断开搭铁线，检测搭铁线至车身搭铁间阻值。若阻值为无穷大，则说明搭铁线断路；若阻值大于 1Ω，则说明搭铁线存在虚接。

3）若 B 点对地电压介于 0V 和+B 之间，则在电动机供电线路及其上游电路存在虚接。下一步测量熔丝对地电压。

4）若 A 点单点对地电压为+B，说明 A 点至车身搭铁间线路断路；若 A 点对地电压在 0V 和+B 之间，说明 A 点至车身搭铁之间存在虚接故障。

二、熔丝检测

(一) 测量熔丝输出端电压

1) 若熔丝输出端 C 点对地输出电压为 +B，则说明熔丝至电动机间供电线路断路，下一步测量熔丝至电动机间供电线路电阻值。

2) 若熔丝输出端 C 点对地输出电压为 0V，则说明熔丝 C 点至电源端存在断路。下一步测量熔丝输入端 D 点对地电压。

3) 若熔丝输出端 C 点对地电压介于 0V 和 +B 之间，则说明熔丝 C 点至电源端存在虚接。下一步测量熔丝输入端 D 点对地电压。

(二) 测量熔丝输入端电压

1) 若熔丝输出端 C 点对地电压不正常，而输入端 D 点对地电压正常，说明熔丝存在断路或虚接，下一步关闭控制开关，拔下熔丝，测量熔丝阻值。

① 若阻值无穷大，则说明熔丝熔断，测量熔丝输出端对地阻值，确认熔丝下游对地绝缘后更换熔丝；若下游对地短路，则排除对地短路故障后再更换熔丝。

② 若有固定阻值，则说明熔丝虚接，更换新的同规格熔丝。

2) 若熔丝输入端 D 点对地电压为 0V，说明熔丝上游存在断路，转至继电器检测。

3) 若熔丝输入端 D 点对地输出电压介于 0V 和 +B 之间，说明熔丝上游存在虚接，转至继电器检测。

三、继电器检测

(一) 继电器输出端测量

关闭控制开关，使用跨接线分别将继电器 1、2、3、5 端子接入原位置，然后打开控制开关，检测继电器 5 端子对地电压。

1) 若继电器 5 端子单点对地电压为 0V，则说明继电器无供电输出，下一步测量继电器供电输入电压。

2) 若继电器 5 端子单点对地电压值在 0V 和 +B 之间，则说明继电器 5 端子至电源间存在虚接，下一步测量继电器供电输入。

(二) 继电器供电输入测量

打开点火开关，分别检测继电器 3、2、1 端子对地电压。

1) 若继电器 3 端子对地电压、继电器 5 端子对地电压均在 0 和 +B 之间，则说明继电器 3 端子至电源间线路虚接，下一步断开电源负极，测量继电器 3 端子至电源正极导线间阻值。

2) 若继电器 3 端子对地电压为 0V，说明继电器无供电输入，继电器 3 端子至电源间线路虚接，下一步断开电源负极，测量继电器 3 端子至电源正极导线间阻值。

3) 若继电器 3 端子对地电压为 +B，继电器 5 端子对地电压却为 0V，则说明继电器供电输入正常，下一步继续测量继电器 2、1 端子对地电压。

(三) 继电器控制测量

打开点火开关，测量继电器 2、1 端子对地电压。

1）若继电器 1 端子对地电压为 0V，则说明继电器 1 端子至电源正极间存在断路，下一步断开电源正极，分别检测 1 至 E、控制开关、F 至电源正极间线路阻值，找出断路点。

2）若继电器 1 端子对地电压介于 0V 和 +B 之间，则说明继电器 1 端子至电源正极间存在虚接，下一步分段测量，找出虚接点。

3）若继电器 1 端子对地电压正常，下一步测继电器 2 端子对地电压，若继电器 2 端子对地电压为 0V，说明继电器外围线路均正常，下一步做继电器动态测试。

4）若继电器 2 端子对地电压为 +B，则说明继电器 2 端子至车身接地间线路断路，下一步测量继电器 2 端子至车身节点间阻值。

5）若继电器 2 端子对地电压在 0 和 +B 之间，则说明继电器 2 端子至车身接地间线路虚接。

（四）继电器动态测试

继电器线圈动态测试如图 1-21 所示。

若经过上述测量，继电器外围端子对地电压均正常，则需要对继电器本体进行动态测试。动态测试分两步，第一步测量继电器线圈阻值，常见汽车上继电器线圈阻值在 60~200Ω 的范围内。若阻值超出范围，则说明继电器线圈损坏。如阻值正常，则进行第二步通电测试，即使用跨接线 1 端接电源正极，2 端接电源负极，然后使用万用表电阻档测量 3 端与 5 端间阻值。若有固定阻值，则说明继电器触点虚接。若阻值无穷大，则说明继电器触点断路。

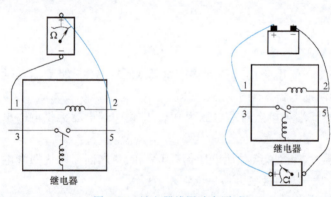

图 1-21 继电器线圈动态测试

自我测试

自我测试

项目二

车载网络系统维修

项目描述

随着汽车电子技术的发展，汽车上的电子装置越来越多，导致使用了庞大的线束和大量的插接器，其可靠性和重量成为越来越突出的问题。现代汽车上已广泛应用的车载网络技术，不仅可以减少线束，而且能够提高各控制系统的运行可靠性、减少冗余的传感器及相应的软硬件配置、实现各子系统之间的资源共享、便于集中实现各子系统的在线故障诊断。

本项目融合《汽车全车网关控制与娱乐系统技术》职业技能等级标准内容，介绍了车载网络系统的特点及应用；CAN、LIN 总线的组成、工作原理和故障诊断及检测方法；MOST、FlexRay 总线特点及检测方法。通过车载网络拓扑图绘制、CAN 总线系统故障诊断与排除和 LIN 总线故障诊断与排除三个任务的训练，培养学习者解决车载网络系统故障的能力。

通过本项目的学习，应达到以下要求。

1. 知识目标
1）了解多路传输系统的定义及优点。
2）了解常用车载网络术语。
3）熟悉 CAN、LIN、FlexRay、Most 等总线在车辆上的应用及特点。
4）理解 CAN 总线和 LIN 总线组成及数据传输原理。
5）掌握 CAN 总线和 LIN 总线的信号特征。
6）掌握 CAN 总线和 LIN 总线故障诊断方法。

2. 技能目标
1）会识读车载网络通信系统电路。
2）能绘制车载网络拓扑图。
3）能画出控制单元供电及通信系统电路简图。
4）能根据维修手册（电路图）在车上找出车辆各控制单元。
5）能识别 OBD 诊断接口各端子含义。
6）能识别网关模块接口各端子含义。
7）能测量 CAN 总线终端电阻。
8）能测量 CAN 总线和 LIN 总线信号电压。

9）能测量并绘制 CAN 总线和 LIN 总线信号波形。
10）能诊断与排除 CAN 总线和 LIN 总线常见故障。

学习任务

任务一　车载网络拓扑图绘制

一、多路传输技术

为了实现汽车上各种控制单元的信息共享，而借助于通信介质（双绞线、同轴电缆、光纤或单线、无线）将各控制单元、智能传感器和执行器通过多路传输技术连接起来的系统称为车载网络系统。

早在 1968 年，美国的艾塞库斯就提出了利用单线传输多路信号的构想，由于受当时微电子技术水平的限制而未能如愿。多路传输是指一条线路上能传输多种信号。

视频 2-1　什么是多路传输技术

随着人们对车辆舒适性、安全性、便捷性，尤其是环保及燃油经济性的要求日益提高，车辆上电子控制系统越来越多，一个信号可能被多个控制系统或控制单元共享。如车速信号，ABS 控制单元、自动变速器控制单元、发动机控制单元、组合仪表控制单元、空调控制单元、电控助力转向系统控制单元、音响控制单元等都需要；再如冷却液温度信号，发动机控制单元、空调控制单元和组合仪表控制单元都需要。为了实现信息的共享，若仍采用传统点对点的方式，势必会造成线路数量的急剧增多，而采用多路传输技术则可大大减少传感器和线束数量。

二、车载网络常用术语

车载网络技术源于计算机网络，其常用术语与计算机网络相同。

1. 节点

网络节点简称节点，也是网络中的控制单元、智能传感器及执行器。

2. 网络传输介质

网络上数据的传输需要有"传输媒体"或"传输介质"，常用的网络传输介质可分为两类：一类是有线的；一类是无线的。有线传输介质主要有同轴电缆、双绞线和光纤；无线传输介质主要有无线电波和红外线。

3. 网络协议

计算机网络的节点之间需要不断地交换数据信息和控制信息，要做到有条不紊地交换数据，每个节点都必须遵循一些事先约定好的规则。这些规则明确地规定了所交换数据的格式和时序。这些为网络数据交换而制定的规则、约定和标准称为网络协议。网络协议主要由以下三个要素组成。

视频 2-2　什么是网络协议

1）语法：用于确定协议元素的格式，即数据与控制信息的结构和格式。
2）语义：用于确定协议元素的类型，即规定了通信双方需要发出何种控制信息，完成何种动作，以及做出何种应答。

3）时序：用于确定通信速度的匹配和时序，即对事件实现顺序的详细说明。网络协议从语法和语义上定义了数据信息交换的规则和过程，从时序上定义了通信双方通信速度的匹配。总之，网络协议是通信双方共同遵守的通信语义、语法和时序的集合。

汽车车载网络上所用到的协议有各汽车厂家制定的标准、国际标准或行业协会标准。汽车车载网络系统常用的协议见表 2-1。

表 2-1 汽车车载网络系统常用协议

车载网络名称	概 要	通信速度	开发公司或组织
CAN(Controller Area Network)	车身/动力传动系统控制用局域网协议，最有可能成为世界标准的车用局域网协议	1Mbit/s	罗伯特·博世公司,ISO
VAN(Vehicle Area Network)	车身系统控制用 LAN 协议，以法国为中心	1Mbit/s	ISO
J1850	车身系统控制用 LAN 协议，以美国为中心	10.4~41.6kbit/s	福特汽车公司
LIN(Local Interconnect Network)	车身系统控制用局域网协议，液压组件专用	20kbit/s	LIN 协议会
IDB-C(ITS Data Bus on CAN)	以 CAN 为基础的控制用局域网协议	250kbit/s	IDM 论坛
TTP/C(Time Triggered Protocol by CAN)	重视安全、按用途分类的控制用局域网协议，时分多路复用（TDMA）	2Mbit/s~25Mbit/s	TTT 计算机技术公司
ITCAN(Time Triggered CAN)	重视安全、按用途分类的控制用局域网协议，时间同步的 CAN	1Mbit/s	罗伯特·博世公司,CAN
Byteflight	重视安全、按用途分类的控制用局域网协议，通用时分多路复用（FTDMA）	10Mbit/s	宝马汽车公司
Flex Ray	重视安全、按用途分类的控制用局域网协议	5Mbit/s	宝马汽车公司,戴姆勒-克莱斯勒公司
D2B/Optical(Domestic Digital Bus/Optical)	音频系统通信协议，将 D2B 作为音频系统总线，采用光通信	5.6Mbit/s	C&C 公司
MOST(Media Oriented System Transport)	信息系统通信协议，以欧洲为中心，由克莱斯勒与 BMW 公司推动	22.5Mbit/s	MOST 合作组织
LVDS(Low Voltage Differential Signals)	视频通信协议，抗干扰性高，有较高的信噪比	200Mbit/s 或更高	美国国家半导体公司

4. 网络拓扑结构

拓扑结构就是网络节点在物理分布和互联关系上的几何构型。按计算机网络的拓扑结构可将网络分为总线型网络、星形网络、环形网络、树形网络和网状网络。如图 2-1 所示。

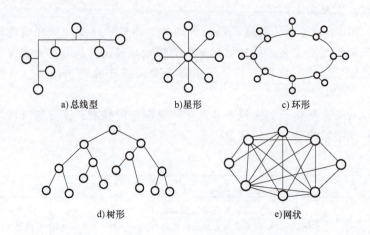

图 2-1 计算机网络拓扑结构示意图

5. 传输速率

在车载网络中,各控制单元之间采用串行数据传输,数据传输是一位一位进行的。网络通信速度是指每秒能传递数据的位数,单位为 bit/s。根据数据传输速率和协议特性的不同,绝大多数车用总线被美国汽车工程师协会(SAE)下属的汽车网络委员会分为 A、B、C、D 四类。

A 类总线是面向传感器和执行器控制的低速网络,数据传输位速率通常小于 20kbit/s,主要用于后视镜调整及电动窗、灯光照明等控制。也可以用于面向智能传感器或执行器的数字化通信场合。

B 类是面向独立模块间数据共享的中速网络,位速率在 10~125kbit/s,主要应用于车身电子舒适性模块、仪表显示等系统。

C 类是面向高速、实时闭环控制的多路传输网,位速率在 125kbit/s~1Mbit/s,支持实时的周期性的参数传输。主要用于发动机、自动变速器、ABS 等控制单元。

D 类总线是面向媒体传输的高速网络,速率在 1Mbit/s 以上,主要用于导航、车载音响、车载电话等信息娱乐系统。

6. 信号电压

各控制单元用有线介质进行信号传输时,需将二进制信号转变为电信号,不同的网络协议被赋予的电压值有所不同,比如有 0V、12V、3.5V、2.5V、1.5V、3.1V、1.9V 等。

7. 容错

容错是指当车载网络系统出现故障时,仍能正常工作的特性。

8. 网关

由于车载网络是由不同的总线组成,因此,就需要一个连接不同总线的特殊网络节点,这个节点称为网关(Gateway)。网关可以改变数据的优先级;将不同总线诊断信息传递到诊断接口。有些车型有专门的网关控制单元,有些车型用车上的其他控制单元兼作网关。

三、车载网络系统在汽车上的应用

车载网络系统按照应用系统加以划分，大致可分为四个系统：动力控制系统、底盘安全控制系统、车身控制系统、信息娱乐系统。

1. 动力控制系统总线应用

动力控制总线系统由发动机控制单元、变速器控制单元和数据传输线路组成。动力控制系统决定车辆的动力性、安全性和经济性，为保证数据的快速、可靠和实时传输，动力控制系统一般采用高速总线系统进行通信。目前在车辆动力控制系统应用最为广泛的是高速CAN总线，也有的车型如奥迪车型，动力控制系统采用FlexRay总线系统。

2. 底盘控制系统总线应用

底盘控制总线系统由底盘控制模块和数据传输线路组成，底盘控制模块主要包括电动转向控制单元、电控悬架控制单元、电子制动控制单元、电子驻车制动控制单元等。底盘控制系统决定车辆的操控性和安全性，为保证数据的快速、可靠和实时传输，底盘控制系统一般采用高速总线系统进行通信。目前在车辆底盘控制系统应用最为广泛的是CAN总线；另外，在一些以线控底盘系统为应用目的车型上，FlexRay总线得到了广泛应用。

有些车型的底盘控制单元和动力系统控制单元同属于一个高速总线系统，如图2-2所示为迈腾B8L车型的驱动CAN总线（图中深蓝底控制单元）。

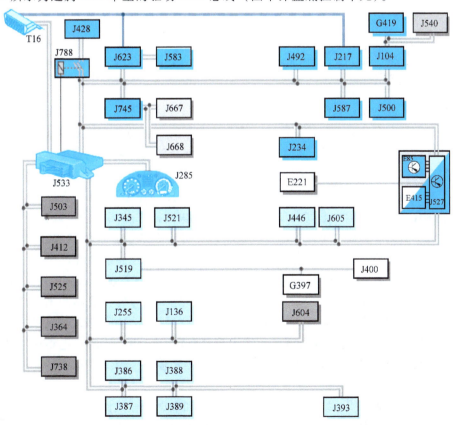

图2-2　迈腾B8L全车网络拓扑图

而有些车型则设置独立的底盘总线系统，图 2-3 所示为宝马 E70 轿车中的 F-CAN。底盘控制单元和其他系统的控制单元通过网关控制模块进行通信和数据交换，而在电控悬架系统中则采用 FlexRay 总线进行数据通信。

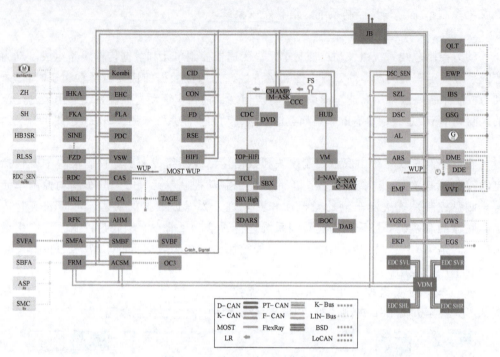

图 2-3　宝马 E70 车型网络拓扑图

D-CAN—诊断 CAN　PT-CAN—动力 CAN　K-CAN—车身 CAN　F-CAN—底盘 CAN

3. 车身电气控制系统总线应用

车身电气控制总线系统由车身电气控制单元和数据传输线路组成，车身电气控制单元主要包括车身防盗系统控制单元、车身控制单元、自动空调控制单元、车门控制单元、盲点监测控制单元等，也有些早期车型将安全气囊控制单元、倒车辅助控制单元等也布置在车身电气控制系统总线中。车身电气控制系统对数据传输速率的要求往往并不像动力、底盘和信息娱乐系统那么高，除运用高速 CAN 总线以外，兼顾到成本因素，有些车型的车身电气控制系统的控制模块间往往采用低速 CAN 总线进行通信；而对于自动空调控制单元、车身控制模块与各自系统的智能型传感器和执行器，则采用子总线进行通信，子总线通信运用最广泛的则是 LIN 总线系统。

如图 2-3 所示 2006 款宝马 E70 车型上，车身电气控制系统主总线采用 K-CAN 进行通信，数据传输速率为 100kbit/s；脚部空间模块 FRM 与驾驶员侧开关组件 SBFA、车外后视镜 ASP、步进电动机 SMC 组成子总线，空调控制模块 IHKA 与电加热器 ZH、驻车暖风装置 SH、第 3 排座椅暖风和通风控制面板 HB3SR、鼓风机电动机、风门伺服电动机组成子总线，子总线采用 LIN 总线，数据传输速率为 19.2kbit/s。

4. 信息娱乐控制系统总线应用

信息娱乐控制总线系统由信息娱乐控制单元和数据传输线路组成，由于信息娱乐系统传输的信息量大，所以现在大部分高档轿车采用光纤通信 MOST 总线系统。

如图 2-4 所示，奥迪车型信息娱乐 MOST 总线系统连接了信息电子控制单元 J794、数字音响包控制单元 J525、TV-调谐器 R78、组合仪表控制单元 J285。在加装新型的组合仪表和虚拟数字仪表的时候，采用 MOST-150，因为其传输数据的速率更加快，它的数据传输速率达到了 150Mbit/s。而显示屏控制单元 J685、周围环境摄像头控制单元 J928、组合仪表内控制单元 J285 与信息电子控制单元 J794 的连接使用的是 LVDS 导线，而倒车摄像头控制单元 J772 与信息电子控制单元 J794 的连接使用的是 FBAS 导线，LVDS 线与 FBAS 线均为视频信号线，传输速率快，数据传输速率达到了 200Mbit/s 或更高。

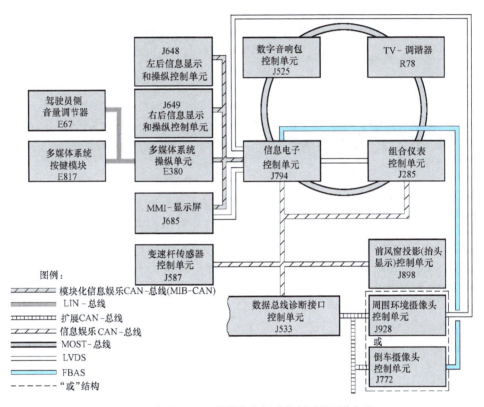

图 2-4 奥迪 MIB 2 前排信息娱乐控制系统网络拓扑

任务二　CAN 总线故障诊断与排除

一、CAN 总线特征

CAN 是控制器局域网（Controller Area Network）的简称。CAN 网络传输具有多主结构、双绞线传输、压差驱动和容错特性高等特点。

1. 多主结构

如图 2-5 所示，CAN 网络采用多主结构通信。总线上各节点之间没有主从之分，任一节点都可以向其他节点发送信息。当总线空闲时，所有的节点都可以开始发送消息,但必须先访问总线;当多个节点同时开始发送时,由优先权决定先后。

2. 双绞线传输

如图 2-6 所示,CAN 网络采用双绞线作为数据总线,以增加总线的抗干扰能力。

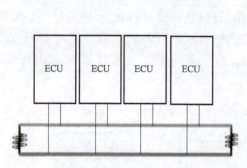

图 2-5 多主结构

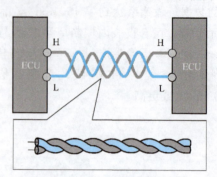

图 2-6 双绞线总线

1)两根双绞线分别命名为 CAN-H 和 CAN-L,它们每相隔 25mm 绞接一次。
2)此双绞线允许的总长度为 30m(25m 接节点,5m 接诊断仪)。
3)最多允许接 16 个节点(15 个模块和 1 个诊断仪)。

3. 压差驱动

如图 2-7 所示,CAN 网络采用电平差的方式识别数字信号,从而判断所传输的信息的含义。

如图 2-8 所示为高速 CAN 总线的电压波形,CAN-H 与 CAN-L 形成了对称的阵列布置方式。CAN-H 的电压在高位时为 3.5V,在低位时为 2.5V。CAN-L 的电压在高位时为 2.5V,在低位时为 1.5V。

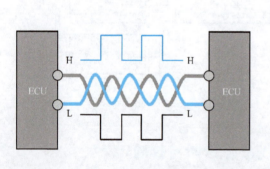

图 2-7 压差驱动

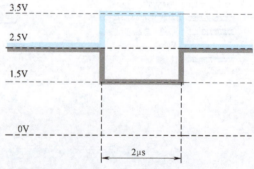

图 2-8 CAN 总线信号特点

4. 容错特性高

当 CAN 总线或节点出现故障时,网络依然具有一定的信号传输能力。当节点出现严重故障时,可以自动关闭输出功能,以使总线上其他节点的操作不受影响;当总线出现故障时,视严重程度而表现不一,轻则不影响信号传递,重则网络瘫痪。

二、CAN 总线系统工作原理

（一）CAN 网络硬件结构

CAN 数据总线系统由控制单元、传输介质双绞线和终端电阻组成，如图 2-9 所示。

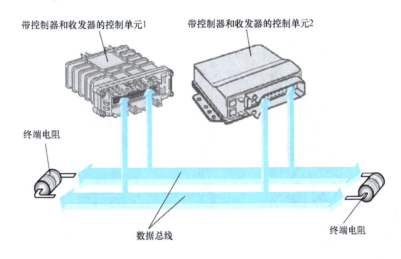

图 2-9　CAN 数据总线的组成

如图 2-10 所示，CAN 总线控制单元是在非网络控制单元的基础上又增加了 CAN 控制器和 CAN 收发器。

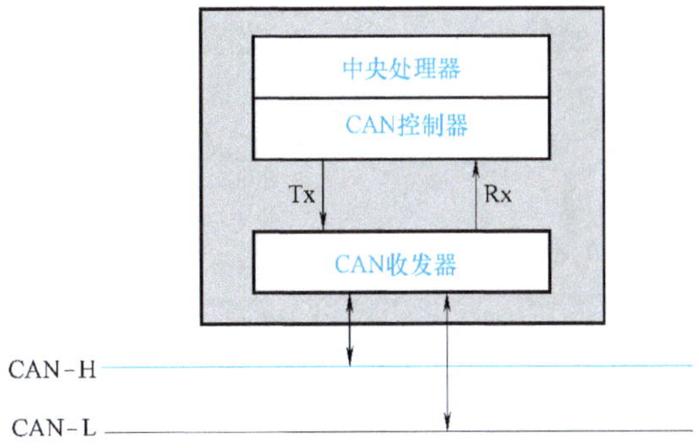

1. CAN 收发器

CAN 收发器由一个发射器和一个接收器组合而成，它将 CAN 控制器提供的数据转化为电信号并通过数据线发送出去。同时接收总线数据，并将数据传到 CAN 控制器。

2. CAN 控制器

CAN 控制器内部集成 CAN 协议。CAN 控制器接收微处理器的数据，并将数据处理后传到收发器，这个过程是双向的。

图 2-10　控制单元内部结构

3. 中央处理器

用集成电路组成的中央处理器，是节点的核心元件，主要用于执行控制部件和算术逻辑部件的功能。

4. 终端电阻

终端电阻可避免电压信号在线路上出现回流现象，以保证总线上数据的准确性；终端电阻也为 CAN 总线的故障诊断提供了参考。

（二）CAN 总线的数据传输

1. CAN 总线的广播式传输

CAN 总线的数据传输像一个电话会议，如图 2-11 所示。一个电话用户（控制单元)将数据"讲入"网络中,其他用户通过网络"接听"这个数据,对于这个数据感兴趣的控制单元就会利用数据,而其他控制单元则选择忽略。在该网络中,任一控制单元都既可发送数据,又可接收数据。

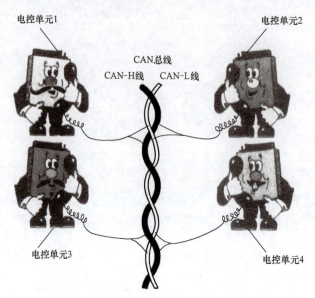

图 2-11　CAN 总线的数据传输示意图

2. CAN 网络容错特点

CAN 的特性之一就是,在总线出现特定故障(断路、短路)的情况下,能够继续保持通信能力。当总线出现故障时,节点将会识别各种错误,并存储相应的故障码。然而,在某些致命的故障原因下,CAN 网络将会丢失通信能力。下面介绍高速 CAN 容错特点。

(1) CAN 节点故障

如图 2-12 所示,当网络上的任一节点出现故障,包括节点自身故障、节点电源或接地损坏等,此节点将无法与 CAN 总线上的其他节点进行通信,其他节点的通信不受影响。

(2) CAN 支路断路

如图 2-13 所示,当不带终端电阻的节点的支路断路(CAN-H 或 CAN-L),则此节点无法与其他节点通信,其他节点的通信不受影响。

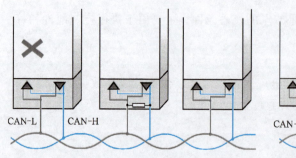

图 2-12　CAN 节点故障

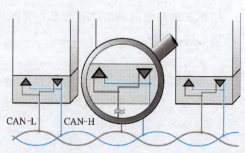

图 2-13　CAN 支路断路(不带终端电阻)

如图 2-14 所示，当带终端电阻的节点的支路断路，则此节点无法进行通信，其他节点以信噪比降低后的值继续工作。

（3）CAN-H 对地短路

如图 2-15 所示，当 CAN-H 对地短路时，总线整体失效，所有节点之间不能通信。

（4）CAN-H 对电源短路

如图 2-16 所示，当 CAN-H 对电源短路时，CAN 总线一般具有继续工作能力。但在部分车型中，因为总线连接的模块较多，通信数据较为密集，因此当 CAN-H 对电源短路时也可能致使总线通信失效。

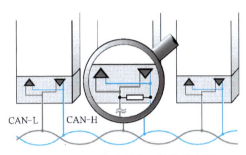

图 2-14　CAN 支路断路（带终端电阻）

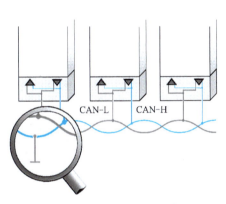

图 2-15　CAN-H 对地短路

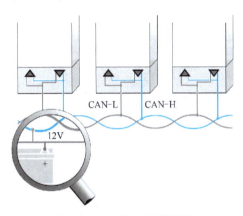

图 2-16　CAN-H 对电源短路

（5）CAN-L 对电源短路

如图 2-17 所示，当 CAN-L 对电源短路时，总线整体失效，CAN 网络不能工作。

（6）CAN-L 对地短路

如图 2-18 所示，当 CAN-L 对地短路时，可以实现网络通信，因为 CAN 总线电压在共模电压范围内。

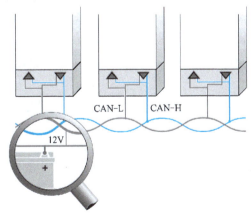

图 2-17　CAN-L 对电源短路

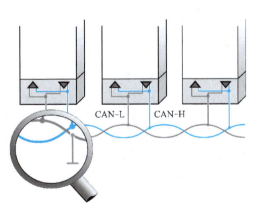

图 2-18　CAN-L 对地短路

（7）CAN-H 与 CAN-L 短路

如图 2-19 所示，当 CAN-H 与 CAN-L 短路时，总线整体失效，所有节点之间不能通信。

（8）CAN-H 与 CAN-L 互接

如图 2-20 所示，当节点的支路 CAN-H 与 CAN-L 互接时，此节点无法与其他节点通信。

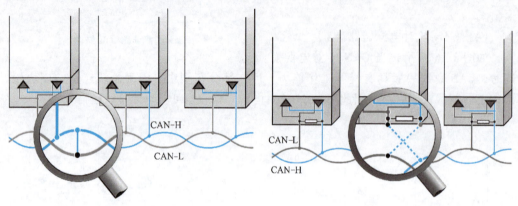

图 2-19　CAN-H 与 CAN-L 短路　　　　图 2-20　CAN-H 与 CAN-L 互接

三、CAN 总线故障诊断方法

CAN 网络故障的常用诊断方法，包括网络测试、故障码读取、电阻测量、电压测量和波形测量等几种。此外，对故障现象的合理分析也可以作为故障原因的初步判断手段。

视频 2-3　CAN 总线测量

1. 网络测试

网络测试的作用是通过诊断仪和每个控制单元进行通信，来验证控制单元的通信能力。网络测试的结果会有几种不同的情况：

1）所有控制单元测试都成功：证明网络通信正常，没有网络故障。

2）所有控制单元都失败：说明网络彻底失效，总线上无法传递信息，那么总线上的电压就一定不正常。可以通过测量总线电压的方法诊断。

3）有部分控制单元通信失败：说明 CAN 主总线上有断路或是节点故障。因为总线断路，会影响断点以后的模块通信，断点前的控制单元依然可以通信。

4）只有一个控制单元失败：说明该节点故障，失败节点控制单元的电源、搭铁、网线、软件和硬件故障。

网络测试只是给我们接下来的诊断指示一个方向，接下来要根据不同的测试结果应用不同的检测手段，来进行接下来的诊断。

2. 故障码读取

车载网络的故障码用"U"表示，若使用诊断仪读取到此类故障码时，即可判断此故障与网络相关。

3. 终端电阻测量

由于 CAN 总线两端各有一个 120Ω 的端电阻，并联后在总线上任一节点测量都为

60Ω。通过测量这个电阻可以判断出主总线上的电路是否完整。当网络测试结果为部分模块失败,首先要判断总线上是否出现断路。当测量结果为120Ω或是无穷大时,说明总线断路。断路不会造成整个网络失败,但是端电阻的丢失会给网络通信带来干扰。如果测量结果为0Ω,则说明CAN-H与CAN-L之间已短路。

4. 总线电压测量

通过测量CAN总线的对地电压,可以判断CAN总线是否能够正常传输信号。测量时使用万用表的直流电压档,且需要使CAN总线处于工作状态。CAN-H的对地电压为2.8V左右,CAN-L的对地电压为2.2V左右。如无法测得以上电压信号时,则说明总线存在异常;但如果测到了以上电压信号,并不能判定总线无故障。

5. 总线波形测量

如果总线存在故障,通过测量和识别CAN总线的波形,可以直观地判断其问题所在。

视频2-4 CAN总线故障波形分析

(1) CAN-H断路

如图2-21所示,CAN-H断路时,CAN-H和CAN-L波形的隐性电平基本在2.5V,但CAN-H波形幅值有所增大,且有部分波形与CAN-L趋于相同。

(2) CAN-L断路

如图2-22所示,CAN-L断路时,CAN-H和CAN-L波形的隐性电平基本在2.5V,但CAN-L波形幅值有所增大,且有部分波形与CAN-H趋于相同。

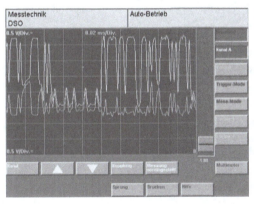

图2-21 CAN-H断路波形

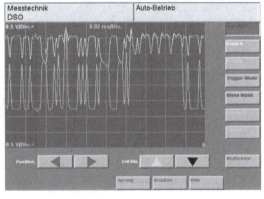

图2-22 CAN-L断路波形

(3) CAN-H对正极短路

如图2-23所示,CAN-H对正极短路时,CAN-H线的电压电位被置于12V。CAN-L线的振幅变大,隐性电压被置于大约12V。

(4) CAN-H对地短路

如图2-24所示,CAN-H对地短路时,CAN-H的电压为0V,CAN-L的电压也为0V,在CAN-L线上还能够看到一小部分的电压变化。

(5) CAN-L对正极短路

见图2-25所示,CAN-L对正极短路时,两条总线电压都大约为12V。

(6) CAN-L对地短路

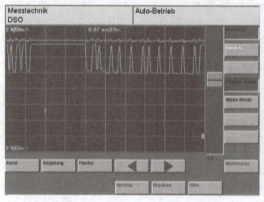

图 2-23　CAN-H 对正极短路波形

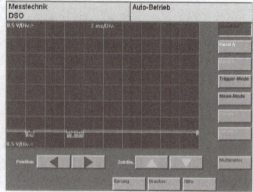

图 2-24　CAN-H 对地短路波形

如图 2-26 所示，CAN-L 对地短路时，CAN-L 的电压大约为 0V，CAN-H 线的振幅变大，隐性电压也被降至 0V。

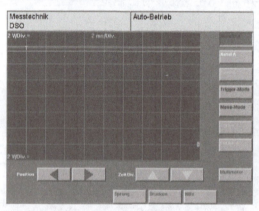

图 2-25　CAN-L 对正极短路波形

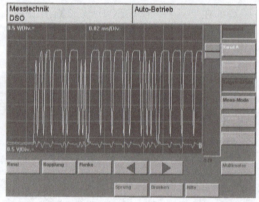

图 2-26　CAN-L 对地短路波形

（7）CAN-H 与 CAN-L 短路

如图 2-27 所示，CAN-H 与 CAN-L 短路时，两者电位置于隐性电压值（大约 2.5V）。通过插拔 CAN 总线上的控制单元可以判断，是由控制单元引起的短路还是由 CAN-H 和 CAN-L 线路连接引起的短路。

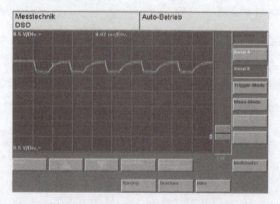

图 2-27　CAN-H 与 CAN-L 短路波形

任务三　LIN 总线故障诊断与排除

一、LIN 总线特征

LIN 作为一种低成本、高效率的串行通信网络，已经普遍应用于现在的汽车上，它可以为现有的汽车网络提供辅助功能。LIN 和 CAN 之间的不同之处在于 CAN 网络遍布整个车辆，而 LIN 通常用于对传输速度和性能要求不那么高的子网络中。

LIN 是 Local Interconnect Network 的缩写，意为局部互联网。LIN 网络具有主从结构、单线传输、偏压驱动、低速通信和低容错特性等特点。

1. 主从结构

LIN 网络属于单主多从结构，即一组网络中，只有一个主节点，从节点可以有多个。

1）主节点能向任一从节点发送信号。

2）从节点仅在主节点的控制下向 LIN 总线发送数据。

3）从节点一旦将数据发布到总线上，任何节点都可以接收该数据，但只有一个节点允许回应。

2. 单线传输

LIN 使用单根非屏蔽导线作为数据总线连接主节点与任何一个从节点。

1）总线不与诊断仪连接。

2）总线的最长允许长度为 35m。

3）连接在总线上的从节点数量一般不超过 16 个。节点过多将减少网络阻抗，会导致环境条件变差。

3. 偏压驱动

主从节点之间使用电压的高低变化，表示数据信息的含义（逻辑数据 "0" 和 "1"）。如图 2-28 所示为 LIN 总线的电压波形，其电压范围为 0~12V。

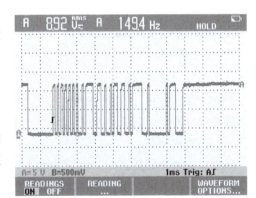

图 2-28　LIN 总线实测信号

4. 低速通信

LIN 网络的传输速率接近 20kbit/s，相对于 CAN 网络而言，LIN 网络属于 "低速" 传输。

5. 低容错

LIN 总线容错性较低，当出现短路、断路和主节点故障时，则无容错能力。

二、LIN 总线工作原理

LIN 为单主多从结构，主从节点之间通过数字信号传输信息。为了实现 LIN 网络的信号传输功能，主节点和从节点必须按照特定的协议规范设计其硬件结构，并按照协议发送和接收数字信号。

(一) LIN 网络硬件结构

一组 LIN 网络由一个主节点和多个（或单个）从节点组成，这些节点均通过单线路连接在 LIN 总线上。主从节点具有类似的硬件结构。

1. 节点结构

图 2-29 所示为主节点与从节点的结构。两者的结构类似，区别在于从节点没有主节点的功能。

2. 节点物理接口

主节点与从节点的物理接口结构类似，如图 2-30 所示。

LIN 总线通过上拉电阻与电源线（V_{BAT}）连接，电源线连接外部电源。上拉电阻为 $1k\Omega$（主节点）或 $30k\Omega$（从节点）。与上拉电阻串联的二极管可以防止当电源电压下降时从 LIN 总线消耗电能。LIN 总线与接地之间的电容可以消除 LIN 信号波动，电容的容量为 $2.2nF$（主节点）或 $220pF$（从节点）。

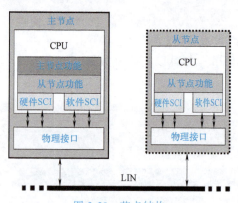

图 2-29 节点结构

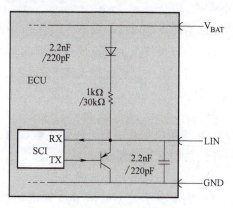

图 2-30 节点物理接口

(二) LIN 网络信号传输

采用主从结构的 LIN 网络，主节点用于控制 LIN 总线，它通过对从节点进行查询，将数据发布到总线上。从节点仅在主节点命令下发送数据，从而在不需要仲裁的情况下实现双向通信。

因为节点物理结构类似，因此主节点和从节点的信号收发控制原理是一样的，下面站在主节点的角度说明信号的发送和接收过程。

1. 信号发送

如图 2-30 所示，SCI 通过 TX 控制晶体管导通，使 V_{BAT} 与 GND 通过上拉电阻接通，LIN 总线形成了接地效果，此时 LIN 总线为低电平（0V）。当晶体管截止时，LIN 总线为高电平（等于 V_{BAT}）。

2. 信号接收

如图 2-31 所示，从节点中的 SCI 在接通与断开内部晶体管的过程中，会在总线上产生高低电平的变化。

主节点的 RX 线可以接收这个高低变化的电压，从而判断其含义。如果 LIN 总线处于待用状态一定时间，从节点就会转为睡眠模式，以便降低功率消耗。

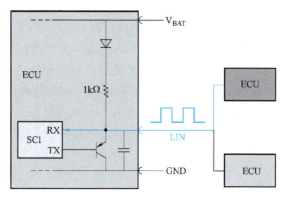

图 2-31　信号接收

（三）LIN 总线的数据结构

LIN 总线的数据帧是由一个数据标题和一个数据响应组成的，如图 2-32 所示。数据标题由主控制单元按周期发送，数据响应（内容）由主控制单元或从控制单元发送。只有当 LIN 主控制单元发送出数据标题后，从控制单元才会做出响应（发送数据或者使用数据）。

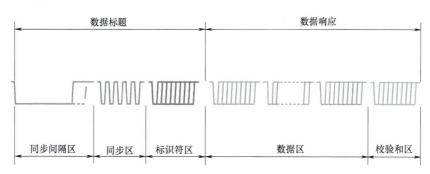

图 2-32　LIN 总线的数据结构

1. 数据标题

数据标题包括 1 个同步间隔区、1 个同步区和 1 个标识符区。

（1）同步间隔区

同步间隔区由同步暂停区和同步分界区组成。

同步暂停区的长度至少为 13 位（二进制），它以显性电平发送。同步分界区的长度至少为 1 位（二进制），且为隐性电平，用以检测下一个同步区的起始位。

（2）同步区

同步区包含了时钟的同步信息，用于帮助从控制单元与主控制单元的时钟频率同步，以便能够正确接收所发送的信息。

（3）标识符区

标识符区定义了数据的内容和长度，由 6 个标识符位（ID0～ID5）和 2 个奇偶校验位（P0、P1）组成。

2. 数据响应

数据响应由多个数据区和一个校验和区组成，数据区由间隔字节区相隔。

(1) 数据区

对于主控制单元的数据信息的请求，LIN 从控制单元会根据识别码给这个回应提供信息，或者根据识别码的情况，相应的 LIN 从控制单元会使用这些数据去执行各种功能。如自动空调控制单元通过 LIN 数据总线发出查询鼓风机转速的请求信息时，新鲜空气鼓风机控制单元则根据识别码给这个回应提供当前的鼓风机转速为 150r/min 的信息，如图 2-33 所示。当自动空调控制单元通过 LIN 数据总线发出设定鼓风机转速为 200r/min 的请求信息时，新鲜空气鼓风机控制单元则根据识别码将鼓风机转速提高至 200r/min，如图 2-34 所示。

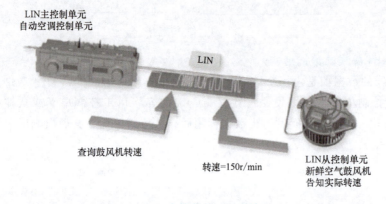

图 2-33　主控制单元查询转速

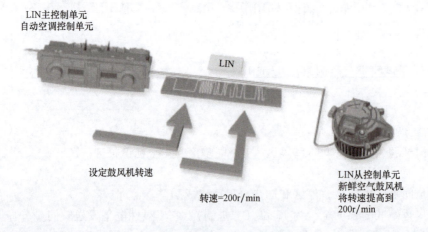

图 2-34　主控制单元设定转速

从控制单元的回应由 1~8 个数据区构成，每个数据区是 10 个二进制位，其中一位是显性起始位，一个是包含信息的字节（8 个二进制位），一位是隐性停止位。起始位和停止位是用于再同步从而避免传递错误的。

(2) 校验和区

校验和区是数据区所有字节的和的补码，让从节点可以检查所收到的信息是否正确传送，或者在传送期间是否可能发生任何干扰而破坏了数据。如果从主节点到从节点的传送期间信息中发生错误，也就是说，从节点计算的检核总和不一致，从节点就会清除信息，并且等待主节点发送下一条信息。

3. 数据的检测

当主控制单元发出信号时，数据帧定义了此数据发给哪个从控制单元，而且只有此目标控制单元能对这个数据做出响应。由于没有仲裁过程，如果多于一个从控制单元回应，则将产生错误。从控制单元不会对已经正确接收的信息发送确认。

主控制单元重新读取 LIN 总线上发送的信息，并且将重新读取的信息与先前发送的信息比较。如果所发送和检测的信息相同，主节点就会预先假定从节点已经正确接收信息。

三、LIN 总线故障诊断方法

因为 LIN 总线没有容错功能，所以当 LIN 总线出现故障后相关的功能会失效。但如果是从节点故障或支路断路，则不会影响主节点与其他节点的通信。

一般而言，引起 LIN 总线故障的原因主要有：节点的供电或接地故障、节点本身硬件故障、总线短路或断路故障。

LIN 总线本身不能进行诊断，因此无法通过诊断仪等设备对其进行网络测试来进行故障诊断，但可以通过读取控制单元参数的方法来进行故障诊断。LIN 总线的常用诊断方法还包括节点电阻测量、总线电压测量、总线波形测量等。

1. 参数读取

LIN 网络的主控制单元一般都连接在 CAN 网络上，因此使用诊断仪可以读取到主控制单元的参数。

一般情况，LIN 总线的从控制单元都作为主控制单元的特定参数，因此通过诊断仪读取这些参数信息，并配合相应的功能操作，即可判断从控制单元或总线的性能是否良好。

2. 节点电阻测量

通过 LIN 网络节点的硬件结构可知，LIN 总线与电源之间有一个上拉电阻，因此测量此电阻值可以作为判断节点故障的方法之一。

测量时，万用表的红表笔应接电源线端，黑表笔接总线端。正常情况下测量，主节点应为 1kΩ，从节点应为 30kΩ。

3. 总线电压测量

在正常电源电压和正常通信下，LIN 总线上的平均电压大约为 7~8V。通过测量 LIN 总线的电压，可以判断 LIN 网络是否工作。测量 LIN 总线工作电压时，使用万用表的直流电压档，测量结果为 7~8V（存在小范围的波动）。

4. 总线波形测量

通过测量 LIN 总线工作时的波形，可以直观地判断 LIN 总线是否正在传递信号。如果 LIN 总线存在故障，则其波形也表现出异常特征。

1）当 LIN 总线出现对地短路时，波形为一条保持 0V 的直线，此时 LIN 总线同样失去了通信能力。

2）当 LIN 总线对电源短路时，波形为一条保持 12V 的直线，此时 LIN 总线同样失去了通信能力。

3）当总线断路时，LIN 总线依然可以从主控制单元发出数据信号，但信号波形有所变化。

知识拓展：MOST 总线 和 FlexRay 总线

知识拓展

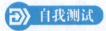

自我测试

项目三

充电系统维修

项目描述

汽车充电系统由蓄电池、发电机、调节器及充电状态指示装置组成。发电机作为汽车运行中的主电源，担负着向起动系统之外所有用电设备供电和向蓄电池充电的任务。由于发电机是由发动机经传动带驱动旋转的，当发动机转速变化时，发电机输出电压会随其变化。为满足汽车用电设备用电及向蓄电池充电的要求，充电系统设有电压调节器，电压调节器通过调节发电机的励磁电流，保持发电机在转速和负荷变化时输出稳定电压。充电状态指示装置用于指示充电系统的工作情况，指示蓄电池是处于充电还是处于放电状态。

本项目融合《汽车电子电气与空调舒适系统技术》职业技能等级标准内容，介绍了汽车充电系统功能、组成、工作原理和检测方法。通过蓄电池性能测试、车辆漏电检测、充电系统测试三个任务的训练，培养学习者解决汽车充电系统故障的能力。

通过本项目的学习，应达到以下要求。

1. 知识目标

1）熟悉汽车充电系统的功能、组成和类型。
2）了解铅酸蓄电池基本结构和新型蓄电池的特点。
3）掌握整体式交流发电机基本组成结构。
4）理解汽车充电系统故障产生的原因及规律。
5）熟悉汽车充电系统故障诊断的参数和标准。
6）掌握汽车充电系统维修方法。

2. 技能目标

1）能测量蓄电池静态电压、充电电压、起动压降及起动电流。
2）能测量蓄电池容量和寿命。
3）能测量车辆休眠电流。
4）能拆检交流发电机，并判断其性能。
5）能够根据汽车充电系统故障现象制定故障诊断流程和故障排除计划。
6）能够对汽车充电系统典型故障进行诊断与排除。

任务一　蓄电池性能测试

一、蓄电池的功用与类型

（一）蓄电池作用

汽车电源系统的作用是向汽车中所有用电设备提供低压直流电源，使汽车各部分能正常工作。汽车上的电源之一为蓄电池。蓄电池的作用有：

1）起动发动机时，向起动机、点火系统、仪表等用电设备供电。这是汽车上蓄电池的主要用途。汽油机起动机的起动电流一般可达 200~600A，柴油机起动机的起动电流最高达 1000A 以上。

2）当发电机停转或发电机输出电压较低时，由蓄电池向用电设备供电，并向交流发电机提供励磁电流。

3）当发电机发出电压高于蓄电池电压时，蓄电池接收发电机的充电。

4）当发电机超负荷时，蓄电池可协助发电机供电。

5）蓄电池相当于一个较大的电容器，能吸收电路中随时出现的瞬时过电压（浪涌电压），保护车上的电子设备，延长电子设备的使用寿命。

对汽车用蓄电池的要求：容量大、内阻小、有足够的起动能力。

（二）蓄电池类型

根据用途，蓄电池可分为起动型和其他类型。传统汽车采用的起动型蓄电池在短时间内能够提供大电流。其他还有供铁路用、储能用、牵引型、固定型等。

根据电解液不同，可分为酸性蓄电池（如铅酸蓄电池）和碱性蓄电池（如镍碱性蓄电池）。

根据蓄电池发展历程，可分为普通型铅酸蓄电池和干荷电铅酸蓄电池、免维护蓄电池 MF（Maintenance Free）、阀控式蓄电池 VRLA（Valve Regulated Lead Acid Battery）、锂离子电池、燃料电池等。

（三）蓄电池安装位置

1. 安装位置需要满足条件

蓄电池在汽车上的安装位置对它的工作特性具有很大的影响。车辆蓄电池最佳安装位置需要满足以下条件：

1）便于进行维修和保养工作。

2）可在行驶期间防止剧烈受热或受冷。

3）可保护蓄电池免于受到潮湿、油污和燃油以及机械作用的影响。

4）在发生碰撞的情况下能够保护车辆乘员免于受到溢出气体和外泄蓄电池酸液的伤害。

2. 安装位置

大多数轿车的蓄电池装在发动机舱内（图3-1），部分车型的蓄电池安装在车辆内部或行李舱内（图 3-2）。

图 3-1　安装在发动机舱

图 3-2　安装在行李舱内备胎下面

（1）安装在发动机舱

如果蓄电池出于设计原因安装在紧靠发动机的位置或具有强烈热辐射的装置附近，那么蓄电池受到的高温会对其抗老化性产生不利的作用。正极板栅架的腐蚀、电解液的消耗和自放电的程度都会提高。为了抵挡这些不利的作用，蓄电池常常被安装在合成材料制成的蓄电池箱里。如果温度特别高，会额外使用隔热套来保护蓄电池。

（2）安装在车辆内部或行李舱

对于安装在车辆内部的蓄电池，如果车辆倾覆，蓄电池电解液就可能溢出，乘员将面临受伤的危险。为了降低这个风险，原则上要使用抗倾优化的蓄电池或防漏的 AGM、GEL 蓄电池，将受到酸液伤害的危险降到尽可能低的程度。同样，对于安装在车辆内部空间内的蓄电池，必须装配一条排气软管。

如果蓄电池安装在车辆内部空间或行李舱内，由于蓄电池至起动机之间的电缆敷设路径相对较长，在发生事故时，电缆出现短路引发火灾的概率会升高。出于安全考虑，就要使用蓄电池断开元件（安全蓄电池接线端），其功用是断开从蓄电池到起动机和发电机的导线。在发生碰撞事故时，安全气囊触发，此时蓄电池至起动机的正极连接会断开。车尾碰撞时随着安全带张紧器的触发而激活蓄电池断开元件。但对一些重要安全功能（例如危险警告灯和照明装置）的供电仍然会保持。

二、蓄电池的结构与工作原理

现代传统内燃机轿车上采用较多的是免维护蓄电池，也有一些车型上采用了新型蓄电池，如 VRLA 蓄电池，它们本质上仍属于铅酸蓄电池，只是在结构设计、材料使用和制造技术上做了改进，用来满足现代汽车的用电需求。基于此，本节重点介绍普通铅酸蓄电池的结构和工作原理，后面再介绍一些新型蓄电池的改进之处和存在的优点。

（一）蓄电池的结构

普通型铅酸蓄电池一般由 6 个单格电池串联组成，每个单格电池的额定电压为 2V，则蓄电池额定电压为 12V。相邻两个单格电池之间有间壁相隔，互不相通，上端用联条把 6 个单格电池串

视频 3-1　铅酸蓄电池的结构

联起来。

普通型铅酸蓄电池主要由外壳、正负极板组、隔板、电解液、联条、极桩和加液孔盖等组成，如图3-3所示。

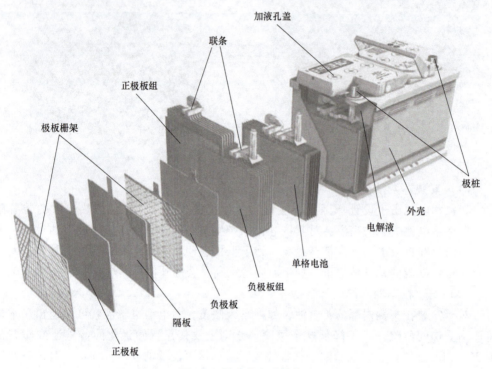

图3-3 铅酸蓄电池结构

1. 外壳

外壳用来储存电解液和极板组，具有耐酸、耐热、耐寒、耐振及绝缘性能好等特点。早期生产的铅酸蓄电池采用硬橡胶外壳的较多。近些年，由于工程塑料的发展，聚丙烯塑料外壳也越来越普及。由于工程塑料外壳不仅耐酸、耐热、耐振，且强度好、韧性好，壳体可做得较薄。同时工程塑料美观透明、体积小、重量轻，国内外发展得非常快。

2. 极板组

极板是蓄电池的基本部件，它能接受电能和向外释放电能。极板分为正极板与负极板。正极板上的活性物质是二氧化铅（PbO_2），呈棕红色；负极板上的活性物质是海绵状纯铅（Pb），呈青灰色。在蓄电池的充电与放电过程中，电能和化学能的相互转换就是依靠极板上的活性物质与电解液中的硫酸起化学反应来实现的。极板由栅架及铅膏涂料组成，如图3-4和图3-5所示。

栅架的材料为铅锑合金，一般含铅94%左右，含锑6%左右。在栅架中加入少量的锑，是为了提高栅架的机械强度并改善浇铸性能。为了增大蓄电池容量，通常将多片正极板和多片负极板分别并联，再用横板焊接组成正极板组和负板板组，如图3-6所示。安装时将正、负极板组相互嵌合，中间插入隔板。另外，在单格电池中正极板总比负极板少一片，其目的是为了使每一片正极板都处于负极板之间，使其两侧放电

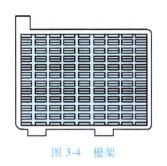

图 3-4 栅架

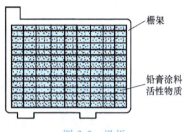

图 3-5 极板

均匀，减轻正极板的翘曲和活性物质的脱落，因为正极板活性物质较疏松，机械强度低。

3. 隔板

为了减少蓄电池内部尺寸，降低蓄电池内阻，蓄电池内部正负极板应尽可能靠近，但为了避免相互接触而短路，正负极板之间要用绝缘的隔板隔开。隔板材料应具有多孔性结构，以便电解液自由渗透，还应具备耐酸、耐热、耐氧化、不变形、不含杂质、亲水性良好、有一定的机械强度等条件。常用的隔板材料有木质、微孔橡胶、微孔塑料、玻璃纤维纸和玻璃丝棉等几类。微孔橡胶隔板性能好、寿命长，但成本高；微孔塑料隔板多孔率高，薄而柔韧，成本又低，因此采用较多。近年来，还有的将微孔塑料做成袋式，紧包在正极板的外部，防止活性物质脱落，减小电池尺寸。

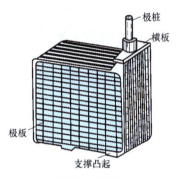

图 3-6 极板组

4. 电解液

铅蓄电池的电解液是由相对密度为 1.84 的化学纯净硫酸和蒸馏水按一定比例配制而成的。电解液的相对密度一般在 1.23~1.30 范围内。目前市场上有专门销售的电解原液，相对密度在 1.28 左右。购买蓄电池时可同时购回，给使用者带来方便。

电解液的相对密度对蓄电池的工作有重要影响。相对密度大些，可提高蓄电池的容量并减少冬季结冰的危险。但相对密度也不宜过大，过大会造成黏度增加反而会降低蓄电池容量，而且会缩短极板使用寿命。电解液相对密度应随地区和气候条件而定，表 3-1 列出不同地区和气候条件下电解液的相对密度，供参考。

表 3-1 不同地区和气候条件下电解液的相对密度

气候条件	完全充足电的蓄电池在 25℃ 时的电解液相对密度	
	冬季	夏季
冬季温度低于 -40℃ 的地区	1.30	1.26
冬季温度在 -40℃ 以上的地区	1.28	1.24
冬季温度在 -30℃ 以上的地区	1.27	1.24
冬季温度在 -20℃ 以上的地区	1.26	1.23
冬季温度在 0℃ 以上的地区	1.23	1.23

5. 联条

铅酸蓄电池总成一般都是由 6 个单格电池组成的，各单格电池之间靠铅质联条串联起来，传统的连接方式是将联条装在盖子上面，如图3-7所示。这种方式不仅浪费材料，而且增加电池内阻，现已被穿壁式连接方式所取代，如图3-8所示。

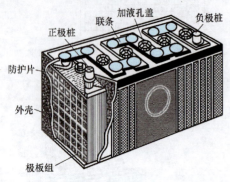

图3-7 传统连接方式

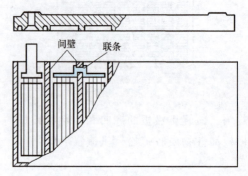

图3-8 单格电池之间的穿壁式连接

6. 加液孔盖

加液孔盖用来封闭加液孔。孔盖上有通气孔，可随时排出蓄电池内的 H_2 和 O_2，以免发生爆炸事故。如果在孔盖上加装一个氧化铅过滤器，还可以避免水蒸气逸出，减少水的消耗。新蓄电池在启用前应将通气孔打通。

7. 极桩

极桩分正极桩和负极桩，极桩用铅锑合金浇注。为了防止正负极接反，正极桩用"+"表示或涂上红色，负极桩用"-"表示或涂上蓝色或不涂颜色。另外，正极和负极具有不同的直径，正极总是比负极粗。

（二）工作原理

蓄电池储存化学能，工作过程中化学能与电能相互转化，其基本原理如图3-9所示。

1. 电动势的建立

蓄电池极板浸入电解液中，正极板上的活性物质 PbO_2 少量溶于电解液，产生四价铅离子 Pb^{4+} 和硫酸根离子 SO_4^{2-}，即 $PbO_2+2H_2SO_4=Pb^{4+}+$

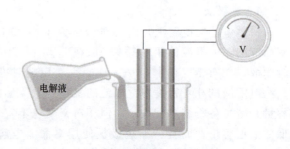

图3-9 蓄电池基本工作原理

$2SO_4^{2-}+2H_2O$，一部分 Pb^{4+} 沉附在正极板上，使正极板具有正电位，约为+2.0V。负极板上的活性物质 Pb 少量溶解于电解液中生成 Pb^{2+}，即 $Pb-2e=Pb^{2+}$，电子 e 留在负极板上，使得负极板具有约-0.1V 的负电位。因此，在外电路未接通且这种反应达到相对平衡时，蓄电池单格电压即静止电动势 E_0 约为

$$E_0 = 2.0-(-0.1) = 2.1V \tag{3-1}$$

2. 放电过程

蓄电池的放电过程是化学能转化为电能的电化学反应过程。

铅蓄电池放电时的化学过程，如图3-10所示。蓄电池接上负载后，在电动势 E_0 的作用下，在电路内产生放电电流 I_f。

1）在负极板处，电子 e^- 从负极板经过用电设备流向正极板，与 Pb^{4+} 结合生成

Pb^{2+}，Pb^{2+} 与电解液中的 SO_4^{2-} 结合生成 $PbSO_4$ 沉附在正极板上，使得正极板的电位降低。其化学反应式为

$$Pb^{4+}+2e^- \longrightarrow Pb^{2+} \tag{3-2}$$

$$Pb^{2+}+SO_4^{2-} \longrightarrow PbSO_4 \tag{3-3}$$

2）在负极板处，Pb^{2+} 与电解液中的 SO_4^{2-} 结合也生成 $PbSO_4$ 沉附在极板上，而极板上的金属铅继续溶解生成 Pb^{2+}，留下电子 $2e^-$。

在外部电路电流继续流通时，蓄电池正极板上的 PbO_2 和负极板上的 Pb 将不断转变为 $PbSO_4$。

放电过程中，电解液中的 H_2SO_4 逐渐减少，而 H_2O 逐渐增多，电解液相对密度下降。

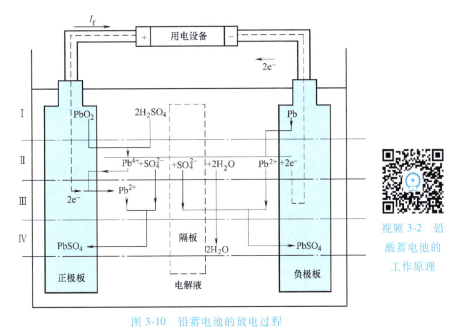

图 3-10 铅蓄电池的放电过程

Ⅰ—充电状态　Ⅱ—溶解电离　Ⅲ—接入负载　Ⅳ—放电状态

视频 3-2　铅酸蓄电池的工作原理

3. 充电过程

蓄电池的充电过程是电能转化为化学能的电化学反应过程。

铅蓄电池充电时的化学过程如图 3-11 所示。接上充电设备后，在电动势 E_0 的作用下，在电路内产生充电电流 I_c。电流从蓄电池正极板流入、负极板流出，即电子 e^- 从正极经外电路流入负极。充电过程中，正、负极板上发生的化学反应正好与放电过程相反。

充电过程中，正、负极板上的 $PbSO_4$ 逐渐恢复为 PbO_2 和 Pb，电解液中的 H_2SO_4 成分逐渐增多，H_2O 逐渐减少，电解液相对密度将上升。

由上述分析可得，蓄电池充、放电过程的总反应方程式表示为

$$PbO_2+Pb+2H_2SO_4 \Longleftrightarrow 2PbSO_4+2H_2O \tag{3-4}$$

4. 结论

蓄电池是一个电能和化学能之间相互转换的装置，其工作过程是一种电化学反应。

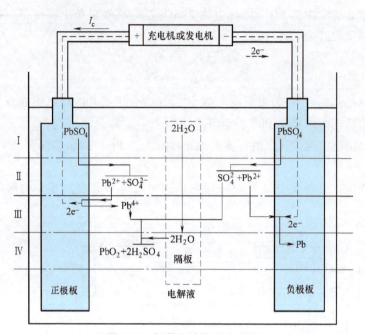

图 3-11 铅蓄电池的充电过程

Ⅰ—放电状态　Ⅱ—溶解电离　Ⅲ—通入电流　Ⅳ—充电状态

1) 蓄电池放电过程中,电解液中的硫酸逐渐减少,水逐渐增多,电解液相对密度下降。

2) 蓄电池充电过程中,电解液中的硫酸逐渐增多,水逐渐减少,电解液相对密度上升。

3) 可以通过测量电解液相对密度来判断蓄电池的充、放电程度。

(三) 新型蓄电池特点

1. 免维护蓄电池

免维护蓄电池(MF 蓄电池),由于采用铅钙或低锑合金极板栅架、新型安全通气装置和气体搜集器、袋式隔板等,电解液的消耗量非常小,在使用寿命内基本不需要补充蒸馏水。它还具有耐振、耐高温、体积小、自放电小的特点。使用寿命一般为普通蓄电池的两倍。市场上的免维护蓄电池也有两种：第一种在购买时一次性加电解液,以后使用中不需要维护（添加补充液）；另一种是电池本身出厂时就已经加好电解液并封死,用户根本就不能加补充液,内装电眼。比如大众车辆上使用的免维护蓄电池就有带单格电池密封塞免维护蓄电池、不带单格电池密封塞免维护蓄电池。带单格电池密封塞免维护蓄电池可通过魔术眼和贴住的单格电池密封塞识别。电池密封塞用于首次添加操作,蓄电池不允许打开。不带单格电池密封塞免维护蓄电池有魔术眼而没有单格电池密封塞。电池密封塞集成在端盖中。蓄电池在生产过程中首次添加后将被封闭。

所有采用铅钙合金做极板栅架的蓄电池原理上都应该称为免维护蓄电池,由于对使蓄电池能够达到"免维护"效果的理念不同,导致采用的池壳（顶盖）不同,又分为开口式免维护（以 GS 电池为代表,常见于日本国内车辆,外形和加水电池一样）

和封闭式免维护（以国内的 VARTA 为代表的，被国内大部分蓄电池工厂山寨化推广的 MF 电池）。

免维护蓄电池的优点：使用中不需加蒸馏水；自行放电少、寿命长；接线柱腐蚀小；起动性能好。

缺点：在检查工作过程中必须用电眼（状态指示器）检查放电程度和电解液液位；没有防漏保护。

2. 阀控式 VRLA 铅酸蓄电池

VRLA 蓄电池具有固化类型的电解液。不能拧松单格电池密封塞，并且将单格电池密封塞改进为排气阀，密封塞上开有排气口，如图 3-12 所示。过大负荷量产生的气体，如氢气和氧气，在每个相应的单格电池内转换成水。

优点：由于不需要检查或补充电解液，VRLA 铅酸蓄电池是免维护的。

缺点：如果蓄电池过度放电，则会通过排气阀（设计为一个安全阀）排放多余气体。由于不能更换液体，可能会对蓄电池造成长期损坏。因此，只能选用充电负荷极限为 14.4V 的蓄电池充电器进行充电。

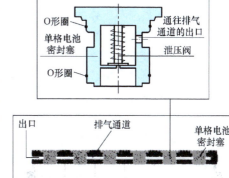
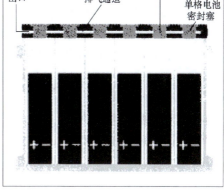

图 3-12　VRLA 铅酸蓄电池排气阀示意图

目前在车上装配的属于 VRLA 铅酸蓄电池类型的主要有玻璃纤维蓄电池 AGM（Absorbed Glass Mat）和胶体电池 GEL。它们的共同点是电解液都受束缚，只是两者受束缚的方式不同。

三、蓄电池型号

（一）蓄电池技术参数术语

1. 容量

在规定的放电条件下，一只完全充足电的蓄电池所能输出的电量，称为蓄电池的容量，用 Q 表示。蓄电池容量标志着蓄电池的对外供电能力。我国及大部分国家多采用安·时（A·h）来计量蓄电池的容量。容量等于放电电流与持续放电时间的乘积，用下式表示：

$$Q = I_f \cdot T_f \tag{3-5}$$

式中，Q—蓄电池容量，单位为 A·h；I_f—放电电流，单位为 A；T_f—放电时间，单位为 h。

容量取决于蓄电池放电电流、电解液温度、电解液密度、电解液纯度和电池老化程度。可取用的容量随放电电流的增大和环境温度（霜冻范围内）的降低而大幅减小。

2. 额定容量（C_{20}）

蓄电池额定容量 C_{20} 是指完全充足电的蓄电池，在电解液平均温度为 25℃ 的情况下，以 20h 放电率放电至单格电压降至 1.75V 时所输出的电量，是新蓄电池可存储的电量的标准。

3. 储备容量（RC）

汽车在充电系统不工作的情况下，在夜间靠蓄电池点火和提供最低限度的电路负载所能运行的大约时间，可具体表述为：完全充足电的 12V 蓄电池，在 25±2℃ 的条件下，以 25A 恒流放电至蓄电池端电压下降到 10.5±0.05V 时的放电时间。

4. 冷起动电流（CCA）

冷起动电流是指在 -17.8℃ 和 -28.9℃ 条件下，可获得的某特定意义下的最小电流。这个指标把蓄电池的起动能力与发动机的排量、压缩比、温度、起动时间、发动机和电气系统的技术状态以及起动和点火的最低使用电压这些重要的变量联系起来。它是指充满电的 12V 蓄电池在 30s 内，其端电压下降到 7.2V 时，蓄电池所能供给的最小电流，冷起动额定值给出的是总电流值。

5. 电压

（1）单格电池电压

单格电池电压是电解液中的正、负极板之间所产生的电势差。单格电池电压不是一个常数，其大小主要取决于充电状态（酸液密度）和蓄电池温度，单格电池的额定电压是恒定的，为 2V。

（2）额定电压

额定电压由单格电池的电压乘以单格电池的数量得出。对于带 6 个单格电池的车辆蓄电池，标准额定电压为 6×2V=12V。

（3）端子电压

端子电压是蓄电池两个接线端子之间的电压。

（4）析气电压

析气电压是蓄电池明显开始产生气体时的充电电压。端子电压从 14.4V（单格电池电压达到 2.4V）起，蓄电池开始析出气体，这时会产生大量的氢气和氧气（爆鸣气）。

（5）开路电压

静态电压或开路电压是蓄电池在未连接负载或接线端断开时的稳定电压。充电或放电过程后静态电压会改变。只有在等待一段时间后，极板之间硫酸浓度平衡时，静态电压才能达到最终值。

6. 充电系数

在充电时充入蓄电池的电能总是大于蓄电池能够取用的电能。这是因为在充电时总是由于发热和/或化学副反应造成能量损失。为了使蓄电池 100% 充满电，必须输入蓄电池额定容量的 105%~110%，这个数值（1.05~1.10）就是充电系数。

（二）蓄电池型号

根据我国机械行业标准 JB/T 2599—2012 蓄电池型号如图 3-13 所示。

例：6—QW—54

6 表示由 6 个单格电池组成，每个单格电池电压为 2V，即额定电压为 12V。

Q 表示蓄电池的用途。Q 为汽车起动用蓄电池，M 为摩托车用蓄电池，JC 为船舶用蓄电池，HK 为航空用蓄电池，D 表示电动车用蓄电池，F 表示阀控型蓄电池。

图 3-13 国家标准蓄电池型号

W 表示蓄电池的类型。A 表示干荷型蓄电池，W 表示免维护型蓄电池，若不标则表示普通型蓄电池。

54 表示蓄电池的额定容量为 54A·h（充足电的蓄电池，在常温以 20h 放电率放电电流放电 20h 蓄电池对外输出的电量）。

四、蓄电池技术状况检查

蓄电池技术状况检查包括目视检查、蓄电池静态电压检查、电解液密度检查、通过电眼检查和用蓄电池检测仪进行检查。

视频 3-3 蓄电池技术状况检查

（一）目视检查

在对蓄电池进行静态电压、电解液密度或蓄电池负载检测之前，必须先进行目视检查。目视检查内容主要有以下几个方面：

1. 蓄电池的固定

蓄电池固定必须牢靠，固定螺栓要使用规定的力矩拧紧。如果固定不好，车辆在行驶过程中蓄电池会因为振颤而损坏，导致其寿命大大缩短，甚至爆炸。

2. 蓄电池外壳

蓄电池外壳或蓄电池端盖损坏会引起酸液泄漏，流出的酸液可能造成车辆严重损坏。接触酸液的部件必须立即使用酸液中和剂或肥皂水处理。外壳或端盖损坏的蓄电池不允许维修，必须更换。

3. 蓄电池电极和电极接线端

蓄电池电极和电极接线端损坏后，就无法确保电极接线端的稳定接触。电极接线端必须正确安放并用相应的力矩拧紧。如果蓄电池电极端子插入或拧紧不正确，则会导致供电中断或供电电压不足，造成电气设备严重功能故障，无法保证车辆安全运行。

4. 蓄电池热保护

为了保护蓄电池不受负面热影响，蓄电池热保护装置（例如密封套）必须正确固定到蓄电池上。如果蓄电池隔热保护不足，则过高的温度会加重正极栏板的腐蚀。

5. 电解液液面高度

正确的电解液液位是保证蓄电池运行安全性的重要因素。电解液液位过低时，极板组上方导电的铅部件（极板连接线、单格电池连接装置和接片）露出，不再被电解液包围，导致这些铅部件腐蚀，甚至引起功能故障直至蓄电池爆炸。电解液液位过高则可能有蓄电池酸液溢出，造成碰到的部件损坏。

蓄电池中的电解液液面高度可以通过透明蓄电池外壳上的"max"和"min"标记）确定，如图 3-14 所示。

外部目视检查电解液液位时要注意观察所有单格电池中电解液液位是否均匀。若单格电池液位差别明显（例如大于 10mm），则表明蓄电池内部存在故障。

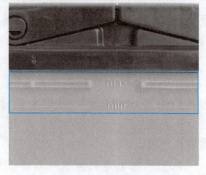

图 3-14　壳体上液面标记

（二）蓄电池静态电压检测

1. 检测条件

1) 关闭点火开关并断开所有用电器，拔出点火钥匙。
2) 断开蓄电池负极接线端。
3) 静置 2h（在这个时间段内对蓄电池既不能充电也不能放电）。

2. 检测步骤

1) 将万用表置直流电压档位（20V）。
2) 将万用表的正表笔接蓄电池的正极端，负表笔接负极端。
3) 读出指示电压值。

3. 根据检测结果采取的措施

测量结果大于等于 12.5V，说明静态电压正常，接下来应该进行蓄电池负荷检测；测量结果小于 12.5V，说明蓄电池需要充电。给蓄电池充完电，静置 2h 重新测量蓄电池静态电压，若静态电压小于 12.5 V，则更换蓄电池。

（三）蓄电池电解液密度检查

由前面介绍的普通铅酸蓄电池的工作原理，可知电解液密度可以反映放电程度。电解液密度与放电程度的关系是：电解液密度每下降 $0.01g/cm^3$，相当于蓄电池放电 6%。可以用密度计（图 3-15）来测量电解液密度。

由于目前汽车上装配的蓄电池是免维护的，蓄电池被封闭，使用过程中不允许被打开。所以，原先通过使用密度计取电解液测量其密度来估算放电程度的方法变得不实用了。现一般可以通过蓄电池上自带的电解液密度指示器（如果有的话）来指示蓄电池的状态。

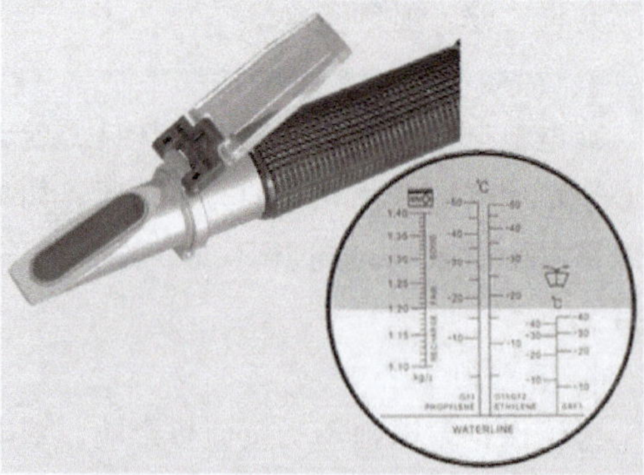

图 3-15　密度计

（四）通过魔术眼检查

前面已经提过，现代车辆上装配的是免维护蓄电池，蓄电池是封闭的，不可以取电解液测其密度来估算放电程度。因此，免维护蓄电池往往都自带有蓄电池荷电状态的指示器，也就是内装式密度计，俗称"电眼"或"魔术眼"。其内部装有一颗能反光的绿色玻璃小球，随电解液的相对密度及液面高低浮动,从蓄电池端盖中集成的玻璃观察孔中可以看到代表蓄电池不同状态的颜色,如图 3-16 所示。

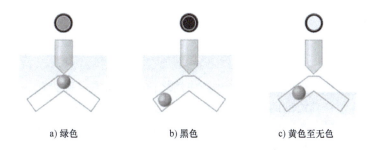

a) 绿色　　　　　b) 黑色　　　　　c) 黄色至无色

图 3-16　玻璃观察孔观察到的不同颜色

若电解液液面正常且充电状态良好（荷电大于等于 65%），绿色小球上升到笼子顶部,并与玻璃棒下部接触,此时能看到绿色,表示电池良好。若电解液液面正常,但充电状态欠佳（荷电小于 65%），绿色小球沉入笼子底部,此时已看不到绿色小球,观测到的是一片深绿色（或黑色）。若电解液液面低于密度计,自玻璃孔观察到的是淡黄色至无色,表明该蓄电池已经损坏,应予更换。

> **注意:**
> 1) 在用"魔术眼"进行目视检查之前,应使用螺钉旋具的手柄小心地在"魔术眼"上敲击。这样做可以使干扰显示的气泡升起,从而令"魔术眼"的彩色显示更加准确。
> 2) 蓄电池在充电时,电解液密度先在极板区域内升高。极板上方的酸液密度则是因扩散作用而升高的。然而,"魔术眼"只识别极板上方的酸液密度。在个别情况下,这会导致以下错误的结论:尽管蓄电池已完全充足电,"魔术眼"仍然显示为黑色。这是因为,酸密度较高的电解液还没有与酸密度较低的电解液混合。这一混合过程（扩散）可能持续数日。

（五）通过蓄电池检测仪检查

上面讲述可以通过电眼来对蓄电池电解液液位高度和荷电状态进行判断,但有些电池没有电眼,比如 AGM、GEL 电池;另外,在一些情况下,电眼指示可能不准确。基于以上两点,应使用蓄电池测试仪来准确评估蓄电池技术状况。针对不同汽车品牌,厂家都有指定的专用蓄电池检测仪,如大众品牌使用的蓄电池检测仪 VAS 6161（图 3-17）。

随着使用后电池容量的下降,该电池的电导值也会下降,蓄电池测试仪就是通过测量电导率（非负荷测试）来判断蓄电池的性能的。

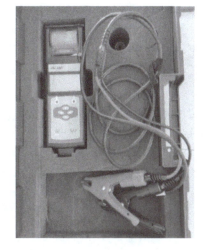

图 3-17　蓄电池检测仪 VAS 6161

五、蓄电池充电

新蓄电池在首次使用前一般要进行初充电。放电后的蓄电池，必须通过充电才能重新投入使用。

（一）充电种类

1. 初充电

新购回的蓄电池或经修复的蓄电池在使用之前的首次充电称为初充电。初充电的目的是恢复蓄电池在存放期间极板上部分活性物质缓慢硫化和自放电而失去的电量。充电过程分两个阶段。第一阶段的充电电流约为额定容量的1/15，充电至电解液中逸出气泡，单格电池端电压升至2.4V时为止；第二阶段将充电电流减半继续充电，一直到电解液剧烈放出气泡，呈沸腾状，出现充足电标志为止。全部充电时间约需60h左右。

2. 补充充电

第一阶段按额定容量的1/10的电流充到单格电池电压为2.4V，第二阶段将电流减半，充电到单格电池电压为2.5～2.7V，出现充足电标志。整个充电时间约需13～16h。

视频3-4 蓄电池充电方法

（二）充电方法

蓄电池充电，必须根据不同情况选择适当的方法，并且正确使用充电设备。蓄电池的充电方法有定流充电、定压充电和快速充电三种。

1. 定流充电

在充电过程中，充电电流保持一定的充电方法称为定电流充电。由公式 $I_c=(U-E)/R$ 可知，在充电过程中，随着蓄电池电动势 E 的增高，要保持充电电流恒定，就必须相应提高充电电压 U。当蓄电池端电压升高到2.4V时，最好能将充电电流减少一半，以免因充电电流过大而损坏蓄电池。

2. 定压充电

蓄电池在充电过程中，充电电压保持不变的充电方法称为定压充电。定压充电时，充电电流也是 $I_c=(U-E)/R$。在充电开始阶段，由于蓄电池电动势 E 比充电电压 U 低很多，因此充电电流 I_c 较大，随着充电时间的延长，蓄电池电动势 E 的增大，充电电流逐渐减小。到充电终了时，充电电流将自动降低至零。对于12V的蓄电池，充电电压一般调在15V左右为宜。

3. 快速充电

定流充电与定压充电都属于常规充电。可以看出完成一次充电所需时间很长，给使用带来不便。近年来快速充电新技术得到飞速发展，各种型号的快速充电机已投放市场，使用快速充电技术，新蓄电池初充电一般不超过5h，补充充电也只需1～2h，大大缩短充电时间，提高了效率。但是，快速充电对蓄电池使用寿命有些影响。

六、蓄电池的正确使用与更换

（一）使用维护注意事项

1）经常擦拭蓄电池表面，保持清洁，以防极间短路。

2）检查电极端子的连接情况，去掉氧化层，夹紧线夹。

3）检查蓄电池在车上的安装紧固情况，以及热保护情况。

4）检查液面高度，以防极板硫化。

5）盖子上的排气孔必须畅通，防止充电时气体排不出而造成壳体破裂。

6）尽量避免大电流和过度放电。关闭发动机后不要长时间使用用电设备；满足起动时间和起动间隔的要求（在起动时，每次起动时间不超过 5s，连续起动时间间隔大于 15s）；长时间不使用车辆，断掉负极电缆；避免外接大功率用电设备。

（二）蓄电池更换方法

更换蓄电池时的操作步骤根据车辆型号、装备或市场而不同。例如蓄电池既可能安装在发动机舱内又可能安装在行李舱内。下面以大众车型为例，介绍一些每次更换蓄电池时都要遵守的重要基本规定。

1. 蓄电池的拆卸顺序及注意事项

1）解锁车辆。

2）关闭所有用电器。

3）关闭点火开关。

4）打开蓄电池热保护。

5）松开蓄电池负极接线端子的端子旋接件，拔下接地导线的蓄电池接线端子。

6）松开蓄电池正极接线端子的端子旋接件，拔下正极导线的蓄电池接线端子。

7）拧出固定螺栓，取出固定板或固定支架。

8）为了避免车载电网中电压下降，应通过支援模式保持车载电网电压。

9）蓄电池安装在发动机舱以外时注意排气软管。

2. 蓄电池的安装顺序及注意事项

1）确保仅使用相同尺寸的大众汽车原厂蓄电池。

2）为了能够通过外壳底板固定蓄电池，根据 EN（欧洲标准）规定，所有起动蓄电池在纵向上都应有一个底板。底板是蓄电池外壳的有机构成部分，有些蓄电池在较窄的一侧还有附加的底板。

3）为了确保蓄电池牢固固定，当前车辆中必须安装带底板的蓄电池。必要时必须拆除底板适配件。

4）蓄电池电极不要沾油脂，否则接线端子可能松动。

5）注意蓄电池在托架上的位置以及必要时注意前后侧底板上的卷边。

6）查阅 ElsaPro（电子专业服务信息系统），用规定的力矩拧紧蓄电池极板。

7）不得大力手动安装蓄电池接线端子，以避免蓄电池外壳损坏。安放接线端子之前必须先安装可能存在的隔热保护件。

8）查阅 ElsaPro（电子专业服务信息系统），用规定的力矩拧紧蓄电池正极端子旋接。

9）首先拧上正极接线端子，然后将负极接线端子安放到蓄电池负极上。

10）正确安装加装件，如蓄电池热保护、电极盖板或排气软管。

11）对于带中央排气软管的蓄电池，要注意软管不要断开。

12）对于正极保护帽带模塑密封塞的蓄电池，密封塞必须根据信息手册中相应表格的要求按压到相应的排气开口中。

13）连接之后必须根据维修手册中的说明进行检查，如有必要，还可激活车辆装备，例如收音机、时钟、电动车窗。

14）读取故障存储器记录，必要时采取维修措施。

任务二　车辆漏电检测

一、休眠电流概述

汽车漏电现象是指汽车停驶中蓄电池逐渐放电以致汽车起动困难或电器工作不正常的现象。导致汽车漏电的原因大体有四类，如图 3-18 所示：第一类是蓄电池极板短路或氧化脱落导致自放电而亏电；第二类是停车时电器开关未关等导致的蓄电池亏电；第三类是由于汽车电器、线束、传感器、控制器、执行器等电子元器件和电路搭铁造成漏电；第四类是一些车主到非正规厂家添加一些电器，并未走安全线路，而是直接接到汽车蓄电池上，机箱内电路接口过多，漏电的可能性就更大。

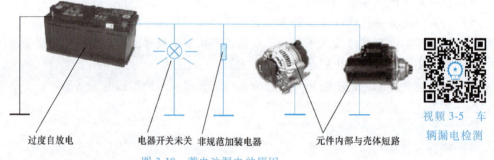

图 3-18　蓄电池漏电的原因

视频 3-5　车辆漏电检测

休眠电流也称为暗电流（Dark Current）。所谓暗电流是指点火开关在 OFF 的位置（汽车无工作状态）时，仍然在流动的电流。正因为这些暗电流的存在，以及蓄电池自然的放电，从而导致车辆长期停放后蓄电池容量不足，汽车无法起动。

休眠电流存在的原因有：

1）电气设备为了保持数据的记忆功能，必须长期供电。这些电器主要指电子控制单元。比如音响（记忆上次听过的频段，CD 的曲目）；还有空调（记忆风向风速的设定）。

2）防盗用传感器需要长期供电，以保证全天候的监视功能。

当汽车熄火后，整车的耗电分 3 个阶段降低，具体过程如下：

1. 正常工作阶段

汽车熄火后，汽车的用电设备继续正常工作，此阶段耗电量大，由于发动机未起动，并不能对蓄电池进行充电，此时的蓄电池处于放电状态。不过该阶段持续时间不是很长，大约在 3~4 min 内就会进入第二阶段——轻度休眠阶段。

2. 等待命令的轻度休眠阶段

从第一阶段到第二阶段，用电设备的耗电电流急剧下降，此时有一个静态电流突变点，我们称其为第一休眠点。在轻度休眠阶段，汽车内各个用电设备将降低电流的消耗，等待命令的下达，此时各个用电设备的电流大幅度降低，以降低蓄电池的电量使用。轻度休眠阶段持续时间大约在 30s 内，在这个阶段如果用电设备仍然接收不到相关命令，用电设备就会进入第三阶段——深度休眠状态。

3. 未接收到命令时的深度休眠状态

在所有用电设备进入第三阶段的过程中也存在一个电流急剧下降的点，这一点被称为第二休眠点。在深度休眠状态，用电设备的静态电流达到一个最低状态，这样，整车的功耗降到最低点。

一般的车辆休眠电流不超过 20mA，但越是高级的车，由于电气设备的增多，休眠电流也同时增大。随着汽车电气设备的增加，以及蓄电池容量的增大，似乎今后汽车的休眠电流将会越来越大。

二、车辆漏电检测方法

传统的漏电电流（暗电流）检测常见方法有三种：万用表测量漏电电流、电流钳测量漏电电流、熔丝端电压换算漏电电流。

1. 万用表测量漏电电流

拆除蓄电池的正极，将万用表串联在蓄电池的正极上，如图 3-19 所示。这种测量方法费时费力，还容易将客户的资料丢失（如断电后，时钟和电子导航等数据易丢失）。

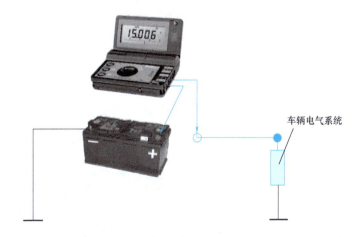

图 3-19 用万用表测量漏电电流

2. 电流钳测量漏电电流

如图 3-20 所示，使用电流钳测量漏电电流（暗电流）是判断车辆是否存在漏电故障的主要检测方式。电流钳具有灵敏度较高，抗干扰性能较高，能测量小于 10mA 的电流，全量程自动换档的优点。测量时，将车辆的所有用电设备关闭，然后用钳口将表头套在蓄电池的正极线束上，可以根据测得的数据判断车辆是否存在漏电情况。如果车辆开启了防盗系统，测得的电流值不超过 30~50mA，都属于正常。

当车辆存在漏电时，可通过逐一断开各用电支路熔丝，然后采用钳形表测量暗电流，通过观察暗电流变化情况，判断故障部位，如图 3-21 所示。

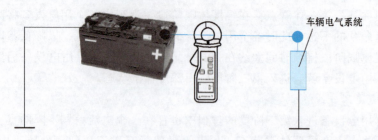

图 3-20　用电流钳测量漏电电流

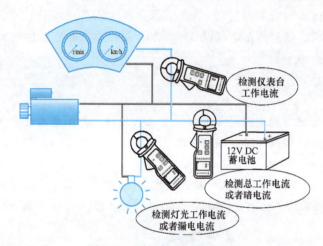

图 3-21　测量各用电支路电流

3. 测量熔丝两端的电压换算暗电流

不同类型的熔丝，其内阻不一样，有电流流过时，将会有一定的分压，电流越大，分压越高。因此可以通过检测熔丝两端的电压，判断该熔丝是否有电流流过。使用万用表的 mV 档测量熔丝两侧的电压，从主熔丝到分熔丝，依次测量熔丝的电压值，对照整车熔丝最大标准睡眠电流，判断被检线路是否异常，如图 3-22 所示。

图 3-22　测量熔丝两端电压

任务三　充电系统测试

一、充电系统功能与组成

1. 充电系统的功能

为了能安全和舒适地驾驶，车辆装有许多电气装置。车辆不但在行驶时要用电，停车时也用电。因此车辆有蓄电池作为电源,并有充电系统,通过发动机运行来发电。充电系统向所有的电气设备供电并对蓄电池充电,如图 3-23 所示。

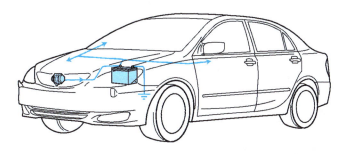

图 3-23　充电系统的功能

2. 充电系统的组成

充电系统主要包括发电机、蓄电池、充电指示灯、点火开关等,如图 3-24 所示,其主要作用是给汽车各用电设备提供低压直流电能。

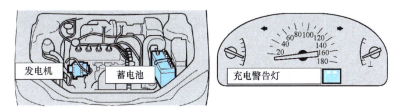

图 3-24　充电系统的组成

3. 充电系统的工作过程

(1) 点火开关 ACC 或 LOCK

当点火开关处于 ACC 或 LOCK 位置时,如图 3-25 所示,蓄电池流向发电机转子绕组的电流被切断,转子线圈不能产生磁场,发电机不能发电。因此,部分用电设备由蓄电池供电。

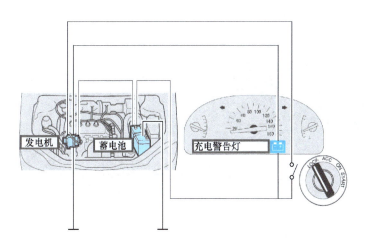

图 3-25　点火开关处于 ACC 或 LOCK 位置时

(2）点火开关 ON（发动机不运行时）

如图 3-26 所示，当点火开关处于 ON 位置时，电流从蓄电池流向发电机。其原因如下：车辆使用的发电机一般通过旋转的磁体来发电。此磁体不是永久磁体而是电磁体，它通过内部电流流通来产生磁力。因此，在起动发动机准备发电之前必须向发电机供电。

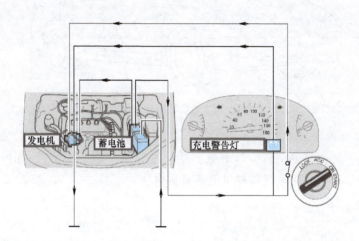

图 3-26　点火开关 ON（发动机不运行时）

(3）点火开关 ON（发动机运行时）

如图 3-27 所示，当点火开关处于 ON 位置，且发动机运行时，带动发电机运转，定子绕组切割转子绕组的磁力线，产生三相交流电流，经过硅整流后变成直流电向外输出；此时由于发电机转速较低，它的励磁电流是由蓄电池提供的，这种情况称为"他励"，随着发电机转速越来越高，发电量越来越大，转子绕组的电流就由发电机自身发出的电流来提供，这种情况称为"自励"。

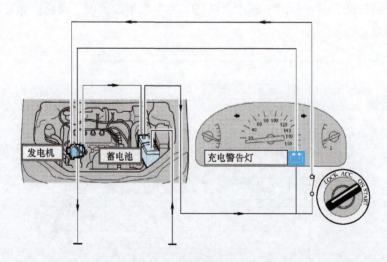

图 3-27　点火开关 ON（发动机运行时）

当发动机正常工作后，发电机也随发动机高速运转，发出电能提供给汽车的用电设备使用，多余的电能用来给蓄电池充电。当蓄电池充满后，电压调节器断开转子的励磁电流，发电机停止发电；当蓄电池电压降低到一定数值时，电压调节器重新接通励磁电流，发电机恢复发电。这个过程周而复始地反复进行，既能保证汽车电气设备的正常工作，又能让蓄电池始终处于充满电的状态。为了保证汽车在低速时也能发电，一般发电机的转速是发动机转速的 2.5~3 倍，所以即使发动机处于怠速状态下，发电机也能正常发电。

二、交流发电机结构与原理

（一）交流发电机基本功能

发电机是汽车的主要电源，其功用是在发动机正常运转时，向所有用电设备（起动机除外）供电，同时向蓄电池充电。汽车用的整体式交流发电机主要功能有发电功能、整流功能和调压功能。

1. 发电功能

发动机通过多槽传动带拖动发电机转动，转动电磁化的转子，在定子线圈中产生交流电，如图 3-28a 所示。

2. 整流功能

因为发电机定子线圈中产生的是三相交流电，它不能直接向用电设备供电，所以利用整流器将交流电变为直流电，如图 3-28b 所示。

3. 调节电压功能

利用电压调节器调节发电机的输出电压，在发电机转速或负载发生变化时也能保持电压稳定，如图 3-28c 所示。

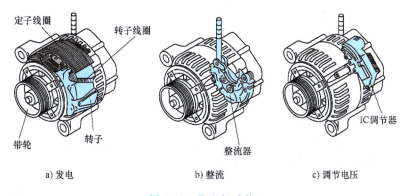

图 3-28　发电机功能

（二）交流发电机结构

汽车用的整体式交流发电机要实现上述三种基本功能，相对应的由一个三相同步交流发电机、硅二极管整流器和调压器所组成。整体式交流发电机实物外观如图 3-29 所示，其分解图如图 3-30 所示。

图 3-29　整体式交流发电机实物图

视频 3-6　交流发电机结构

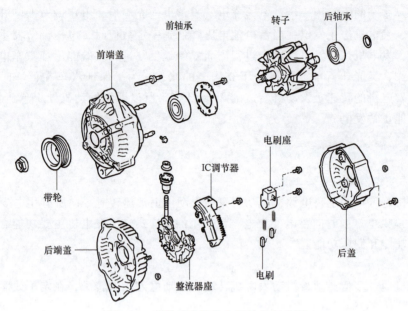

图 3-30　整体式交流发电机结构组成图

1. 转子总成

转子总成由转子轴、磁场（激磁或励磁）绕组、爪形磁极和集电环等组成，其外观如图 3-31 所示。

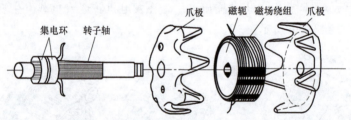

图 3-31　转子总成结构图

如图 3-32 所示，在转子轴上压装有两块爪极，每块爪极上各具有数目相同的鸟嘴形磁极，其空腔内装有导磁用的铁心，称为磁轭。其上装有励磁绕组，励磁绕组的二根引出线分别焊在与轴绝缘的两个集电环上，集电环与装在后端盖内的两个电刷相接

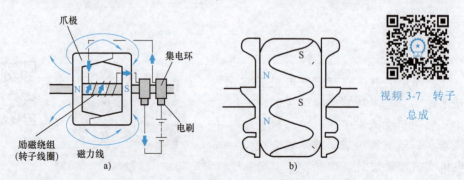

图 3-32　磁极磁化示意图

视频 3-7　转子总成

触。当两电刷与直流电源相接时，便有电流流过励磁绕组，从而产生磁场，使一块爪极磁化为 N 极，另一块磁化为 S 极，形成了相互交错的六对（或八对）磁极。当转子在带轮的带动下转动，产生旋转的近似呈正弦变化规律的交变磁场。磁场由 N 极→定子铁心→S 极，如图 3-32 所示。

2. 定子总成

定子安装在转子总成的外面，和发电机的前后端盖固定在一起，如图 3-33 所示。由定子铁心和定子绕组组成，定子铁心由相互绝缘的内圆带嵌线槽的圆环状硅钢片叠成，定子铁心槽内嵌入三相对称绕组。三相绕组的连接有三角形和星形（或 Y 形）两种接法，如图 3-34 所示。采用三角形接法，即每相绕组的首尾相接，共形成三个连接头分别与整流器的硅二极管相接。采用星形接法，即每相绕组的首端分别与整流器的硅二极管相接，每相绕组的末端接在一起，形成中性点 N。

视频 3-8 定子总成

图 3-33 定子实物

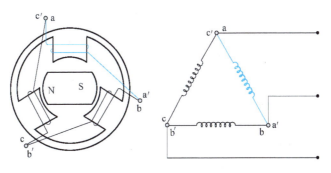

a) 三角形连接方法

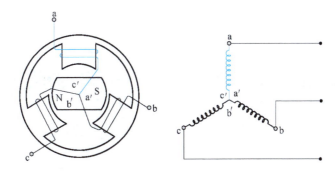

b) 星形连接方法

图 3-34 定子绕组连接方式

当转子在其内部转动时，引起定子绕组中磁通的变化，定子绕组中就产生交变的感应电动势。定子总成的作用就是产生三相交流电动势。

3. 带轮

带轮通常由铸铁或铝合金制成，有的利用半圆键装在前端盖外侧的转子轴上，用弹簧垫片和螺母紧固。通过半圆键带动转子转动。有的利用在前端盖外侧的转子轴的锥度，用弹簧垫片和螺母压紧，通过压紧后产生的摩擦力带动转子转动。有的带轮上安装有单向离合器。单向离合器的作用是单向传动，即只能由发动机带动发电机带轮转动。在汽车减速和制动时，可以利用发电机转子的惯性提高发电量，如图3-35所示。

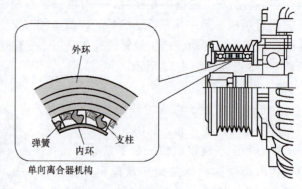

图3-35 装有单向离合器的带轮

4. 风扇

风扇一般由1.5mm厚的钢板冲压而成，或用钢板冲压后直接安装在转子轴上（图3-36），或者用铝合金压铸而成。其作用是在发电机工作时，转子轴带动风扇旋转，使空气高速流经发电机内部，对定子和转子进行强制通风冷却。

5. 前、后端盖

前、后端盖由铝合金制成，铝合金为非导磁性材料，可以减少漏磁，并且轻便，散热好。在前、后端盖上均有通风口，风扇旋转后能使空气高速流经发电机内部进行冷却。端盖的作用是支撑转子总成并封闭内部构造。在后端盖上装有电刷总成、硅整流器和集成电路电压调节器。

6. 电刷总成

两只电刷装在电刷架的导孔内，借弹簧的压力与集电环保持接触，如图3-37所示。电刷总成给转子总成的励磁绕组供电，产生旋转的交变磁场。

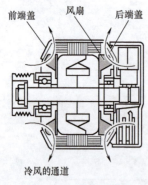

图3-36 发电机风扇

图3-37 电刷与电刷架总成

7. 整流器总成

整流器的作用是把三相同步交流发电机产生的三相交流电变成直流电输出，还可阻止蓄电池的电流向发电机倒流。

它一般由正极板、负极板、正二极管、负二极管、+B接线柱和散热片等组成，如图3-38所示。引线为正极，外壳为负极的二极管称为正二极管；引线为负极，外壳为正极的二极管称为负二极管，如图3-39所示。至少3只正二极管的外壳均压装在正

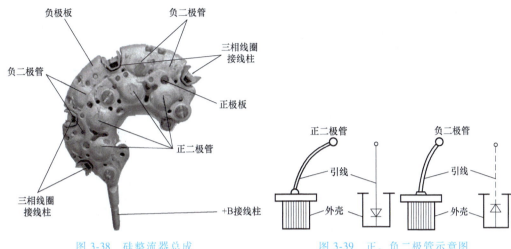

图 3-38 硅整流器总成　　　图 3-39 正、负二极管示意图

极板上,即正极板将所有正二极管的负极连接在一起,外壳和正极板一起构成发电机正极,通过+B接线柱输出。至少 3 只负二极管的外壳均压装在负极板上,即负极板将所有负二极管的正极连接在一起,外壳和负极板一起构成发电机负极,通过螺栓连接在发电机的后端盖上。

8. 电压调节器

由于交流发电机的转子是由发动机通过传动带驱动旋转的,而且发动机和交流发电机的速比为 1.7~3,因此,交流发电机转子的转速变化范围非常大,这样将引起发电机的输出电压发生较大变化,无法满足汽车用电设备的工作要求。为了满足用电设备对恒定电压的要求,交流发电机必须配用电压调节器才能提供恒定电压。所以,电压调节器的作用就是在发电机转速和发电机上的负载发生变化时自动控制发电机电压,使其保持恒定。

目前,在汽车整体式交流发电机上使用的调节器都是集成电路电压调节器。

(三) 交流发电机工作原理

1. 发电原理

(1) 感应电动势的产生

若设法使磁通和导体产生相对的切割运动,在导体中便能产生电动势,这种现象称为电磁感应。当导体在磁铁南(S)、北(N)极之间前后移动时,便产生了电动势。这个电动势使电流计(在微小电流作用下也能摆动的安培计)的指针摆动,如图 3-40 所示。由此我们可以得到以下结论:

1) 无论导体还是磁铁运动时,电流计指针都将摆动。

2) 指针摆动的方向随导体或磁铁运动方向而改变。

3) 指针摆动的角度随导体运动速

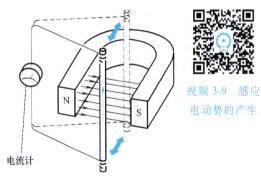

视频 3-9 感应电动势的产生

图 3-40 电磁感应

度加快而增大。

4) 导体运动停止时,指针将不摆动。

(2) 电动势的大小

导体在磁场中切割磁通量产生电动势的大小与单位时间内切割的磁力线数量成正比。若导体在磁场中作圆周运动,电动势量将不断变化,电动势的方向也随导体转动半圈而变化一次,如图3-41所示。

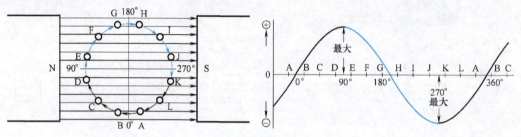

图3-41 电动势的大小

(3) 电动势的方向

磁场中导体产生的电动势方向,将随磁通方向以及导体运动方向而变化,如图 3-42 所示。若导体在南(S)、北(N)极中按图中箭头方向运动,那么电动势的方向将从右到左(磁通方向从北极到南极)。

(4) 发电机的发电原理

当磁体在定子线圈内旋转时,定子线圈中将产生电流(电动势)。这样产生的电流为大小和方向都不断变化的交流电流,如图3-43所示。最大

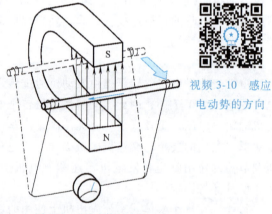

图3-42 电动势的方向

电流产生在磁铁的N极和S极最靠近线圈时。电流方向随磁铁转动半圈而变化一次。以这种方式形成的正弦波形电流,称为单相交流电。转子每旋转360°为一个循环周期。为了发出足够的电力,一般汽车交流发电机均采用图3-44所示的三组线圈排列。

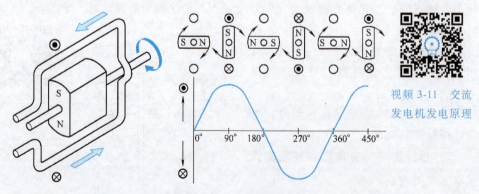

图3-43 交流电流与磁体位置之间的关系

线圈 A、B、C 彼此相隔 120°。当磁体在其中旋转时，在各线圈中均产生交流电，图 3-44 表明三相交流电流与磁铁之间的关系。像这样具有三组交流电特性的电流称为三相交流电。汽车交流发电机发出的电即为三相交流电。

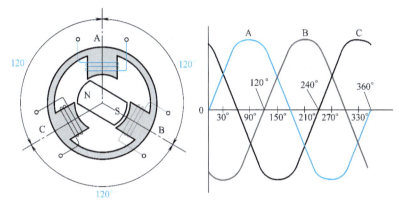

图 3-44 三相交流电动势

2. 整流原理

汽车的电器在工作时需要直流电，蓄电池充电时也要使用直流电，而汽车发电机发出的是三相交流电流，若不变成直流电，则汽车的充电系统及用电设备不能正常工作。

将交流电变成直流电的过程称作整流。整流的方法有许多种，但是汽车交流发电机所使用的是一种既简单又有效的二极管整流法。发电机中由至少 6 只二极管构成的整流器，如图 3-45 所示，利用二极管的单向导通性和遵循优先导通原则把三相交流电变成直流电。当给二极管加上正向电压（即二极管正极电位高于负极电位）时，管子呈低电阻，处于导通状态；当给二极管加上反向电压（正极电位低于负极电位）时，管子呈高电阻，处于截止状态。

图 3-46 所示为 6 只二极管组成的三相桥式全波整流电路。3 个二极管 VD1、VD3、VD5 的阴极连接在一起，具有相同的电位，而它们的阳极分别接在发电机三相绕组的首端（A、B、C）。其导电原则是某一瞬间，哪只二极管阳极电位最高，哪只二极管优先导通；同理，二极管 VD2、VD4、VD6 的阳极连接在一起，而它们的阴极分别接在三相定子绕组的首端（A、B、C），其导通原则是某一瞬间，哪只二极管的阴极电

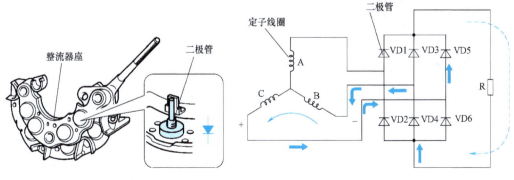

图 3-45 整流器　　　　　　　　　　图 3-46 三相桥式整流电路

位最低,哪只二极管便优先导通。在某一瞬间,同时导通的管子总是一个正极管子和一个负极管子。三相桥式整流电路中二极管依次循环导通,导通的顺序如图3-47所示,使得负载R两端得到一个比较平稳的脉动直流电压。

3. 调压原理

（1）基本调压原理

电压调节器的功用是对发

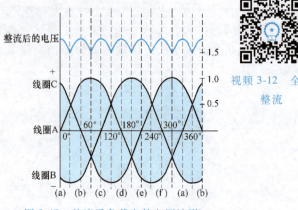

视频 3-12 全波整流

图 3-47 整流后负载上的电压波形

电机输出电压进行调节,使其输出电压保持相对稳定。由公式 $E = C \cdot n \cdot \Phi$ 可知（C 为常数）：发电机三相绕组中产生正弦电动势的有效值 E 与发电机转速 n 和磁通 Φ 成正比,而磁通又与励磁绕组通电电流 I_j 成正比。所以发电机输出电压可表示为：

$$U = K \cdot n \cdot I_j$$

式中,K—常数；n—发电机转速；I_j—励磁电流。

从式中可看出,发电机转速 n 和励磁电流 I_j 的变化,直接影响发电机端电压的大小。发电机转速 n 是随着发动机转速变化的,不能调整。但可通过调节励磁电流 I_j 的大小,使发电机端电压保持恒定,即发电机转速升高时,欲使端电压不变,可减小励磁电流；发电机转速降低时,欲使端电压不变,可增大励磁电流。

交流发电机电压调节器的基本调节原理,就是通过调节励磁电流的大小,达到控制发电机端电压稳定的目的。

（2）电子调节器的基本工作原理

电子调节器基本工作原理如图 3-48 所示。

调节器的"+"接线柱接点火开关,"F"接线柱接发电机励磁绕组,"+"和"F"之间为晶体管的集电极和发射极之间形成的开关电路,"+"和"-"之间有两个电阻 R_1、R_2 组成的分压器,其 O 点电压与发电机电压成正比,O 点与放大器之间接有稳压管 D_W,用于感受电

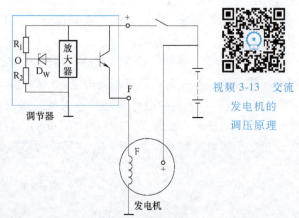

视频 3-13 交流发电机的调压原理

图 3-48 电子调节器基本工作原理

压,其工作过程为：在发电机电压较低的情况下,分压器中间 O 点电压也较低,此时稳压管处于截止状态,此状态经放大器放大,给晶体管的基极一个高电位信号,使晶体管导通,励磁电流可以通过晶体管流入发电机励磁绕组,使发电机电压上升,当电压上升到调节器电压调整值时,O 点电压升高至稳压管的击穿电压,稳压管被击穿,此信号经放大器放大后给晶体管一个低电位信号,使晶体管截止,切断励磁绕组电流,电压便下

降,这样又使晶体管导通,如此反复,使发电机电压稳定在一定值。

(3) 集成电路调节器 (IC 调节器) 工作过程

集成电路调节器是利用集成电路 (IC) 组成的调节器,可分为全集成电路调节器和混合集成电路调节器两类。前者是将二极管、晶体管、电阻、电容等电子元件同时制在一块硅基片上;后者是用厚膜或薄膜电阻与集成的单片芯片或分立元件组装而成,使用最广泛的是厚膜混合集成电路调节器。

IC 调节器主要由混合集成电路、散热片和连接器组成,如图 3-49 所示,蓄电池电压感应型 IC 调节器通过端子 S(蓄电池检测端子)来检测蓄电池的电压,并把输出电压调节到规定值。发电机感应型 IC 调节器通过检测发电机的内部电压来把输出电压调节到规定值。

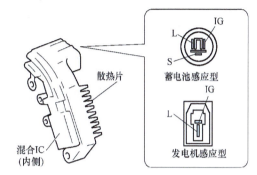

图 3-49 IC 调节器的类型

1)当点火开关为 ON,发动机停机时,如图 3-50 所示:当点火开关开到 ON 时,蓄电池电压施加在 IG 端子上。作为结果,M·IC 线路被触发,Tr1 开到 ON,使转子线圈允许电场电流通过。在这种情况下并没有发电,因此调节器通过将 Tr1 开到 OFF,尽可能减少蓄电池的放电。此时,端子 P 处的电压为 0V,并且 M·IC 检测到这一情况,将 ON 信号发送到 Tr2,点亮充电警告灯。

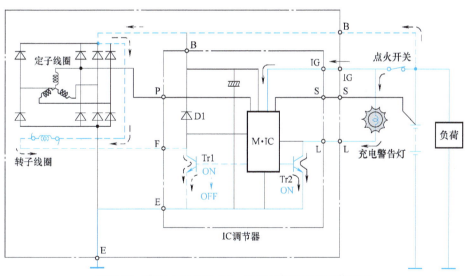

图 3-50 当点火开关为 ON,发动机停机时的工作过程

2)当发电机发电且低于规定电压时,如图 3-51 所示:发动机起动,并且发电机转速增加,M·IC 打开 Tr1,以允许足够的电场电流流过,并且发电电压突然升高。此时,如果端子 B 处的电压超过蓄电池电压,电流流到电池进行充电,并且给电气设备供电。结果,端子 P 处的电压增加。因此,M·IC 确定正在发电,并将 OFF 信号发送到 Tr2,将充电警告灯关掉。

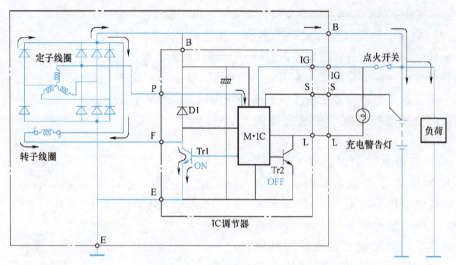

图 3-51 当发电机发电且低于规定电压时的工作过程

3）当发电机发电且高于规定电压时，如图 3-52 所示：如果 Tr1 继续导通，则端子 B 处的电压增加。当端子 S 处的电压超过规定电压时，M·IC 检测到此情况，并关掉 Tr1。结果，转子线圈的磁场电流经逆电动势吸收，二极管被衰减，并且端子 B（所发电压）处的电压降低。如果端子 S 处的电压降到低于要求电压，M·IC 检测到这一情况并将 Tr1 打开到 ON，从而转子线圈的磁场电流增加，端子 B 处的电压（所发电压）也增加。IC 调节器通过重复上述的操作将端子 S 处的电压（蓄电池端子电压）调节为恒定电压（调节好的电压）。

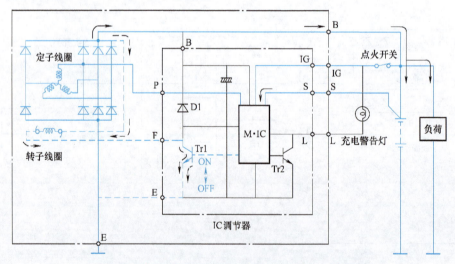

图 3-52 当发电机发电且高于规定电压时的工作过程

4. 发电机励磁方式

发电机转子上线圈通电产生磁场的过程称为激磁（或励磁）。

发电机的转子励磁绕组的励磁方式有两种：一种是自励，一种是他励。

当汽车在起动和发电机转速很低时，由蓄电池供给发电机磁场绕组电流，称为他励；当发动机转速达到一定值后，发电机产生的电压超过蓄电池电压时，发电机转为自励，即由发电机自身发出的电供给励磁绕组，如图 3-53 所示。

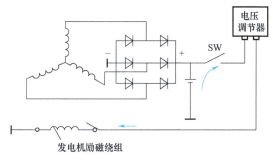

视频 3-14　交流发电机励磁方式

图 3-53　交流发电机励磁回路

（四）交流发电机的类型

1. 按总体结构分类

按交流发电机总体结构可分为普通交流发电机、整体式交流发电机、带泵式交流发电机、无刷式交流发电机和永磁式交流发电机。

2. 按整流器结构分类

按整流器结构可分为六管交流发电机、八管交流发电机、九管交流发电机、十一管交流发电机。

3. 按磁场绕组搭铁形式分类

按磁场绕组搭铁形式可分为内搭铁型交流发电机和外搭铁型交流发电机。

4. 按电枢绕组的连接形式分类

按电枢绕组的连接形式可分为星形（Y）联结发电机和三角形（△）联结发电机。

（五）其他类型交流发电机

1. 八管交流发电机

在交流发电机定子三相绕组的星形连接点 N 引出连接线并加装两只中性点二极管，这样连同原有的 6 只二极管就组成了八管交流发电机。这样做的目的是对中性点电压进行整流输出，提高发电机的输出功率，以适应现代汽车用电设备增加、用电量增大的要求。

2. 九管交流发电机

有些交流发电机中，除了普通交流发电机常用的 6 只硅二极管外，又多装了 3 个功率较小的二极管，组成九管交流发电机。3 个功率较小的二极管专门用来供给磁场电流，所以又称为励磁二极管。图 3-54 所示为装有励磁二极管的九管交流发电机。

3. 十一管交流发电机

有些交流发电机不仅具有中性点二极管，同时还具有励磁二极管。这样，整个发电机就有 11 只二极管，如图 3-55 所示。这种发电机不仅能满足输出功率的要求，而且还可以控制充电指示灯来指示发电机工作状况，达到比较完美的水平。

4. 无刷交流发电机

普通硅整流发电机因具有集电环和电刷，长期使用时，由于集电环与电刷的磨损、接触不良、烧蚀等，会造成励磁不稳定或不发电等故障，而采用无刷交流发电机，故省去了集电环和电刷，使得结构简单，减少了故障，提高了工作可靠性。

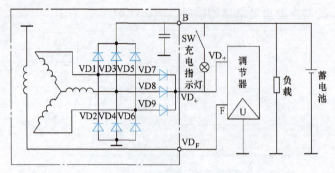

图 3-54　九管交流发电机充电系统电路

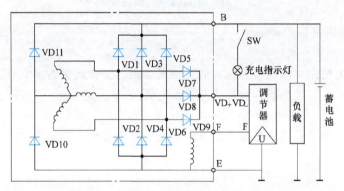

图 3-55　十一管交流发电机充电系统电路

5. 永磁转子式交流发电机

永磁材料的发展，极大地促进了电机技术向体积小、质量轻、高效节能的方向发展。汽车发电机采用永磁转子式交流发电机有了新的进展，这种发电机的特点是磁场转子采用高能永磁材料，省去了励磁绕组以及集电环和电刷装置，使体积减小、质量减轻，而且没有励磁损耗，运行温度降低，故障减少，寿命增长。

三、智能电源管理系统

汽车智能电源管理系统，主要用于对整车的电源系统状态进行监控，并对蓄电池、发电机的供电和负载在不同工况下的工作进行管理。当整车负载较大时，控制发电机输出功率增大；当发电机功率输出超出负载的需求及蓄电池的充电需求时，控制减少发电机的功率输出。当发电机不工作，蓄电池电压降低到一定值时，限制或禁止某些较大负载的功能，从而降低电流的消耗，保证蓄电池下一次的起动性能。汽车电源管理系统的目的主要是为保证整车静态存放时间，防止蓄电池出现过充或过放，从而延长蓄电池使用寿命，提升车辆的起动性能。

（一）电源管理系统的功能

1. 蓄电池监测

通过传感器持续监测蓄电池的电压、电流和温度，并由此计算出蓄电池的当前功率水平和充电状态。

2. 休眠电源管理

持续监测车辆停放期间各个用电设备的电能消耗情况，并根据蓄电池监测信息，逐渐关闭不必要的用电设备，以免蓄电池大量放电，确保车辆的起动性能。

3. 静态电源管理

持续监测打开点火开关后，车辆未起动期间各个用电设备的电能消耗情况，并根据蓄电池监测信息，逐渐关闭不必要的用电设备，调节电气辅助加热器的功率大小，以免蓄电池大量放电，确保车辆的起动性能。

4. 动态电源管理

持续监测车辆行驶期间蓄电池的状态及用电设备的电能消耗情况，在电压过低或蓄电池充电状态过低时，减少电气负载，提高发动机怠速，增大发电机的发电量。

（二）电源管理系统的组成

电源管理系统主要是由：发电机、蓄电池、蓄电池传感器（IBS）、发动机控制单元、车载电网控制单元（BCM）、用电器等组成，如图3-56所示。

1. 蓄电池传感器（IBS）

蓄电池传感器一般装在电池负极，如图3-57所示。用于持续测量各种车辆运行状态下的蓄电池电流、电压和温度，计算蓄电池指标，作为评估蓄电池充电和健康状态的基础。IBS具有一个集成式微处理器。该微处理器对有时间要求的测量参数进行计算和评估。

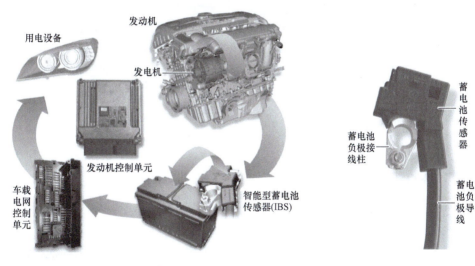

图3-56　电源管理系统的组成　　　　图3-57　蓄电池传感器（IBS）

当车辆处于休眠模式时，如图3-58所示，IBS持续记录与蓄电池指标有关的数值。根据编程要求，IBS每14s唤醒一次，以便通过重新测量更新测量值。测量时间持续约50ms。测量值存储在IBS的存储器内，以便记录休眠电流。唤醒功能仅适用于车辆处于休眠状态时。如果IBS识别到一个唤醒原因，就会通过一个占空比信号唤醒车载电网控制单元。

发动机重新起动后，发动控制单元读取休眠电流特性曲线。如果与规定的休眠电流特性曲线存在差异，就会在发动机控制单元故障码存储器内存储一条记录。在发动机"关闭"到发动机主继电器关闭期间，发动机控制单元向IBS提供用于确保发动机起动的最大充电量信息。发动机主继电器关闭后，IBS就会持续检查蓄电池充电状态（SOC）和休眠电流。

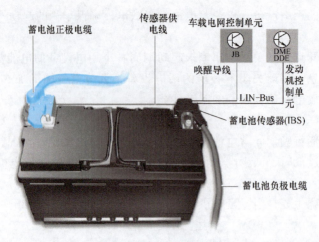

图 3-58　IBS 的唤醒功能

2. 车载电网控制单元

车内电网控制单元一般位于驾驶员侧脚舱内的仪表板下，如图 3-59 所示。

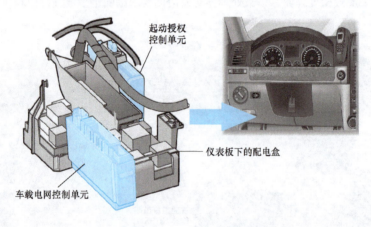

图 3-59　车载电网控制单元

车载电网控制单元将以前分散安装在车辆中的控制单元和继电器的功能，汇集到车内电网控制单元中。其中主要控制功能有：电源管理、车内外灯光、喇叭、前照灯清洗装置继电器、燃油泵预运行、雨水传感器和光线传感器供电等，此外，它还处理发动机舱盖接触开关、后视镜调节开关、报警闪光器按钮、车灯开关、起动蓄电池和车内电网蓄电池的电压测量值等有关信号，并通过 CAN 数据总线将其传输给其他控制单元。

（三）电源管理系统的控制原理

电源管理系统的控制原理，一般由调节发电机的发电量、提高发动机转速、调节和关闭用电负荷三个方面组成。

1. 调节发电机的发电量

无论哪一种充电控制系统都是通过控制发电机磁场的大小来控制发电量的大小。目前常见的控制方式有三种，直接控制式、LIN 线控制式、智能再生充电系统。

直接控制式，如图 3-60 所示。发动机控制单元根据发电机所反馈的电压，来判断发电机的负荷。根据蓄电池的电压，来判断用电设备的负荷。再结合发动机的转速、负荷等信息，直接通过占空比信号控制发电机磁通量的大小，调整发电量。

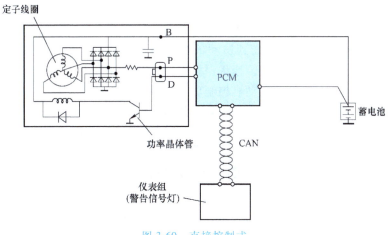

图 3-60　直接控制式

LIN 线控制式，如图 3-61 所示。它与直接控制式充电控制系统计算发电机所需发电量的方式类似，不过控制方式由占空比信号控制改为了 LIN 线控制。

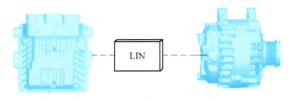

图 3-61　LIN 线控制式

智能再生充电系统，如图 3-62 所示。智能再生充电系统与传统智能充电系统的主要区别在于增加的蓄电池监控传感器。

智能再生充电系统的控制策略储存在车身控制模块（BCM）中，它通过 LIN 线接收蓄电池检测传感器传回的蓄电池状态信息。这些信息用于计算发电机输出的充电电压，由 BCM 通过 CAN 线传递到发动机控制单元，然后由发动机控制单元通过 LIN 线传给发电机。充电电压的调整基于大量各种参数，比如发动机当前的工作负荷。

最小充电电压是 12.2V，最大充电电压在 14.5 ~ 14.9V 之间。然而，在蓄电池重新激活的过程中，电压会偶尔上升到 15.2V。如果蓄电池的充电状态长时间超过 80%，会对蓄电池的使用寿命产生影响。

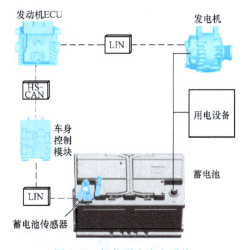

图 3-62　智能再生充电系统

2. 提高发动机转速

当自动变速器处于位置"P"或"N"时，如图 3-63 所示。蓄电池电压低于 12.7V 的状况超过 10s，车载电网状态会被判断为临界状态，急速转速提高。当电压超过 12.7V 至少 2s 以上，则判断车载电网为非临界状态，并撤回提高急速转速的指令。要求提高急速转速的信号将从车载电网控制单元经舒适/便利功能 CAN 总线、网关和动力传动系统 CAN 总线发送到发动机控制单元。车辆处于过渡行驶状态时，如果原来的发动机转速较高，急速转速将保持在原来的较高水平。不同型号发动机的转速提高数值各不相同，转速由发动机控制单元根据规定的参数来调节和控制。发动机控制单元极大地消除了由于电压波动而导致的转速波动。

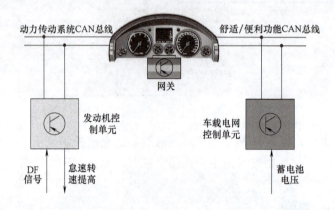

图 3-63　提高发动机转速

3. 关闭用电负荷

当点火开关打开或发电机工作时（发动机运转时），如图 3-64 所示。根据所用用电设备的不同，如果车载电网蓄电池的电压在一段时间内低于 12.2V 的话，则车载电网控制单元判断车载电网处于危险临界状态。在这种状态下，舒适性用电设备将根据优先等级由各自的控制单元关闭。如果某个用电设备没有被打开，那么将跳过它，关

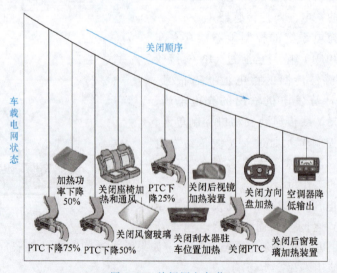

图 3-64　关闭用电负荷

闭下一个。

如果车载电网在关闭舒适性用电设备后仍然处于危险临界状态，怠速转速提高的第二档将会被起动。如果这样还不能改善车载电网状态，将会关闭空调器。

四、充电系统电路分析

（一）桑塔纳轿车电源系统电路分析

如图 3-65 所示为上海桑塔纳轿车采用整体式发电机的电源系统电路。交流发电机 3 只正二极管与 3 只负二极管组成一个三相桥式整流电路，称为整流输出电路，其输出端"B+"用低压电缆线与蓄电池正极连接。3 只励磁二极管与 3 只负二极管也组成一个三相桥式整流电路，称为磁场电流整流电路，其输出端"D+"用蓝色导线经蓄电池旁边的单端子插接器 T1 后与中央配电盒（中央线路板）D 插座的 4 端子连接，再经中央配电盒内部线路与 A 插座的 16 端子相连。点火开关的 15 端子用黑色导线与仪表板下方黑色插座的端子 14 连接（图中未画出），经仪表板印刷电路上的电阻 R1、R2 和充电指示灯（R2 和充电指示灯串联后再与 R1 并联）和二极管接回到黑色插座端子 10（图中未画出），再用蓝色导线与中央配电盒 A 插座的 16 端子连接。点火开关端子 30 用红色导线经中央配电盒上的单端子插座 P 与蓄电池正极连接。

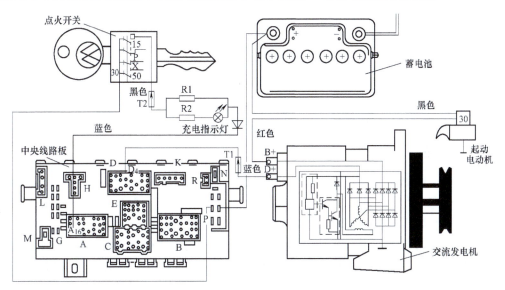

图 3-65　上海桑塔纳轿车电源系统电路

1. 充电电路

当发电机工作时，定子绕组中产生的三相交流电动势经整流输出电路后，输出直流电压 U_{B+} 向负载供电并向蓄电池充电。充电电路为：发电机 B+→蓄电池正极。

2. 充电指示灯和励磁绕组他励电路

当点火开关接通时，蓄电池正极→中央配电盒 P 插座→点火开关 30 端子→点火开关接通→点火开关 15 端子→电阻 R1、R2 和充电指示灯→二极管→中央配电盒 A 插座的 16 端子→中央配电盒内部线路→D 插座的 4 端子→蓄电池旁边的单端子插接器 T1→发电机"D+"端子→发电机励磁绕组→调压器内部电路→搭铁→蓄电池负极。

充电指示灯和励磁绕组串联。

可见，充电指示灯一端（左端）接蓄电池正极，一端（右侧）接发电机"D+"端。在发电机未发电时，发电机"D+"端无电压输出，充电指示灯两端电位差较大，充电指示灯发亮，指示他励磁场电流接通并由蓄电池供电。

发动机起动后，随着发电机转速升高，发电机"D+"端电压随之升高，充电指示灯两端的电位差降低，指示灯亮度减弱。当发电机输出电压升高到蓄电池充电电压时，发电机"B+"端与"D+"端电位相等，此时充电指示灯两端电位差降低到零，指示灯熄灭，指示发电机已经正常发电，励磁电流由发电机自己供给。

3. 励磁绕组自励电路

当发电机工作时，定子绕组中产生的三相交流电动势经 3 只励磁二极管与 3 只负二极管组成的一个三相桥式磁场电流整流电路后，在发电机内部供给励磁绕组。电路为：3 只励磁二极管输出直流电→励磁绕组→调压器内部电路→搭铁。

（二）大众迈腾 B7L 电源系统电路分析

大众迈腾 B7L 带电压调节器的交流发电机部分电路，如图 3-66 所示。发电机 CX1 上有三个端子，分别为："B+""DFM（Dynamo Field Monitor）""L"。"B+"用一根 25mm² 的黑色导线与蓄电池正极相连，发电机可以通过这根导线给蓄电池充电。"DFM"端子与发动机控制单元 J623 的 T94/46 端子相连。"L"端子与车载电网控制单元 J519 的 T52c/32 端子相连。

大众迈腾 B7L 是带负荷管理的电源系统，其负荷管理控制原理示意图如图 3-67 所示。

1. 接线端"L"的控制

接线端"L"的电路连接，如图 3-68 所示。点火开关打开时，J519 内部为上拉电阻提供 12V 电压，通过发电机"L"端给内部的励磁线圈提供励磁电流，此时，"L"端电压约为 1V。这个 1V 信号传给车载电网控制单元 J519，J519 通过舒适 CAN 网传给网关控制模块 J533，J533 再通过组合仪表 CAN 网将此信号传给仪表控制单元，控制其内部的充电指示灯点亮。发电机运转时，发电机发电，"L"端电压约为 12V，此 12V 信号传给 J519，最终传给仪表控制单元，仪表控制单元控制充电指示灯灭。

因此，我们可以看出"L"线既是 J519 给发电机内部励磁绕组提供他励阶段励磁电流的励磁线，又是发电机传给 J519 的信号线，J519 把此信号传递给仪表控制单元，进而控制充电指示灯的点亮和熄灭。

2. 接线端"DFM"的控制

接线端"DFM"的电路连接，如图 3-69 所示。当发动机控制单元工作时，为上拉电阻提供 12V 电压。当交流发电机静止时，发电机内部的调压器调制一个恒定的 PWM（脉冲宽度调制）信号用于诊断检测。当交流发电机运转时，励磁线圈输出与发电机的负荷有关的不同占空比大小的 PWM 信号。若存在调制则意味着负荷小于 100%，若 0V 电平则表示励磁线圈由于调压而不再被切断，此时负荷大于 100%。所以说，"DFM"线是发电机传给发动机控制单元的信号线，反映发电机负荷的信号线。若"DFM"传递的是调制波，说明发电机负荷小于 100%；若"DFM"传递的是 0V 电平，说明发电机负荷大于 100%。

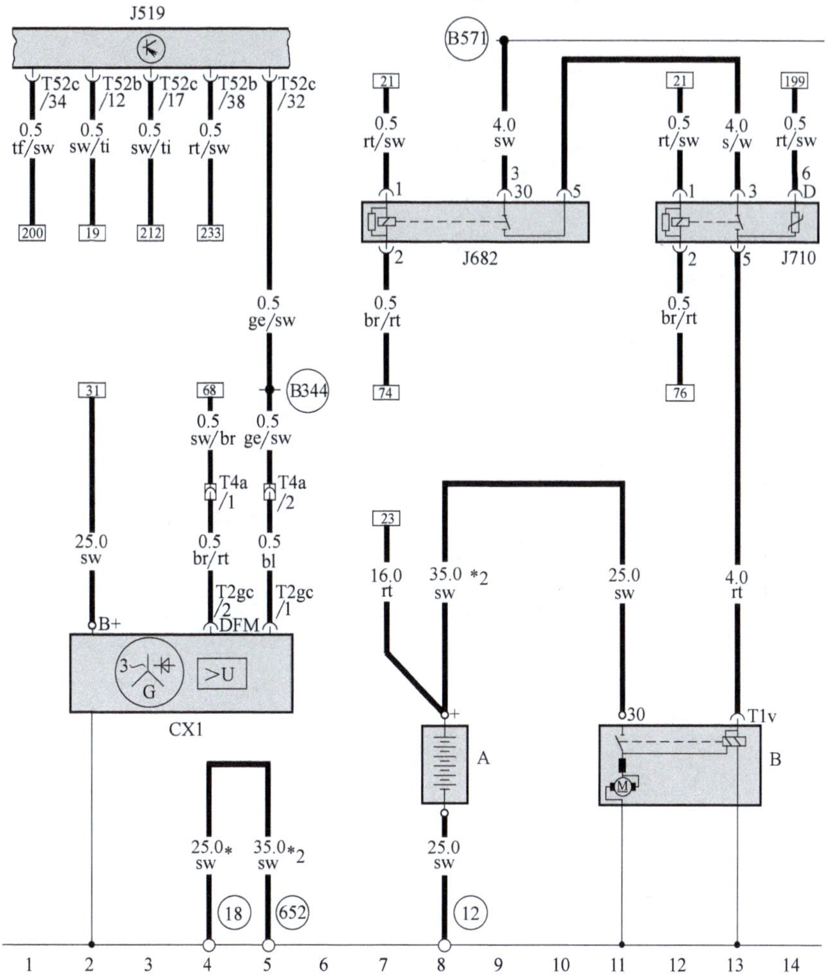

图 3-66　发电机相关电路图

A—蓄电池　B—起动电动机　CX1—带电压调节器的交流发电机　J519—车载电网控制单元　J682—供电继电器，总线端 50　J710—供电继电器 2　T1v—1 芯插头连接　T2gc—2 芯插头连接　T4a—4 芯插头连接　T52b—52 芯插头连接　T52c—52 芯插头连接　(12)—发动机舱内左侧接地点　(18)—发动机缸体上的接地点　(652)—变速器和发动机地线的接地点　(B344)—正极连接 20（30a），在主导线束中　(B571)—接地连接 38，在主导线束中

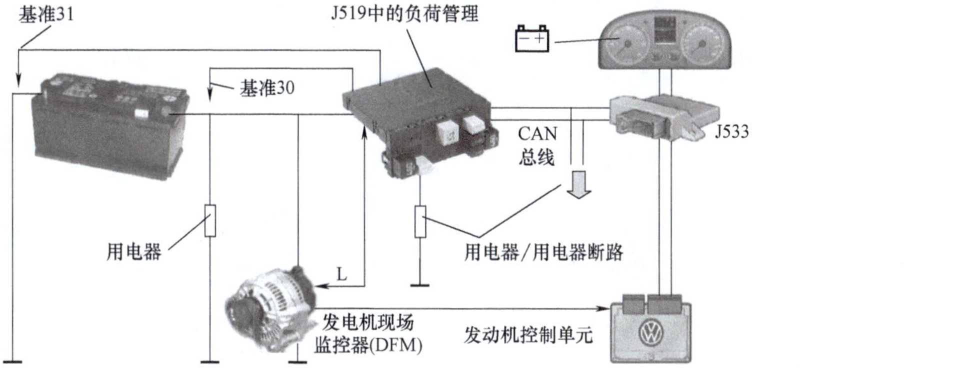

图 3-67　大众迈腾 B7L 带负荷管理的电源系统控制原理示意图

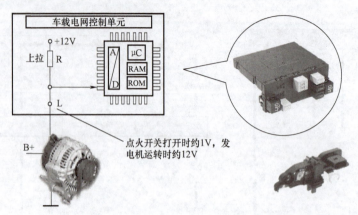

图 3-68　接线端"L"连接电路图

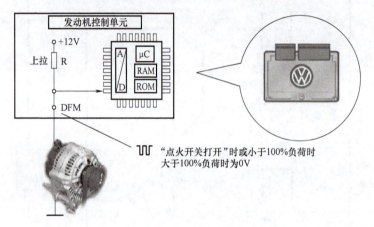

图 3-69　接线端"DFM"连接电路图

由于大众迈腾 B7L 是带负荷管理的电源系统，它可以实现以下控制功能：J519 通过测量值块"基准 30"和"基准 31"记录蓄电池附近的车载电网电压。当车载电网电压小于等于 12.7V，不再能够保证蓄电池充电，并且发电机 DFM 通过网关和 CAN 总线传给 J519 报告 100% 负荷时，J519 通过 CAN 总线向发动机控制单元发出信号提高发动机怠速转速，增大发电机发电量，给蓄电池充电；同时 J519 还选择性地切断一些用电设备。另外，J519 可以根据发电机 L 端的电压信号，通过网关和 CAN 总线传给组合仪表，从而可以控制仪表充电指示灯的亮和灭。需要注意的是，一旦通过加速踏板提高转速，当车载电网电压再次正常时，发动机 ECU 取消提高的转速，防止发动机怠速不均匀。

五、充电系统性能测试

如图 3-70 所示，将电流钳夹在从发电机端子 +B 端至蓄电池正极的导线上；将电压表的红表笔连接至蓄电池的正极（+）端子，电压表的黑表笔接蓄电池的负极（-）端子。

（一）无负载测试

关闭所有用电设备，将发动机转速提升在 2000r/min，检查发电机输出电压和输出电流。在发动机转速为 2000r/min 时，输出电压应在 13.2V 与 14.8V 之间，输出电流应小于 10A。如果测量值超出标准值范围，则发电机的电压调节器可能有故障；如果测得的电压低于下限值，故障还可能存在于发电机定子、转子或整流器中。若蓄电池没有充满电，则电流表读数有时会大于标准电流 10A。

（二）带负载测试

继续保持发动机转速在 2000r/min，打开前照灯远光，并将空调鼓风机开关转至 H1 位置，测量发电机输出电流，在蓄电池没有充满电时，标准电流应大于

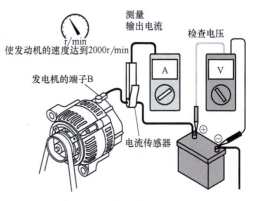

图 3-70 充电系统性能测试

30A；在蓄电池充满电时，电流表读数有时会小于小于 30A，在此情况下，应运行刮水器电动机和车窗除雾器以增加负载，然后再检查充电电路。如果输出电流仍小于 30A，可以判断发电机有故障。

（三）充放电平衡测试

当所用的电气负载超过交流发电机的输出时，蓄电池就会放电以补偿交流发电机的输出电流，可通过充放电平衡测试判断这种情况是否发生。充电/放电平衡的检查步骤如下：

1. 检查电流消耗情况

发动机预热后，将发动机转速保持在大约 2000r/min，然后等待直到电流不再流入蓄电池为止。将发动机转速保持在 2000r/min，与此同时施加客户平时所用的电气负载，然后测量每一个电流消耗量以及全部电流消耗量，如图 3-71 所示（图中的 a+b）。同时测量蓄电池电压，将电流负荷加起来。如果交流发电机产生的电压不能保持恒定，则可以判定电气负载所消耗的电流量超过了交流发电机的最大输出。

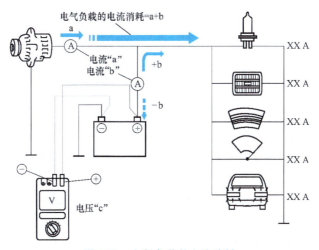

图 3-71 电气负载的电流消耗

2. 检查交流发电机的输出情况

发动机预热后，将发动机转速保持在大约 2000r/min，然后等待直到电流不再流

入蓄电池为止。在发动机转速保持在2000r/min的同时施加客户平时所用的全部用电负载。如图3-72所示，改变发动机转速，将发动机转速调到交流发电机输出电流，与在步骤1的电流消耗情况检查中所测得的总的电流消耗相等的点上。该发动机转速是保持充放电与客户的用电负载所消耗的电流平衡的最低转速。将此时发动机转速设定为"N" r/min。

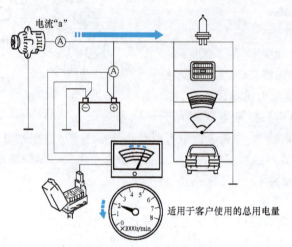

图 3-72　交流发电机输出电流

蓄电池在车辆行驶过程中放电时，取得发动机转速比，通过步骤2的"交流发电机输出情况检查"计算出发动机转速N。如果以交流发电机输出电流高于消耗电流的发动机转速行驶时，发动机转速比大于0.5，就可以判断这种充放电平衡良好。

六、充电系统常见故障分析

电源系统的故障主要是以是否充电来表现的，主要有不充电、充电电流过小和充电电流过大等故障。若出现不充电或充电电流过小故障，首先检查发电机传动带是否存在松弛、打滑等现象，若传动带正常，则根据不同的车型电源系统的结构和原理进行故障诊断。充电电流过大的主要原因为发电机内部电压调节器故障或电流传感器（带有能量管理系统）故障。不同车型的电源系统原理有较大差异，应结合具体车型进行故障排除。

1. 无电源管理功能的电源系统故障诊断与排除

若打开点火开关后，电源系统指示灯不点亮，说明指示灯控制电路出现故障，此时应按照电路图进行故障检查。若发动机运行后电源指示灯常亮或蓄电池长期充电不足，此时应按照如下程序进行系统检查：

1）将发动机转速维持在2500r/min，分别在关闭用电负载和开启全部用电负载后测量蓄电池端电压，电压值应在12.6~15.0V。

2）测量发电机输出端子和蓄电池正极端子之间的电压降，电压表的读数应低于0.5V，若超出范围，则更换连接电缆。

3）测量蓄电池负极端子与发电机金属外壳之间的电压降，电压表的读数应低于0.5V，若超出范围，则更换连接电缆。

4）测量励磁电路是否出现断路、短路故障。

5）若线路均无异常，则更换发电机总成。

2. 有电源管理功能的电源系统故障诊断与排除

将点火开关置于"ON（打开）"位置，使用故障诊断仪确认是否该设置会引起充电系统故障的发电机或蓄电池电流传感器故障码。

如果设置了故障码，应按照维修手册中"故障码（DTC）列表"中规定的程序予以诊断排除。若无故障码，则按照如下程序进行系统检查：

1）将点火开关置于"OFF（关闭）"位置，测量蓄电池端子电压。在室温条件下，电压读数应该为12.0V或更高。如果不在规定值内，则执行蓄电池检查或测试。

2）关闭车辆附件，打开发动机，将发动机转速增至2500r/min，确认蓄电池电压在12.6~15.0V之间。如果不在规定的范围内，则更换发电机。

3）打开发动机，将发动机转速增至2500r/min，打开所有车辆附件，确认蓄电池电压在12.6~15.0V之间。如果不在规定的范围内，则更换发电机。

知识拓展：智能发电机调节装置（智能再生充电系统）

知识拓展

自我测试

项目四

汽车灯光系统维修

项目描述

为了保证汽车行驶的安全性,减少交通事故的发生,汽车上都装有灯光系统。如果汽车灯光系统出现故障,会给行车的安全造成严重隐患。为了掌握汽车灯光系统的维修方法,必须了解汽车灯光系统的功能、组成,掌握汽车灯光系统的工作原理、控制电路及其检测维修方法。

本项目融合《汽车电子电气与空调舒适系统技术》职业技能等级标准内容,介绍了汽车灯光系统的功能、组成、工作原理和检测方法。通过对汽车灯光系统的基本检查、前照灯检测、灯光控制系统故障诊断与排除三个任务的训练,培养学习者解决汽车灯光系统故障的能力。

1. 知识目标

1)熟悉汽车上灯光系统的功能及组成。
2)掌握前照灯的光学系统类型及组成。
3)了解前照灯的检测标准和检测仪使用方法。
4)掌握前照灯电路的组成及控制原理。
5)掌握信号灯电路组成及控制原理。
6)熟悉汽车灯光系统电路各组成部件的检测方法。
7)掌握汽车灯光系统常见故障诊断与排除的方法。

2. 技能目标

1)熟练查阅及使用汽车使用及维修资料。
2)能完成灯光系统基本检查。
3)能按照规范拆装汽车灯具、灯光开关。
4)能对前照灯进行检测。
5)能识读灯光系统的控制电路并画出其控制电路简图。
6)能对灯光系统各元部件性能进行检测。
7)能根据灯光系统故障现象制定故障诊断方案。
8)能够对汽车灯光系统典型故障进行诊断与排除。

项目四　汽车灯光系统维修

任务一　汽车灯光系统基本检查

一、汽车灯光系统的组成

汽车灯光系统按用途可分为灯光照明系统与灯光信号系统两部分。按照安装位置分为车辆外部灯光和内部灯光。车外照明主要包括前照灯、雾灯、倒车灯、牌照灯等；车内照明一般包括仪表照明灯、阅读灯、杂物箱灯、迎宾灯、行李舱灯、化妆镜灯和开关按键照明灯等。灯光信号系统主要包括转向信号灯、危险警告灯、示宽灯、驻车灯、制动灯、倒车灯、日间行车灯等。

（一）外部灯光

1. 前照灯

前照灯俗称大灯、头灯，安装在前照灯总成内，属于强制安装灯具。汽车前照灯有近光灯和远光灯两种方式，可通过变光开关转换。当远光灯切换为近光灯时，所有远光灯必须同时熄灭。远光灯照亮车辆前方远距离道路；近光灯照亮车辆前方近距离道路，但对来车驾驶员或其他道路使用者不产生眩目。前照灯总成如图4-1所示。

视频4-1　汽车灯光系统组成与功用

图4-1　前照灯总成

2. 雾灯

雾灯有前雾灯和后雾灯。雾灯一般采用波长较长的黄色、橙色或红色，其灯光穿透力较强。前雾灯有2只，通常安装在车辆前组合灯的下方，如图4-2所示，用于在有雾、下雪、暴雨或尘埃等恶劣条件下改善道路照明情况。后雾灯有1只或2只，通常安装在车辆后部偏下的位置，发红色光，用于在恶劣天气下使车辆更易被后方车辆观察到。如果只有1只后雾灯，可以是在后部车子正中央，也可以是与驾驶人同侧。如果与驾驶人同侧安装的话，对应位置通常会安装1只倒车灯，以示对称美观，如图4-3所示。如果是2只后雾灯，必须是左右对称。

> **知识链接：**
> 1. 根据国标（GB 4785—2019）规定，汽车前雾灯可选装，后雾灯必须配备。
> 2. 根据欧盟ECE R38法规，大部分欧盟国家允许使用1只或2只后雾灯。若车体后部装上2只后雾灯，后雾灯的位置必须和制动灯相距10cm以上。

81

3. 允许使用1只后雾灯是有科学依据的：驾驶员对于对称的灯光容易产生麻痹的反应，而两只后雾灯和一只后雾灯相比，一只后雾灯更能引起后方驾驶员的注意。如果后雾灯和制动灯靠得很近，两只后雾灯容易和制动灯混淆，雾天跟在后面的车子由于大雾而看不清，当与前车靠近时，会看到两个耀眼的红色灯光，第一反应是以为前车在紧急制动，就会随着立刻紧急制动，容易造成一连串的追尾事故。

图 4-2 前雾灯

图 4-3 后雾灯和倒车灯对称安装

有些车型雾灯具有弯道辅助照明功能，当车速小于 40km/h（不同车型数值可能不同）时，只要打开转向灯或者转动方向盘达到一定角度时，相应一侧雾灯即会亮起。雾灯能够为侧前方 60°范围内近处提供照明；可有效地减少夜晚过弯道时的近处视觉盲区，为驾驶员提供充足的大范围侧向近处照明，及时发现横穿马路的行人或其他障碍物，避免发生刮碰，显著提升夜间行车安全性。雾灯特别适合慢速急弯等复杂路段，同时也是夜间跑山路的利器。

3. 转向信号灯

汽车转弯时，发出明暗交替的闪光信号，以表明汽车向左或向右转向行驶，使前后车辆、行人知其行驶方向，转向灯光色呈黄色。

4. 危险警告灯

危险警告灯与转向信号灯共用。当车辆出现故障停在路面上时，按下危险警告灯开关，全部转向灯同时闪亮，提醒后方车辆避让。

5. 示宽灯

示宽灯（小灯）装于汽车前后两侧边缘，轿车的示宽灯一般位于前照灯总成内，示宽灯灯色呈白色，用于标示汽车夜间行驶或停车时的宽度轮廓。

6. 尾灯

尾灯位于汽车尾部，左右各一只，灯色呈红色，用于警示后方车辆，以便与后方车辆保持一定的距离。

7. 驻车灯

驻车灯又叫停车灯，一般是和示宽灯共用灯泡，所以也是前后左右都有，前面发白光，后面发红光。驻车灯是在车辆驻车状态时开启，用于引起人们注意，在某区域内有一静止车辆存在的灯具。

8. 日间行车灯

日间行车灯又叫昼间行车灯，日间行车时，使得车辆更为易见的一种面向前方的灯具，属于信号灯的范畴。汽车发动机起动，日间行车灯则自动开启，以引起路上其他机动车、非机动车以及行人的注意。当夜晚降临，驾驶者手动打开近光灯后，日间行车灯则自动熄灭，日间行车灯一般采用LED灯。日间行车灯从2011年起被欧盟委员会列为汽车强制安装灯具，在我国，目前日间行车灯属于选装灯具。

9. 倒车灯

倒车灯安装在车辆后部，有1只或者2只，灯色呈白色，用于照亮车辆后方道路和警告其他道路使用者车辆正在或即将倒车。所以它既是照明灯具又是信号灯具。

10. 制动灯

制动灯安装在汽车尾部，当踩下制动踏板时，便发出较强的红光，以示制动或减速停车，向车后发出灯光信号，警示随后车辆及行人。制动灯一般采用组合式灯具，且大部分车型还会在后风窗玻璃上方配备一只高位制动灯。

目前，很多汽车后部的尾灯、后转向信号灯、后雾灯、制动灯、倒车灯等组合起来，称为组合尾灯。

11. 牌照灯

每辆汽车前后的明显位置都装有号码牌照，每块牌照的旁边装的就是牌照灯，通常是2只，发白色光。其作用是为了夜间25m处能够清楚地看到牌照号码，通过号码就可查出车辆的所有数据资料。一旦汽车发生交通事故，交警可以从汽车的前后方看到车辆的牌号，并通过车牌号查找出车辆的责任人。

（二）内部灯光

由于车辆档次的不同，车辆内部照明灯光的类型和数目区别较大，在此介绍常见的内部照明灯光。

1. 阅读灯

在车内光线不足时，阅读灯能提供给乘坐人员足够亮度的照明，便于车内阅读之用，同时又不会影响驾驶员的正常驾驶。现大部分车型上的阅读灯为卤素灯泡，但也有一些车辆上采用LED灯。

2. 杂物箱灯

杂物箱灯位于前排乘员杂物箱内部，当打开杂物箱时，灯自动点亮，为乘员取放物品提供照明。

3. 行李舱灯

行李舱灯位于行李舱内部，当打开行李舱门时，灯自动点亮，方便驾乘人员取放物品。

4. 仪表照明灯

仪表照明灯主要是在夜晚或天气昏暗的时候，照亮整个仪表板，让驾驶员能够看清楚各仪表以及各指示灯所指示的汽车运行状态，使得驾驶更加安全。

5. 化妆镜照明灯

遮阳板化妆镜是指在驾驶员和前排乘员头部前方的遮阳板里安装的化妆镜。使用化妆镜时，将遮阳板向下翻并将镜盖打开，这时照明灯会自动开启，而盖上镜盖，照明灯即熄灭。部分车型只是前排乘员一侧有这个配置，而大多数车型则两边都有化妆镜，并配有照明灯。

6. 开关按键照明灯

现代汽车上各种操作开关都有背景照明灯，主要是让驾乘人员在夜晚能够看清楚各操控开关，方便操作。

除了上述的这些车内照明灯之外，有的车上还配置了前排脚部空间照明灯、迎宾灯、氛围灯等各种内部照明灯。可以说，这些灯不仅是为了照明，主要是为了营造舒适、美观的车内环境。

二、灯光系统的用途和要求

从上面的分类介绍可以看出，车灯是汽车外形和功能的重要组成部分。主要是向车前和车内提供充分可靠的照明，及通过不同色泽的发光标志，显示汽车工作状况，向其他车辆和行人传达信息。对灯光系统的一些基本要求如下：

1）除前照灯的远光灯外，其他灯光不得眩目。
2）左右两边灯具规格一致，对称安装。
3）示宽灯、后尾灯、仪表灯和牌照灯同时启闭，关闭前照灯和发动机熄火时仍然可以点亮。
4）任一条灯光线路出现问题，不得影响其他线路。
5）危险报警灯独立控制。
6）灯光亮度要足够可靠。

视频 4-2 汽车灯光系统使用与操作

三、汽车灯光系统的使用和操作

不同车型上灯光系统的使用条件是相同的，灯光控制装置的操控方式一般分为拨杆式和旋钮式两类。其中拨杆式常见于日系、韩系、自主品牌等车型；旋钮式常见于欧系、美系等车型。

（一）示宽灯的使用和操作

对于旋钮式车灯开关，将灯光开关旋至示宽灯档（小灯档）（图4-4）。对于拨杆式车灯开关（图4-5），顺序旋转操作杆端到示宽灯档。此时，前后亮的灯就是示宽灯。需注意的是，打开示宽灯的时候，仪表灯和牌照灯同时点亮。也就是说，示宽灯、仪表灯和牌照灯都是受灯光开关的示宽灯档控制的。

（二）前照灯的使用和操作

将灯光开关旋至近光档（前照灯档）时，默认点亮近光灯。然后通过操作变光开关（图4-6）可进行远近光的切换。变光开关一般位于方向盘左下方操纵杆上，可以通过前后推拉操纵杆控制远光灯点亮或闪烁。

（三）雾灯的使用和操作

开启雾灯之前，需将灯光开关打开（置于示宽灯档或前照灯档）。对于旋转式灯光控制开关，无单独雾灯按键的（图4-4），雾灯依靠向外拉起旋钮控制，拉起第一级为前雾灯开启，第二级为前后雾灯同时开启（不能实现后雾灯的单独开启）。如图4-7所示有单独的雾灯按键，可以通过操作按键开启前后雾灯。对于拨杆式灯光控制开关，雾灯控制位于操纵杆的里侧（图 4-5），可通过旋转操纵杆开启前后雾灯。

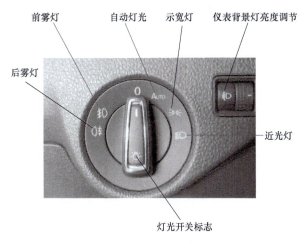

图 4-4 旋钮式灯光控制开关　　　　图 4-5 拨杆式灯光控制开关

图 4-6 变光开关　　　　图 4-7 雾灯按键式开关

（四）转向灯的使用和操作

转向灯开关一般位于方向盘左下侧操纵杆上，往往与变光开关等集成为组合开关，如图 4-5 所示。当打开点火开关后，上下推拉转向灯开关，可开启左侧或右侧转向灯。

（五）制动灯的使用和操作

制动灯是受制动踏板控制的，当驾驶员踩下制动踏板时，制动灯即亮起，提醒后面的车辆注意，不要追尾。当驾驶员松开制动踏板时，制动灯即熄灭。

（六）危险警告灯的使用和操作

危险警告灯的作用是当车辆发生意外情况后，引起其他车辆警惕，防止发生追尾等事故。除了在车辆发生故障、临时停车等情况下，当遇到雾、雨、雪、沙尘等能见度小于 100m 的气象条件时，同样应当使用危险警告灯。

在车辆的仪表板上有一个带有红色三角形的按钮（图 4-8），按下去即可开启危险警告灯，再按一次，即可关闭。

图 4-8 危险警告灯开关

（七）阅读灯的使用和操作

阅读灯开关一般有三个档位：OFF 档、DOOR 档和 ON 档。当开关处于 OFF 档时，阅读灯熄灭。当开关处于 ON 档时，阅读灯常亮。当开关处于 DOOR 档时，打开车门时，阅读灯点亮。

任务二　前照灯检测

一、汽车对前照灯的性能要求

由于汽车前照灯的效果直接影响着夜间的交通安全，故世界各国交通管理部门一般都以法律形式规定了汽车前照灯的照明标准，以确保夜间行车的安全。基本要求如下：

1）前照灯应能保证车前有明亮而均匀的照明，使驾驶员能看清车前 100m 内路面上的障碍物。随着汽车行驶速度的提高，汽车前照灯的照明距离也相应地增长，现代高速汽车其照明距离应达到 200~250m。

2）前照灯应能防止眩目，以免夜间两车相会时，使对方驾驶员眩目，造成交通事故。

二、前照灯的结构

汽车前照灯一般由光源（灯泡）、反射镜和配光镜三部分组成，如图 4-9 所示。

1. 灯泡

目前汽车前照灯所用的灯泡有白炽灯泡、卤素灯泡、氙气灯泡、发光二极管（LED）、激光二极管等。

2. 反射镜

前照灯灯泡的光照度不大，如果没有反射镜，驾驶员

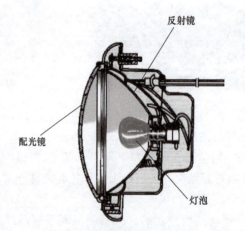

图 4-9　前照灯的结构组成图

视频 4-3　前照灯的组成及原理

只能辨清车前 6m 处有无障碍物。反射镜的作用是将灯泡的光线聚合并导向远方，可使光照度增强百倍乃至上千倍，其距离可达 150m 或更远，从而将汽车前方 150~400m 内的路面照得足够清楚。如图 4-10 所示反射镜的表面呈旋转抛物面，一般由 0.6~0.8mm 的薄钢板冲压而成或由玻璃、塑料制成，其内表面镀银、铝或铬，然后抛光处理。目前反射镜内面采用真空镀铝的较多。

3. 配光镜

配光镜又称散光玻璃，由透光玻璃压制而成，是多块特殊棱镜和透镜的组合，其几何形状比较复杂，外形一般为圆形和矩形。其作用是将反射镜反射出的平行光束进行折射，对车前路面和路缘具有良好而均匀的照明效果，如图 4-11 所示。

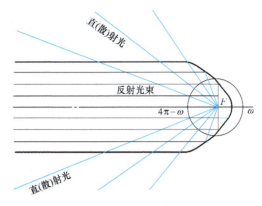

图 4-10 反射镜

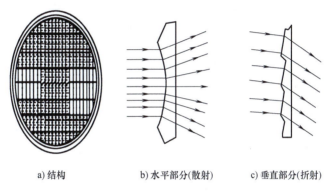

a) 结构　　　b) 水平部分(散射)　　　c) 垂直部分(折射)

图 4-11 配光镜的作用

三、前照灯的防眩目措施

夜间会车时，前照灯强烈的灯光可造成迎面驾驶员眩目，容易引发交通事故，所以为了避免前照灯的眩目作用，一般在汽车上都采用双丝灯泡的前照灯，可以通过变光开关切换远光和近光。我国交通法规规定，夜间会车时，须在距对面来车 150m 以外互闭远光灯，改用防眩目近光灯。目前前照灯防眩目的措施有：采用双丝灯泡，采用带遮光罩的双丝灯泡，采用非对称光形、Z 形光形和具有光敏电阻的自动变光器电路。

1. 采用双丝灯泡

远光灯丝位于反射镜的焦点上，功率大，能照亮车前方 150m 以外的路面。夜间行车，对面无来车时，可使用远光灯。近光灯丝位于反射镜焦点的上方或前方，功率小。夜间行车，当对面来车时，可使用近光灯。由于近光灯发出的光线较弱，且反射后的大部分光线射向车前的下方，所以可避免使对方驾驶员眩目。如图 4-12 所示。

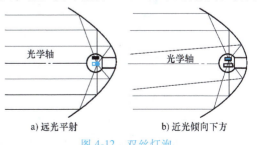

a) 远光平射　　　b) 近光倾向下方

图 4-12 双丝灯泡

2. 在近光灯丝下方设置配光屏

如图4-13所示,配光屏挡住近光灯丝射向反射镜下半部的光线,从而消除了近光灯光束向斜上方照射的部分,使防眩目效果得到了进一步的改善。

3. 采用非对称形配光

配光屏安装时偏转一定的角度,使近光的光形分布不对称,形成一条明显的明暗截止线。如图4-14所示。

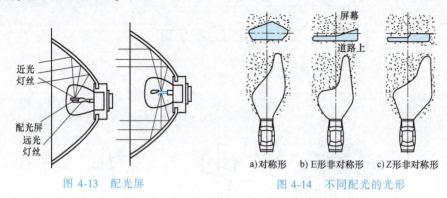

图4-13 配光屏

图4-14 不同配光的光形

四、前照灯的类型及工作原理

根据发光光源的不同,前照灯分为灯丝光源前照灯、气体放电光源前照灯、发光二极管(LED)前照灯、激光二极管前照灯。

(一)灯丝光源前照灯

灯丝光源前照灯是一种传统的前照灯,有卤素前照灯和白炽前照灯两种。由于白炽前照灯在使用过程中容易发黑,影响照明效果,现已基本被卤素前照灯取代。卤素灯泡可以配备一根或者两根灯丝,根据灯泡的接口规格不同,前照灯灯泡常用的有H1、H4和H7型。如图4-15所示为几种常见的卤素灯泡。

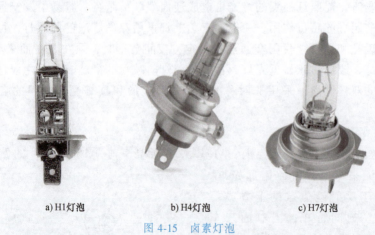

a)H1灯泡　　b)H4灯泡　　c)H7灯泡

图4-15 卤素灯泡

(二)气体放电光源前照灯

1. 气体放电光源前照灯工作原理

气体放电光源前照灯又称氙气灯(High Intensity Discharge,HID),是指内部充满包括氙气在内的惰性气体混合气的高压气体放电灯。它利用配套电子镇流器，将汽车电源提供的12V直流电通过振荡电路转变为较高频率的交流电，起动瞬间通过升压变压器提升到23kV以上的触发电压，将氙气前照灯中的氙气电离，形成电弧放电，通过灯泡里的金属卤化物蒸发使电弧稳定发光，为汽车提供稳定的照明。图4-16所示为氙气灯的组成示意图。

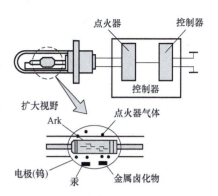

图4-16　氙气灯组成示意图

法律规定采用气体放电光源前照灯的车辆，必须加装前照灯清洗装置和照明距离调节装置，以防止其他交通参与人员产生眩目。

有些车型采用双氙气前照灯，在四灯制前照灯中，双氙气前照灯有两种形式：一种是远近光分体式双氙气前照灯，分别将一支近光灯和一支远光灯装在各自透镜中，全车共有四支氙气灯；另一种是远近光组合式的氙气前照灯（双透镜），在同一个反射系统中，使用一颗氙气灯泡，通过机械快门（遮光板）的切换来满足近光和远光两种照明功能，同时车辆还配置两支卤素灯作为远光灯。

如图4-17所示，远近光组合式氙气前照灯总成由电子镇流器、遮光板、前照灯照射距离控制电动机、气体放电灯泡、透镜组成。开启近光灯时氙气前照灯点亮，但此时氙气前照灯内的遮光板会遮盖住前照灯光束的上面部分，如图4-18所示；开启远光灯时，除了独立的远光灯点亮外，氙气前照灯内的遮光板也会打开，从而实现远光功能，如图4-19所示。

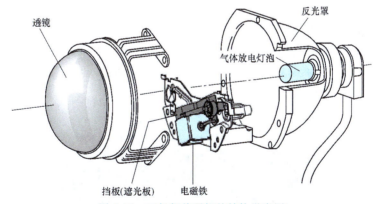

图4-17　双氙气前照灯的结构示意图

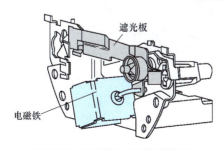

图4-18　遮光板（近光灯位置）

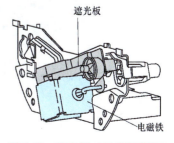

图4-19　遮光板（远光灯位置）

2. 气体放电光源前照灯特点

氙气灯发生的光通量为卤素灯的 2 倍以上，同时电能转化为光能的效率也提高了 70% 以上，所以氙气灯具有比较高的能量密度和光照强度，且运行电流仅为卤素灯的一半，节能效果明显。氙气灯采用与日光近乎相同的光色，色温性好，有 4300～12000K 等（6000K 接近日光）不同色温，为驾驶者创造出更加好的视觉条件。氙气灯发出的光含有较多的绿色与蓝色成分，因此呈现蓝白色光。这种蓝白色光大幅提高了道路标志和指示牌的亮度。

氙气灯使光照范围更广，光照强度更大，大大地提高了驾驶的安全性和舒适性。氙气灯的变压器和电子控制单元控制电弧的放电过程，保证了光亮的稳定性及连续性。由于氙气灯没有灯丝，因此就不会产生因灯丝熔断而报废的问题，使用寿命比卤素灯长得多。更重要的一点，氙气灯一旦发生故障不会瞬间熄灭，而是通过逐渐变暗的方式熄灭，使驾驶者能在黑夜行车中赢得时间，紧急靠边停车。氙气灯还有一个好处，在安装正确的情况下不会产生多余的眩光，不会对迎面来车的驾驶者造成干扰。

（三）LED 前照灯

1. LED 前照灯的特点

LED 前照灯将白色 LED 作为光源，采用发光二极管照明技术，特点是需要模块控制与良好的散热系统。LED 前照灯响应快，亮灯无须热启动时间，寿命在 3 万～5 万 h 之间。LED 前照灯亮度高，且色温达到 5500K，高于卤素及氙气前照灯，更接近日光，使行车更为安全。LED 前照灯响应速度比卤素前照灯提高约 0.2s。LED 前照灯可在低至 -40℃ 温度下正常工作。

2. LED 前照灯的组成

如图 4-20 所示为迈腾 B8L 轿车标配版 LED 前照灯总成。灯链由双色 LED 灯组成，用于日间行车灯/驻车灯和转向信号灯。日间行车灯和驻车灯亮起后，LED 光链为白色。转向信号灯亮起时，LED 光链为橙色。当作为驻车灯时，LED 光链和反射镜中的两个 LED 灯将变暗。反射镜中的近光灯、远光灯各由 2 个 LED 单元和 LED 电源模块组成，如图 4-21 所示。

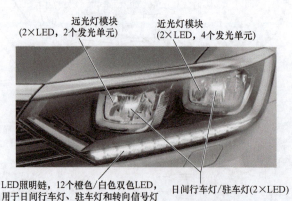

图 4-20 迈腾 B8L 轿车 LED 前照灯总成

1）近光灯 LED 单元

近光灯 LED 单元由 2 个近光灯 LED 模块、具有散热功能的支架、电路板（含多晶 LED、日间行车灯/驻车灯 LED)、反射镜组成,如图 4-22 所示。LED 模块 1 产生水平光线,LED 模块 2 产生一个 15°的斜坡,形成图 4-23 所示明暗截止线,发射出符合法律规定的光束范围。这是通过不同排列的 LED 发光单元、反射镜和 LED 近光灯模块上的遮光板实现的。

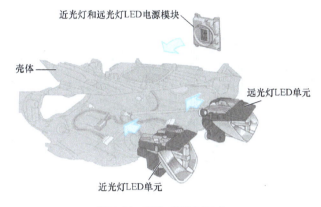

图 4-21　LED 前照灯组成

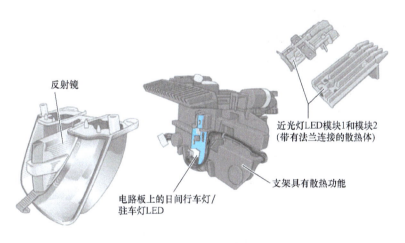

图 4-22　近光灯 LED 单元的结构

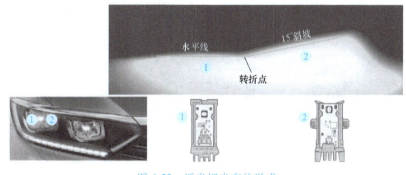

图 4-23　近光灯光束的形成

LED 模块 1 和 2 各配有一个多晶 LED 发光单元,该发光单元由 4 个紧密排列的 LED 组成,如图 4-24 所示。两个多晶 LED 发光单元串联接通,由近光灯和远光灯

LED 电源模块供电。LED 电源模块接收近光灯开启/关闭命令（接线端 56b），并直接由车载电网控制单元 J519 为照明系统供电，如图 4-25 所示。在 LED 模块 1 上安装有一个起到温度传感器作用的电阻（NTC 电阻），用以监控 LED 温度，当温度升高时，则减少电流供应。近光灯和远光灯 LED 电源模块同时具备灯具监控功能，并通过诊断导线将信息传递给车载电网控制单元 J519。

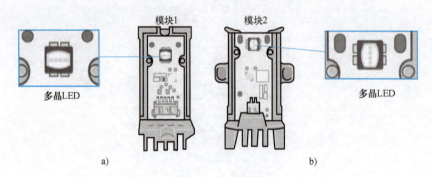

图 4-24　近光灯 LED 单元主要部件图

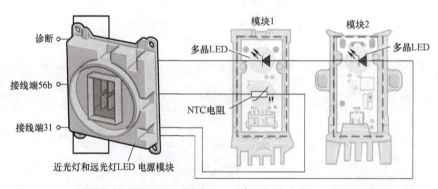

图 4-25　近光灯 LED 单元电路连接

2）远光灯 LED 单元

远光灯 LED 单元结构、电路与近光灯 LED 单元类似，不同之处在于远光灯 LED 单元只有一个带散热体的 LED 模块。该 LED 模块带有两个多晶 LED 发光单元，每个发光单元各包括两个 LED，如图 4-26 所示为远光灯 LED 单元主要部件图。

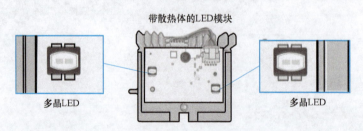

图 4-26　远光灯 LED 单元主要部件图

（四）激光二极管前照灯

宝马 i8 插电式混合动力车上首次采用激光车灯。该车的标准近光前照灯是由更常规的高强度、高效能的激光光源组成。这些灯以其独特的设计，结合 U 型框外壳上的灯光以及指示灯，再加上第二个框上环绕的激光灯，给车灯一种 3D 的外形效果，如图 4-27 所示。

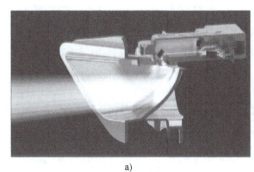
a)

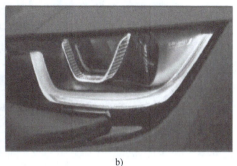
b)

图 4-27　宝马 i8 激光车灯

激光远光灯的照度范围更远，可达 600m，是 LED 前照灯的两倍。激光车灯的功率要求更低，装配车辆更高效。激光光源比常规的二极管小 10 倍，不仅有助于节省安装空间，而且能减轻重量。与 LED 灯相比，反射器表面大小最高能减小 10 倍。

五、前照灯检测

（一）汽车前照灯检测的作用

前照灯是汽车在夜间或在能见度较低的条件下，为驾驶员提供行车道路照明的重要设备，也是驾驶员发出警示、进行联络的灯光信号装置。前照灯必须有足够的发光强度和正确的照射方向。由于在行车过程中，汽车受到振动，可能引起前照灯部件的安装位置发生变化，从而改变光束的正确照射方向。同时，灯泡在使用过程中会逐步老化，反射镜也会受到污染而使其聚光的性能变差，导致前照灯的亮度不足。这些变化都会使驾驶员对前方道路情况辨认不清，或在对面来车交会时造成对方驾驶员眩目等，从而导致事故的发生。因此，前照灯远光光束的发光强度和光束照射位置被列为机动车运行安全检测的必检项目。

（二）前照灯安全检测的要求

根据 GB 7258—2017《机动车运行安全技术条件》的规定，汽车前照灯的检测指标为光束照射位置的偏移和发光强度。

1. 前照灯发光强度要求

机动车每只前照灯的远光光束发光强度（单位为坎德拉，cd）应达到表 4-1 的要求。测试时，其电源系统应处于充电状态。

表 4-1　前照灯远光光束发光强度最小值要求　　　　　　　　（单位：cd）

机动车类型	新注册车		在用车	
	两灯制	四灯制	两灯制	四灯制
最高设计时速小于 70km/h 的汽车	10000	8000	8000	6000
其他汽车	18000	15000	15000	12000

注：四灯制是指前照灯具有四个远光光束；采用四灯制的机动车，其中两只对称的灯达到两灯制的要求时视为合格。

2. 光束照射位置要求

前照灯光束照射位置应符合以下要求:

1) 在检测前照灯的近光光束照射位置时,前照灯照射在距离 10m 的屏幕上时,乘用车前照灯近光光束明暗截止线转角或中点的高度应为 $0.7 \sim 0.9H$(H 为前照灯基准中心高度,下同),其他机动车(拖拉机运输机组除外)应为 $0.6 \sim 0.8H$。机动车(装有一只前照灯的机动车除外)前照灯近光光束水平方向位置向左偏不允许超过 170mm,向右偏不允许超过 350mm。

2) 在检验前照灯远光光束及远光单光束照射位置时,前照灯照射在距离 10m 的屏幕上时,要求在屏幕上光束中心的离地高度,对乘用车为 $0.9 \sim 1.0H$,对其他机动车为 $0.8 \sim 0.95H$;机动车(装有一只前照灯的机动车除外)前照灯远光光束水平方向位置要求,左灯向左偏移不允许超过 170mm,向右偏移不允许超过 350mm。右灯向左或向右偏移均不允许超过 350mm。

(三)前照灯检测与结果分析

1. 前照灯检测方法

目前,各汽车检测机构和维修企业通常使用前照灯检测仪检测法。前照灯检测仪检测是将被检测的机动车按规定距离与前照灯检测仪对正(车辆摆正装置),从前照灯检测仪的显示屏上分别测量左右远、近光束的水平和垂直照射方向的偏移值。

因检测方法的不同,检测仪在结构上略有差异。按光学测量方式可分为聚光式、屏幕式、投影式和自动追踪光轴式等几种。按测试方法和功能可分为手动、电动、远光光轴自动跟踪、远近光光轴自动跟踪式。

目前,汽车检测站大多采用先进的自动追踪光轴式前照灯检测仪,如图 4-28 所示。无论哪种检测仪都是由接受前照灯光束的受光器、使受光器与汽车前照灯对正的校正装置、前照灯发光强度的指示装置与光轴偏移量指示装置等组成。

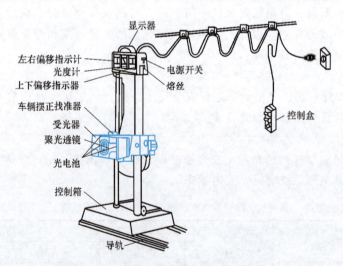

图 4-28 自动追踪光轴式前照灯检测仪

自动追踪光轴式前照灯检测仪采用受光器自动追踪光轴的方法检测前照灯发光强度和光轴偏移量,一般检测距离为 3m。

检测步骤如下：

1）检测仪的准备

① 在前照灯检测仪不受光状态下，检查光度计和光轴偏移指示计的指针是否能对准机械零位。若指针失准，可用零位调整螺钉将其调整在零位上。

② 检查聚光透镜和反射镜的镜面有无污物或模糊不清的地方。若有，可用柔软的布或镜头纸等擦拭干净。

③ 检查水准器的技术状况。若水准器无气泡，要进行修理；若气泡不在红线框内时，可用水准器调节器或垫片进行调整。

④ 检查导轨是否粘有泥土或小石子等杂物，要保证扫除干净。

2）车辆的准备

① 清除前照灯上的油污。

② 轮胎气压应符合汽车制造厂的规定。

③ 汽车蓄电池处于充足电状态。

3）检测开始

① 将汽车尽可能地与导轨保持垂直方向驶近检测仪，使前照灯与检测仪受光器相距 3m。

② 将车辆摆正找准，使检测仪和汽车对正。

③ 开亮前照灯，接通检测仪电源，用上下、左右控制开关移动检测仪位置，使前照灯光束照射到受光器上。

4）检测注意事项

① 检测仪的底座一定要保持水平。

② 检测仪不要受外来光线的影响。

③ 必须在汽车保持空载并乘坐 1 名驾驶员的状态下检测。

④ 汽车有四只前照灯时，一定要把辅助前照灯遮住后再进行测量。

⑤ 打开前照灯照射受光器，一定要让光电池灵敏度稳定后再进行检测。

⑥ 仪器不用时，要用罩子把受光器盖好。

2. 检测结果分析

前照灯检测结果有以下几种情况：左右前照灯发光强度均偏低，左右前照灯发光强度不一致，前照灯光束照射位置偏斜，劣质前照灯。

1）左右前照灯发光强度均偏低

① 左右前照灯发光强度均偏低，可检查前照灯反射镜的光泽是否明亮，如果昏暗或镀层剥落、发黑，则应予以更换。

② 检查灯泡是否老化，质量是否符合要求，如果灯泡老化或质量不符合要求、光度偏低，则应予以更换。

③ 检查蓄电池端电压是否偏低，如果端电压偏低，应先充足电再检测。仅靠蓄电池供电，前照灯发光强度一般很难达到规定的标准，检测时发电机应供电。

2）左右前照灯发光强度不一致

检查发光强度偏低的前照灯的反射镜光泽是否灰暗，灯泡是否老化，质量是否符合要求，一般多为搭铁线路接触不良。

3）前照灯光束照射位置偏斜

前照灯安装位置不当或因强烈振动而错位致使光束照射位置偏斜，应予以调整。可在前照灯检测仪上通过前照灯上的调整装置进行调整。

根据检测标准，在检测调整光束照射位置时，对远、近双光束灯以检测调整近光光束为主。制造质量合格的灯泡，近光调整合格后，远光光束一般也能合格；若近光光束调整合格后，经复核远光光束照射方向不合格，则应更换灯泡。

4）劣质前照灯

劣质前照灯存在以下问题：没有光形；前照灯近光亮区暗；前照灯近光暗区漏光；前照灯远光亮区暗。原因：配光镜和反射镜的角度、弧线以及它们之间的相互配合存在设计问题；配光镜材质问题，对光的吸收率高；反射镜加工粗糙，材料低劣，造成反光率差。

任务三　灯光控制系统故障诊断与排除

一、前照灯电路控制原理

灯光控制电路主要包括灯光点亮控制，自适应式前照灯系统还包括高度自动调整和前照灯随动转向灯。目前大部分车型采用由继电器控制或者由模块直接控制。由模块直接控制的灯光系统往往还带有灯光监控功能。

（一）继电器控制灯光

继电器控制灯光是指最终由继电器输出控制灯光系统的执行元件工作。

1. 控制模式

对于继电器的控制，主要有两种控制模式，即开关直接控制继电器线圈工作与模块控制继电器线圈工作。

1）开关直接控制继电器

开关直接控制继电器的灯光控制系统，分为两种类型。控制继电器线圈的搭铁与控制继电器线圈的电源，如图4-29所示。主要应用于老款车或电气配置较低的经济型车辆上。

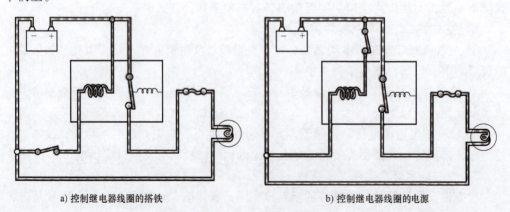

a）控制继电器线圈的搭铁　　　　b）控制继电器线圈的电源

图4-29　开关直接控制继电器

2）模块控制继电器

模块控制继电器是指继电器工作与否取决于控制模块。控制模块根据相关的输入请求信息或网络上其他模块的请求信息去控制继电器的工作，如图4-30所示。

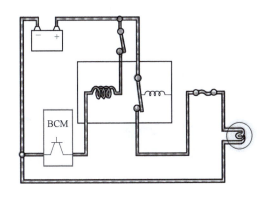

图 4-30　模块控制继电器

2. 系统控制

1）近、远光灯控制

如图4-31所示，灯光开关给BCM发送近光灯开关开启信号，BCM控制近光继电器线圈搭铁，近光继电器吸合，近光灯点亮。

如图4-31所示，灯光开关给BCM发送近光灯开关开启信号，变光开关闭合开到远光位置时，BCM控制远光继电器线圈搭铁，远光继电器吸合，远光灯点亮。

2）其他灯光控制

其他灯光控制方式与远、近光灯控制方式相同，只是传递的开关信号不同。在此不再赘述。

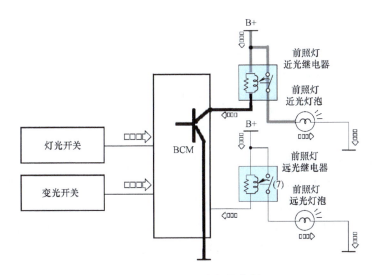

图 4-31　近、远光灯的控制

（二）模块直接控制灯光

1. 基本控制原理

模块直接控制灯光是指由控制模块直接控制灯光的工作。一种是将继电器集成在车身控制单元（BCM）内部进行控制，原理与继电器控制式相同；另外一种是通过 BCM 内部的场效应管直接输出进行控制。

以全新帕萨特灯光系统为例，控制原理如图 4-32 所示。

视频 4-4　前照灯电路分析

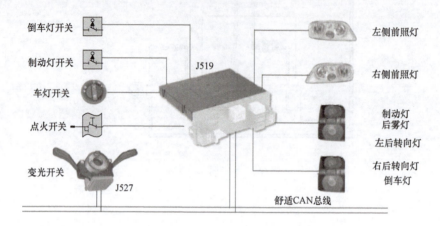

图 4-32　全新帕萨特灯光系统控制原理

全新帕萨特灯光控制系统主要由车载电网控制单元 J519（BCM）根据采集到的不同开关信号，识别处理后在相应端子输出控制电压，控制相应的灯具点亮。灯光开关、转向灯开关设置在 J519 之前，灯光开关、转向灯开关不再直接控制灯具的供电，而是向 J519 提供电信号。J519 引脚检测到开关提供不同的电压信号后，根据 J519 内部定义来判断开关的档位，从而 J519 引脚直接给相应灯具供电。当开关或开关线路损坏时，会造成灯光系统工作不正常。需要注意的是，转向、变光功能是通过 CAN 总线实现的。

2. 功能特点

由模块通过内部的场效应管（FET）进行直接控制具有如下优点：

1）可实现电源管理

模块可对灯泡或其他用电器进行电源供电或负载管理，也可通过改变其编码改变灯泡亮度、功能等。

2）占空比控制

由 J519 负责各灯光的供电，可以实现灯光的占空比控制。对于某些灯光来说，控制模块不再一直供给电源电压，而是供给一定调频的脉冲信号，例如尾灯控制、制动灯控制、转向灯控制等，使得灯具工作时更加省电，使灯具寿命更长。

各个灯泡与 J519 之间不设置熔丝或继电器，由 J519 不同引脚直接供电。熔丝或继电器设置在 J519 单元前侧。当熔丝或继电器出现故障时，会造成整个或部分灯光系统工作不正常。

3）灯光监控

灯光监控主要是控制模块通过监控输出电流的大小来判断灯泡的工作情况。当灯泡处于工作状态时，灯泡的功率决定了消耗的电流大小。控制模块通过监测输出的电流大小与其控制单元内部所存储的该灯泡的功率是否匹配来判断灯泡是否出现故障。当灯光出现故障时，控制模块会将故障信息传递给组合仪表，组合仪表点亮相应的灯光故障报警灯。控制单元不对发光二极管和氙气前照灯的灯泡进行监控。发光二极管的反应太快无法监控。氙气灯泡不允许使用占空比信号进行驱动。

当模块监测到灯光开关故障或与其失去联系时将自动打开前照灯和驻车灯（进入灯光应急模式）；当模块监测到输出电流过大时，也将禁用相关输出线路。

二、灯光控制系统故障诊断与排除

灯光控制系统和其他控制系统一样，都是由输入信号电路、控制模块、输出信号电路组成，故障诊断也围绕这几部分进行。

（一）输入信号诊断

前照灯控制功能不同，输入信号也不尽相同。主要有灯光开关、变光开关、光照传感器、高度传感器、摄像头、转向灯开关、制动灯开关、倒车灯开关等。输入信号的诊断可以通过测量电阻、电压，分析数据流等方法来完成。

1. 灯光开关检测

对于触点式灯光开关，可以通过测量不同档位开关各端子导通性或电压变化来判断开关的好坏。如图4-33所示，在前照灯档时，12端子与4端子导通；12端子对地电压会从高电位降为0V。

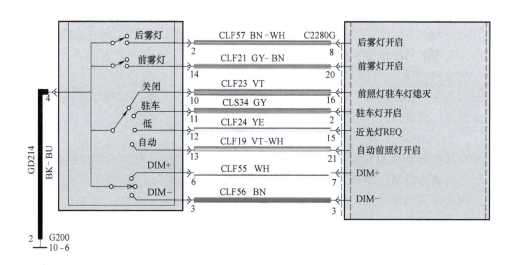

图4-33 触点式灯光开关

对于集成控制模块的灯光开关，其信号通过LIN总线传输给BCM。检测时与LIN总线控制模块相同，可分别测量灯光开关供电1端子对地电压、供电1端子与搭铁3端子间电压、LIN总线5端子波形来判断开关的性能，如图4-34所示。

变光开关诊断方法与前照灯开关诊断方法类似。

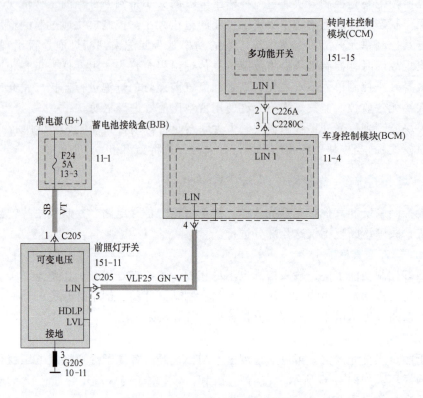

图 4-34 灯光开关（集成控制模块）

2. 光照强度传感器诊断

可以用 60W 的白炽灯泡照射光照传感器，模拟光照强度变化，此时通过测量信号线的电压变化来判断传感器性能。

3. 底盘高度传感器诊断

底盘高度传感器一般为霍尔传感器，打开点火开关后，使左后侧底盘高度发生变化，此时通过测量信号线电压变化判断传感器性能。

（二）控制模块诊断

前照灯控制系统的控制模块主要包括前照灯控制模块、BCM、转向柱控制模块等。控制模块的故障主要包括供电故障、搭铁故障、通信故障及部分功能失效故障等。通信故障请参考车载网络诊断相关内容，部分功能失效可以通过数据流、电路检测结合逻辑判断确定故障。

（三）输出信号诊断

以卤素前照灯为例，介绍输出信号的诊断方法。如图 4-35 所示为福特新蒙迪欧右侧前照灯电路图，BCM 通过场效应管（FET）输出电源信号控制灯泡的工作。开启前照灯后，若右前近光灯不亮，可用万用表带载测量前照灯总成 6 端子与 16 端子间电压，若为 +B 电压，说明近光灯损坏；若为 0V，则说明近光灯供电或搭铁出现故障，此时可进一步测量 BCM 输出端电压，若输出端电压为 +B，则说明供电线路故障。

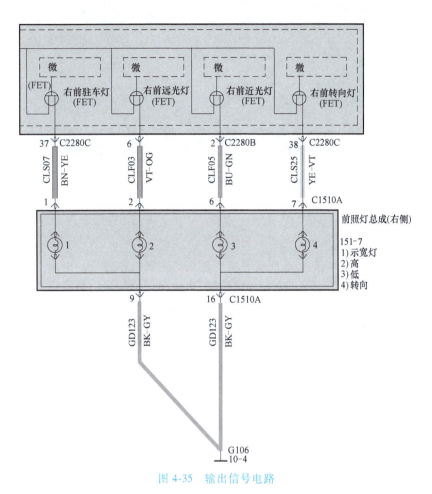

图 4-35　输出信号电路

知识拓展：自适应式前照灯

知识拓展

▶▶ 自我测试

自我测试

项目五

汽车辅助电气系统维修

项目描述

电动刮水器属于车辆的标准配置，确保雨天、雪天行车安全。电动车窗、电动后视镜、电动座椅、中控门锁在车辆上的配置越来越多，为驾乘人员提供了舒适便携的驾乘体验。当这些辅助电气系统出现故障时，首先应熟悉其功能并能正确操作电气系统；如果是机械故障，必须熟练完成电气系统的拆装；如果是电路故障，必须能识读电气系统的电路图并在此基础上完成电路故障诊断与排除。

本项目融合《汽车电子电气与空调舒适系统技术》职业技能等级标准内容，介绍了汽车辅助电气系统功能、组成、工作原理和检测方法。通过电动车窗系统故障诊断与排除、电动后视镜系统故障诊断与排除、电动座椅系统故障诊断与排除、中控门锁系统故障诊断与排除、电动刮水器系统故障诊断与排除五个任务的训练，培养学习者解决汽车辅助电气系统故障的能力。

通过本项目的学习，应达到以下要求。

1. 知识目标
1) 熟悉汽车辅助电气系统的功能、组成和类型。
2) 熟悉汽车辅助电气系统的正确操作方法以及工作原理。
3) 理解汽车辅助电气系统故障产生的原因及规律。
4) 掌握汽车辅助电气系统故障诊断方法。

2. 技能目标
1) 能熟练查阅及使用汽车辅助电气系统维修资料。
2) 能根据汽车辅助电气系统故障现象制定故障诊断流程和故障排除计划。
3) 能对汽车辅助电气系统的主要元器件、线路进行检测，并判断其性能。
4) 能对汽车辅助电气系统典型故障进行诊断与排除。

学习任务

任务一 电动车窗系统故障诊断与排除

一、电动车窗系统功能

电动车窗系统是通过开关操作开闭车窗的系统，当操作电动车窗开关时，电动车窗电动机旋转，车窗开闭调节器把电动车窗电动机的旋转运动转换成上下运动，从而打开或关闭车窗。电动车窗开启和关闭的方式通常有：手动操作和遥控器按键操作。随着无钥匙进入系统越来越普及，现在大部分车型还可以在通过钥匙系统操作门锁系统的同时实现车窗的开启或关闭。

1. 手动操作功能

绝大部分车型操作车窗需要打开点火开关或者发动机处于运行状态，通过驾乘人员手动操作车窗开关实现车窗动作。但由于电动车窗是大功率用电器，所以有的车型为了保证蓄电池电量，系统会对该操作进行能量管理，即在打开点火开关一段时间内可以操作车窗，但过了一段时间后会禁用车窗动作。如需解除限制，则需要起动发动机，解除能量管理限制模式。另外也有车型在点火开关从 ON 至 OFF 状态一段时间内还可以实现手动操作，该延时时间因各主机厂根据车辆能量管理所设定的时间及其他设定条件（如门是否打开等条件）而不一。

1）点动操作功能

打开点火开关或起动发动机，将车窗开关向上或向下拨至第一档，电动机带动玻璃上升或下降，手松开则开关复位，电动机停止供电，车窗玻璃停止动作。此操作称为点动操作。

2）自动操作功能

打开点火开关或起动发动机，将车窗开关向上或向下拨至第二档，电动机带动玻璃上升或下降，手松开则开关复位，电动机持续供电，车窗玻璃自动上升至最高点后电动机停止供电。此操作称为自动操作。

2. 遥控操作功能

通过持续按住遥控器闭锁键，车门锁锁闭的同时车窗玻璃也会上升。反之，通过持续按住遥控器上的解锁键或行李舱解锁键，车门锁解锁的同时车窗玻璃也会下降。也有些车型遥控操作车窗不是通过持续按压遥控器按键而是通过连续按压遥控器按键两次来实现，操作情况需结合具体车型。

3. 无钥匙联动功能

具备无钥匙进入功能的车辆，可通过携带合法车钥匙在车外一定范围（一般车辆范围在 1.5~2m），且车内无另外合法钥匙，持续按住车门把手上的闭锁传感器或开关，车门锁闭的同时车窗玻璃也会上升。反之，通过持续触摸车门把手上的解锁传感器或开关，车门解锁的同时车窗玻璃也会下降。

4. 机械钥匙联动功能

有的车型还配置机械钥匙联动车窗功能，即扭动机械钥匙闭锁车门并持续扭住几秒后车窗玻璃也会上升，松开机械钥匙后车窗玻璃停止动作。反之，扭动机械钥匙解锁车门并持续扭住可联动车窗玻璃下降。

5. 防夹功能

为了保障玻璃上升关闭安全，目前大多数车窗玻璃具备防夹功能，即为玻璃在上升过程中，若在上下密封条之间这段距离中遇到一定程度的阻力，控制模块会控制电动机反转，带动玻璃下降一段距离。

二、电动车窗系统组成

电动车窗主要由电动车窗电动机、电动车窗开关、位置传感器、电动车窗儿童保护开关、电动车窗控制模块、电动车窗升降器等组成。

1. 电动机

电动车窗电动机用来控制车窗的上升与下降。每个车门各有 1 个电动机，通过开关控制其电流的方向，从而实现车窗的升降。电动车窗电动机广泛采用的是永磁式直流电动机。该直流电动机的转子有正极和负极两条线路。电动车窗控制模块通过改变两条线路的极性来实现电动机的正转和反转，从而实现电动车窗的上升和下降。有些车型电动机单独安装，有些车型电动机与控制模块安装为一个整体，如图 5-1 所示。

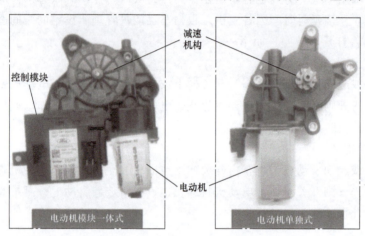

视频 5-1
电动车窗组成

图 5-1 车窗电动机

2. 控制开关

控制开关一般有 2 套：一套为主开关，装在仪表板或驾驶员侧的车门上（图 5-2），因此，驾驶员可以控制每个车窗玻璃的升降；另一套为分开关，分别安装在每个车窗上，这样乘客也可以对各个车窗进行升降控制。汽车上还装有锁止开关，如将它断开，分开关就不起作用，也有些锁止开关为后排车窗禁用开关，按下后则后排两侧车窗不再受分开关控制，但右前车窗不受影响。

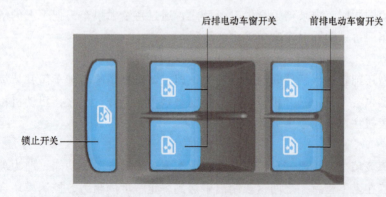

图 5-2 车窗控制主开关

目前车辆玻璃升降器开关有很多种，常见的有三种。一种为开关直接控制玻璃升降器电动机的工作；一种通过改变内部电阻将信号通过硬线发送给控制模块；一种为开关通过 LIN 线将升降玻璃的请求发送给控制模块，由控制模块控制升降器电动机的工作。

（1）直接控制开关

直接控制式开关是指通过开关控制电动机的上升与下降。如图 5-3 所示，电源经过 B+流到端子 C，当开关处于开启状态时，端子 A 与端子 C 结合，电流由 B+流经 C 到端子 A，到电动机的 F 端子，通过 E-D-G 搭铁，车窗开启。关闭车窗时，端子 D 与端子 C 结合，电流流向相反。

（2）电阻信号开关

迈腾 B8L 电动车窗开关内部为电阻分压结构，如图 5-4 所示，下面以此为例介绍其工作原理。

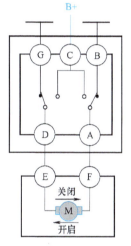

图 5-3 直接控制式开关　　　　图 5-4 控制开关电气原理图

车门控制模块唤醒后内部即会产生一个频率固定的 0~+B 方波基准波形，经内部上拉电阻至车窗开关，与车窗开关内部三个不同电阻（自动下降时为 0）串联后搭铁形成回路。开关处于不同档位时，在控制模块内部即会产生不同幅值的反馈信号至中央处理器，中央处理器会根据先前存储值与之比较解析出五种不同开关位置：点动上升、点动下降、空档、自动上升、自动下降，如图 5-5 所示。

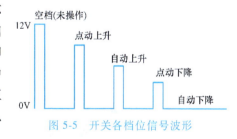

图 5-5 开关各档位信号波形

（3）LIN 信号开关

如图 5-6 所示，LIN 信号开关是指升降器开关并不直接参与控制电动机的工作，而是将驾驶员操作意图的信号通过 LIN 线传递给车门控制模块，由车门控制模块控制车窗电动机工作。

3. 电动车窗电动机位置传感器

位置传感器是用来判断电动机的运转位置和转速的，通常称之为电动车窗电动机位置传感器。

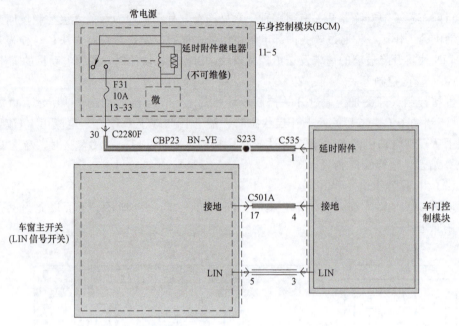

图 5-6 LIN 信号开关

如图 5-7 所示，位置传感器安装在控制模块的线路板上，带有磁性的信号发生轮安装在电动车窗电动机转子轴上，电动机转动就会在位置传感器中产生方形波的脉冲信号，电动车窗控制模块根据位置传感器的信号判断电动机的位置与转速。

位置传感器为两个霍尔效应开关，如图 5-8 所示。霍尔效应开关 1 在电动车窗电动机每转动一圈时输出一个脉冲循环，控制模块检测电动机的旋转速度。霍尔效应开关 2 按照与霍尔效应开关 1 相同的方式输出电动机旋转脉冲。由于相位差转换了 90°，霍尔效应开关 1 和 2 在打开和关闭期间的高低脉冲点不同，从而使电动车窗主开关能够检测到电动车窗电动机的旋转方向。

图 5-7 电动机位置传感器

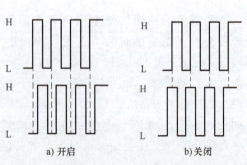

图 5-8 霍尔传感器

4. 控制模块

有些车型上，每个车门的电动车窗，都由各自门上的模块进行控制。每一个控制模块都具有网络通信的功能，如图 5-9 所示。

每个控制模块接收来自开关的请求信号或网络上其他模块的信号，去控制电动机的上升与下降。通过位置传感器检测电动机的旋转方向与状态决定是否激活防夹功能。

5. 车窗升降器

常见的电动车窗升降器有绳轮式、交臂式和软轴式等几种。

三、电动车窗系统控制原理

（一）开关直接控制式

如图 5-10 所示为四车门电动车窗的主控制开关，该电动车窗的控制电路如图 5-11 所示，该控制可以实现手动控制和自动控制。手动控制是指操作相应的开关按钮，车窗可以上升或下降，若中途松开按钮，上升或下降的动作即停止；自动控制是指按下自动按钮，松开后车窗会一直上升或下降至最低。

图 5-9 控制模块

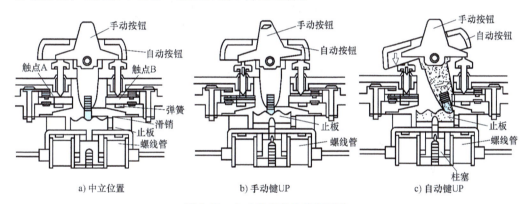

图 5-10 电动车窗的主控制开关

1. 手动操作控制玻璃升降

如图 5-10b 所示，当把手动按钮推向车辆前进方向时，车窗玻璃即上升。此时，触点 A 与 UP（向上）接点相连，触点 B 处于原来状态，电动机按 UP 箭头所示的方向通过电流，车窗玻璃上升直至关闭；当手离开旋钮时，利用开关自身的回复力，开关即回到中立位置。若把手动按钮推向车辆后方，触点 A 保持原位不动，而触点 B 则与 DOWN（向下）侧相连，电动机按 DOWN 箭头所示的方向通过电流，电动机反转，以实现车窗玻璃向下移动，直至下降到底。

2. 自动控制玻璃升降

当把自动按钮压向车辆前进方向时，如图 5-10c 所示，触点 A 与 UP 侧相接，电动机按 UP 箭头所示的方向通过电流，车窗玻璃上升；与此同时，检测电阻 R（图 5-11）上的电压降低，此电压加于比较器 1 的一端，它与参考电压 Ref.1 进行比较。Ref.1 的电压值设定为电动机制动时的电压。所以，通常情况下，比较器 1 的输出为负电位。比较器 2 的基准电压 Ref.2 设定为小于比较器 1 的输出正电位。所以，比较器 2 的输

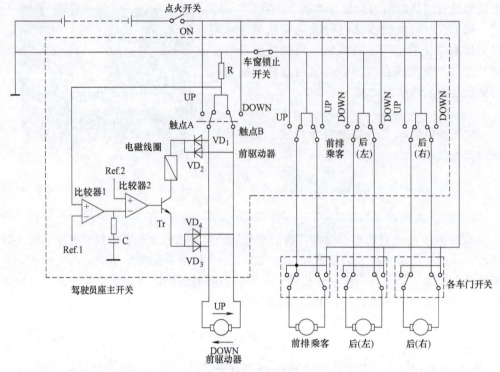

图 5-11 开关直接控制式电动车窗控制电路

出电压为正电压,晶体管 Tr 接通,电磁线圈通过较大的电流,控制电路为:蓄电池"+"→点火开关→UP→触点 A→二极管 VD_1→电磁线圈→晶体管→二极管 VD_4→触点 B→电阻 R→搭铁→蓄电池"-"。此电流产生较大的电磁吸力,吸引驱动器开关的柱塞,于是把止板向上顶压,越过止板凸缘的滑销于原来位置被锁定,这时即使手松开自动按钮,开关仍会保持原来的状态。

当玻璃上升至终点位置,在电动机上有锁止电流流过,检测电阻 R 上的电压降增大,当此电压超过参考电压 Ref.1 时,比较器 1 的输出由低电位转变为高电位。此时,电容 C 开始充电,当 C 两端电压上升至超过比较器 2 的参考电压 Ref.2 时,比较器 2 则输出低电位,晶体管 Tr 立即截止,电磁线圈中的电流被切断,止板被弹簧通过滑销压下,自动按钮自动回复到中立位置,触点 A 连接搭铁,电动机停转。

在自动上升过程中,若想中途停止,则向反方向扳动手动按钮,然后立刻放松。这样触点 B 将短暂脱离搭铁,使电动机因回路被切断而自动停转。同时,通过电磁线圈的电流亦被切断,止板被弹簧通过滑销压下,自动按钮自动回复到中立位置,触点 A、B 均连接搭铁,电动机停转。

车窗玻璃自动下降的工作情况与上述情况相反,操作时只需将自动按钮压向车辆后方即可。

(二) 模块控制式

1. 普通开关信号式

迈腾 B8L 汽车电动车窗通过各控制单元控制,其主要部件及连接关系如图 5-12 所示。其电动车窗控制系统可实现点动上升、下降、自动上升、下降、儿童安全锁、

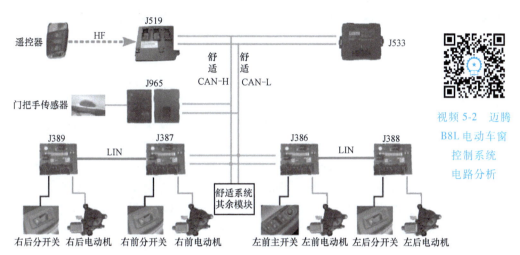

图 5-12　迈腾 B8L 电动车窗控制系统简图

远程控制联动、无钥匙联动以及车窗防夹等功能。电动车窗开关采用硬线向车门控制模块提供信号，车门控制模块通过硬线向车窗电动机发出控制指令。驾驶员侧车门控制模块 J386 及前排乘员侧车门控制模块 J387 通过舒适系统 CAN 总线与 J519（BCM）连接，左后车门控制模块 J388 通过 LIN 总线与驾驶员侧车门控制模块 J386 连接，右后车门控制模块 J389 通过 LIN 总线与前排乘员侧车门控制模块连接。

（1）开关控制车窗升降

1）左前车窗升降过程

J519 将点火开关 ON 状态（15 电信号）通过舒适 CAN 总线传递给 J386，J386 根据左前车窗主开关信号控制左前车窗电动机工作。

2）右前车窗升降过程

① 主开关控制右前车窗升降。J387 通过舒适 CAN 总线获取 J519 传递的 15 电信号、J386 传递的车窗主开关信号，控制右前车窗电动机工作。

② 分开关控制右前车窗升降。J519 将 15 电信号通过舒适 CAN 总线传递给 J387，J387 根据右前车窗分开关信号，控制右前车窗电动机工作。

3）左后车窗升降过程

① 主开关控制左后车窗升降。J519 将 15 电信号通过舒适 CAN 总线传递给 J386，J386 通过 LIN 总线将 15 电信号、车窗主开关信号传递给 J388，J388 控制左后车窗电动机工作。

② 分开关控制左后车窗升降。J519 将 15 电信号通过舒适 CAN 总线传递给 J386，J388 通过 LIN 总线接收 J386 发送的 15 电信号，然后根据车窗分开关信号控制左后车窗电动机工作。

4）右后车窗升降过程

① 主开关控制右后车窗升降。J387 通过舒适 CAN 总线获取 J519 传递的 15 电信号、J386 传递的车窗主开关信号，J389 通过 LIN 总线从 J387 接收此信号，据此控制右后车窗升降。

② 分开关控制右后车窗升降。J519 将 15 电信号通过舒适 CAN 总线传递给 J387，

J389 通过 LIN 总线接收 J387 发送的 15 电信号，然后根据车窗分开关信号控制右后车窗电动机工作。

（2）遥控操作控制过程

车窗玻璃降下且车门均关闭时，长按遥控器锁止键，遥控器持续发出 433.92MHz 载频至 J519（内部集成高频天线），J519 解析出长按信息后唤醒舒适 CAN 总线，并将门锁锁止指令及车窗玻璃远程上升指令通过舒适 CAN 总线发送至左前车门控制模块 J386 和右前车门控制模块 J387，两前车门控制模块收到指令后控制门锁电动机动作及两前车窗电动机动作带动车窗玻璃上升，与此同时两前车门控制模块通过 LIN 总线将门锁锁止指令和车窗玻璃远程上升指令对应传递至左后车门控制模块 J388 和右后车门控制模块 J389。车门均关闭时，长按遥控器解锁键或行李舱解锁键，则会启用远程控制联动车窗玻璃下降，其过程同远程控制联动车窗玻璃上升一样。

（3）无钥匙联动控制过程

车窗玻璃降下且车门关闭时，长按门把手外侧锁止传感器，一键起动及无钥匙控制单元 J965 通过与之连接的导线解析出长按信息后唤醒舒适 CAN 总线，并将门锁锁止指令及车窗玻璃远程上升指令通过舒适 CAN 总线发送至左前车门控制模块 J386 和右前车门控制模块 J387，两前车门控制模块收到指令后控制门锁电动机动作及两前车窗电动机动作带动车窗玻璃上升，与此同时两前车门控制模块通过 LIN 线将门锁锁止指令和车窗玻璃远程上升指令对应传递至左后车门控制模块 J388 和右后车门控制模块 J389。玻璃升起且车门均关闭时长按门把手内侧解锁传感器，则会启用远程控制联动车窗玻璃下降，其过程同远程控制联动车窗玻璃上升一样。

2. 开关模块式

如图 5-13 为东风雪铁龙 C5AIR CROSS 车窗开关模块式电气原理框图。主控开关控制模块 6036 集成车窗主控开关和电动后视镜调节开关功能。6036 连接在舒适 CAN 总线中，四个车窗电动机均为集成式控制模块，通过 LIN 总线连接至 6036 控制模块。

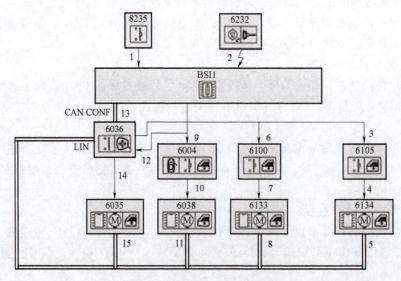

图 5-13　电动车窗电气原理框图

（1）远程控制工作原理

车窗玻璃处于降落位置，持续按住遥控钥匙 6232 锁止键，6232 发出 433MHz 无线高频信息（信息流 2），其中包含门锁闭锁及车窗上升指令，中央智能控制模块 BSI1 内部集成高频接收天线负责接收高频信息，BSI1 解析出指令后为门锁电动机供电执行上锁动作，同时唤醒舒适 CAN 总线（CAN CONF）并将相关指令发送至主控开关控制模块 6036（信息流 13），6036 通过 LIN 总线将指令传递至四个车窗电动机控制模块 6035、6038、6133、6134（信息流 15、11、8、5），然后四个车窗电动机控制模块为车窗电动机提供电源实现远程控制车窗玻璃上升过程。远程控制车窗玻璃下降过程，只需要持续按住遥控钥匙解锁按键，其余信息流传递及控制同远程控制车窗玻璃上升。

（2）车窗手动控制工作原理

BSI1 接收点火开关 8235 打开的信号（信息流 1），通过舒适 CAN 总线（信息流 13）发送此信息至主控开关控制模块 6036，BSI1 同时生成+B 高电位（信息流 9、12）分别至右前开关控制模块 6004 及主控开关控制模块 6036 作为开关基准高电位；6036 收到 BSI1 生成的+B 高电位又将+B 高电位分配至左后开关控制模块 6004 和右后开关控制模块 6105 作为开关基准高电位（信息流 9、3）；6036 收到 BSI1 网络传递的点火开关打开信号后，通过 LIN 数据线将信息分别传递至四个车窗电动机控制模块，将车窗电动机模块唤醒（信息流 15、11、8、5）。

1）主控开关控制各车窗

操作主控开关时，6036 解析开关不同状态，然后通过 LIN 总线将开关指令发送至相关电动机控制模块 6035、6038、6133、6134，电动机控制模块控制电动机执行相应动作。

2）遥控钥匙远程控制车窗

车窗处于锁止状态，持续按下 6232 遥控钥匙解锁键，遥控钥匙发出 443.92MHz 无线高频信号，其中包含唤醒信号、门锁解锁信号、车窗及天窗下降指令。BSI1 内部天线收到高频信号后唤醒 BSI1，BSI1 通过舒适 CAN 总线发出唤醒信号并将车窗下降指令发送至驾驶员侧车窗开关控制模块 6036，6036 将车窗下降指令通过 LIN 线传递至四个车窗电动机控制模块 6035、6038、6133、6134。四个车窗电动机控制单元控制各电动机供电，实现车窗下降。

3）分控开关控制各自车窗

分控开关的信息直接传输给各自的车窗电动机控制单元，从而控制对应车窗升降。

四、电动车窗系统故障诊断与排除

（一）故障诊断流程

1. 确认故障现象

检查电动车窗功能，确定故障现象：

1）操作远程控制联动功能。

2）打开点火开关及照明灯，观察主开关及分开关背景灯状态。

3）分别操作主开关、分开关点动及自动功能。

2. 故障原因分析

查阅电气原理图，分析开关工作原理，结合故障现象分析可能的故障原因。根据需要结合相关车型，如有必要，画出电气原理简图。

3. 确定故障范围

结合诊断仪读取故障码、分析数据流或动作测试，进一步缩小故障范围。

4. 故障检测

根据分析有针对性地进行就车检测，分析测量数据，得出故障点。

5. 修复故障

根据故障点属性进行修复或换件维修。

6. 确定故障修复

功能复检，确认故障现象消失。

（二）典型故障案例分析

下面以迈腾 B8L 为例对典型故障进行分析。

1. 玻璃升降器开关常见故障的诊断与排除

如图 5-14 所示为迈腾玻璃升降器开关控制电路原理图。

（1）故障现象

打开点火开关，操作主开关 E512 上的左前玻璃升降器开关 E710，左前车窗玻璃无动作；操作主开关 E512 上的其他开关，其余车窗玻璃动作正常；关上车门，在车外长按遥控器闭锁键及解锁键，四车窗玻璃均能正常远程操控升降。

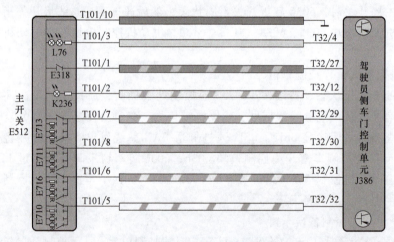

图 5-14 主开关电气原理图

（2）故障原因分析

操作遥控器远程操控时，驾驶员侧车窗动作正常，说明左前车门控制单元、左前车窗电动机及其供电线路均正常；操作主开关上其余车窗开关，其余车窗动作正常，由于主开关上四开关共用搭铁线路，所以排除搭铁线故障。根据 E710 信息流传递原理，可能故障原因为：

1）E710 开关故障。

2）E710 至左前车门控制单元 J386 间信号线故障。

3）J386 内部故障。

（3）故障码读取

连接诊断仪，打开点火开关，进入 J386 读取相关故障码。根据故障码激发机理，若 E710 反馈信号幅值明显高于 J386 提供的基准波形，则会在 J386 内激发故障码。其余情况如信号线断路或对地断路等均不会激发故障码。诊断仪读取后无相关故障码。

（4）E710 数据流读取

诊断仪进入 J386 读取左前开关数据流。打开点火开关操作 E710，数据流显示 E710 始终未断开，说明 J386 未接收到 E710 开关信号。

（5）测量 J386 端 E710 信号线波形

连接示波器，打开点火开关，操作 E710 测量 J386 端 T32/32 端子对地波形，正常波形应如图 5-5 所示。若波形正常随开关动作而变动，说明 J386 内部故障，更换 J386；若波形持续为 0~+B 方波，转下一步测量。

（6）测量主开关上 E710 端对地波形

连接示波器，打开点火开关，操作 E710，测量 E710 的 T101/5 端子对地电压波形，正常波形应如图 5-5 所示。若测得的波形同 J386 端 T32/32 端子对地波形，说明 E710 开关内部损坏；拆下 E710 并上下拨动开关，检测 E710 端 T101/5 端子与 T101/10 端子间阻值；若测得的波形持续为 0V，说明 E710 端 T101/5 端子至 J386 端 T32/32 端子信号线断路，转下一步测量。

（7）检测信号线阻值

关闭点火开关，拔下两端插接器，验证 E710 端 T101/5 端子至 J386 端 T32/32 端子信号线阻值。若为无穷大，则说明信号线断路；若存在一定阻值，则说明信号线存在虚接。

2. 玻璃升降器电动机常见故障的诊断与排除

迈腾玻璃升降器电动机控制电路原理图如图 5-15 所示，可以看出，车门控制单元控制玻璃升降器电动机的两个供电电路电流方向，实现电动机的正反转。

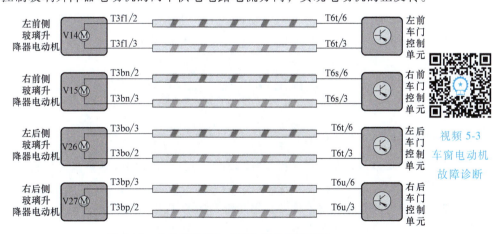

图 5-15　玻璃升降器电动机控制电路原理图

视频 5-3 车窗电动机故障诊断

以驾驶员侧车窗电动机为例，驾驶员侧车门控制单元 J386 通过其 T6t/6 端子至玻璃升降器电动机的 T3f 1/2 端子之间的电路连接至电动机的一端电刷，同时其 T6t/3

端子至玻璃升降器电动机的 T3f 1/3 端子之间的电路连接至电动机的另一端电刷。操作开关升降时，两条电路输出电压相反，进而驱动电动机正向或反向运转。

（1）故障现象

操作遥控器远程联动时，左前车窗玻璃不动作，打开点火开关，操作主开关，依然是左前车窗玻璃不动作，其余均正常。

（2）故障原因分析

采用两种信号输入方式，左前车窗玻璃均不动作，根据故障概率，初步推断左前车窗电动机控制电路故障。可能故障原因如下：左前车窗电动机 V14 自身故障或其供电线路故障或 J386 内部故障。

（3）故障码读取

连接诊断仪，打开点火开关，进入 J386 读取相关故障码。由于电动机采用电流监控式，即在控制模块内部与电动机供电回路串联一个电流采样电阻，因而当控制模块收到控制开关信号后就会控制电动机供电回路形成闭合回路，故而若电动机内部线路断路、供电线路断路或线路虚接电阻过大即会在控制模块内部激发断路故障码。故障诊断仪显示断路故障码。

（4）测量电动机端工作电压

在操作控制开关上升或下降时测量电动机端 T3fl/2 端子与 T3fl/3 端子间工作电压。若存在±B 电压，则说明电动机自身故障，检测电动机阻值验证，正常值应为 1.3~1.5Ω，如超出范围，则更换电动机。若无±B 电压，说明电动机供电线路或模块内部故障，转下一步测量。

（5）测量 J386 输出电压

操作车窗开关，测量 J386 端 T6t/6 端子与 T6t/3 端子间工作电压。若无±B 电压，则说明电动机模块内部故障，更换 J386。若存在正或负的+B 电压，则说明电动机供电线路断路，转下一步测量。

（6）分别测量供电线路阻值

关闭点火开关，断开 J386 端 T6t 及电动机端 T3fl 插接器，分别检测两根供电线路阻值。阻值应小于 1Ω，若某段线路阻值异常，即为该段线路故障。

任务二　电动后视镜系统故障诊断与排除

一、电动后视镜系统功能

后视镜用来反映车辆后方、侧方和下方的情况，使驾驶员的视界更广。后视镜分为外后视镜和内后视镜，这里指外后视镜。

为了便于驾驶员调整后视镜的角度，很多汽车安装了电动后视镜，驾驶员在行车时可方便地对左右后视镜的角度进行调节。电动后视镜常见功能如下：

1. 后视镜调节功能

打开点火开关或发动机运行期间，通过后视镜开关的选择开关选定左侧或右侧后视镜，再通过后视镜开关的调节开关分别调整左右两侧后视镜镜片的上、下、内、外的位置。

2. 后视镜折叠/展开功能

为了使汽车能够获得最大的驻车间隙，通过尽可能狭小的路段，有的电动后视镜还带有折叠功能，通过折叠开关来控制折叠电动机工作，使两个后视镜整体回转折叠或展开。另外一种折叠/展开控制方式是与门锁系统联动，即车门闭锁时后视镜折叠，解锁时后视镜展开。

3. 后视镜加热功能

为了除去后视镜镜片上的雾气或水珠，在后视镜镜片背面装有电热丝，根据开关信号结合外界环境需要，对镜片进行加热除雾。

4. 倒车后视镜镜片联动功能

在倒车时为了便于观察后部车轮轮廓附近状况，往往需要将某侧后视镜片向下、向内置于反射景象为某侧后车轮。有的车型配置有后视镜镜片倒车联动功能，即打开点火开关或发动机运行，变速器处于倒档位置，将后视镜选择开关置于 L 或 R 位，则选定左侧或右侧后视镜镜片自动翻转至之前设定位置。

5. 驻车后视镜折叠功能

设置好此项功能，在使用遥控器或无钥匙闭锁、解锁车门的同时，电动后视镜可实现折叠或展开。

二、电动后视镜系统组成及工作原理

电动后视镜控制系统按控制方式分常见的有两种：一种是开关直接控制式，即后视镜控制开关直接串联于后视镜电动机供电线路中；另一种是模块控制式，即开关信号传递至控制模块（车型不同模块数量也不尽相同），然后再由模块根据不同信号输入控制后视镜电动机进行相应动作。

（一）开关直接控制式后视镜组成及工作原理

1. 开关直接控制式电动后视镜结构组成

电动后视镜主要由后视镜调整开关、电动后视镜电动机、镜面、外壳及连接件等组成，如图 5-16 所示。后视镜的背后装有两套电动机和驱动器，可操纵后视镜上下及左右转动，一套折叠电动机和驱动器，可操纵后视镜折叠或展开。通常上下方向的转动用一个电动机控制，左右方向的转动用另一个电动机控制，折叠/展开再用一个电动机控制。通过改变电动机的电流方向，即可完成对后视镜的上下左右方向的调整。

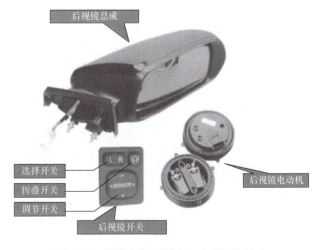

图 5-16　开关直接控制式电动后视镜组成

2. 开关直接控制式电动后视镜系统工作原理

丰田卡罗拉电动后视镜为开关直接控制式，电路原理图如图5-17所示。点火开关置于ACC或ON位时，将后视镜选择开关置于L或R位，操作外后视镜开关的上/下、左/右键，控制后视镜电动机做相应动作，从而带动车外后视镜镜片动作。两侧后视镜的动作控制原理相同，下面以左侧后视镜调整为例进行讲解。

选择开关置于"L"位：

（1）左侧后视镜向上运动

当按下车外后视镜开关的操纵开关"上"键时，车外后视镜开关E17的8端子与4端子接通，6端子与7端子接通。电流信号走向：蓄电池正极→ACC熔丝→E17（8-4端子）→I2（5-4端子）→插接器E56/E57（6A-1B端子）→E17（6-7端子）→E1搭铁→蓄电池负极。

（2）左侧后视镜向下运动

当按下车外后视镜开关的操纵开关"下"键时，车外后视镜开关8端子与6端子接通，4端子与7端子接通。电流信号走向：蓄电池正极→ACC熔丝→E17（8-6端子）→插接器E56/E57（1B-6A端子）→I2（4-5端子）→E17（4-7端子）→E1搭铁→蓄电池负极。

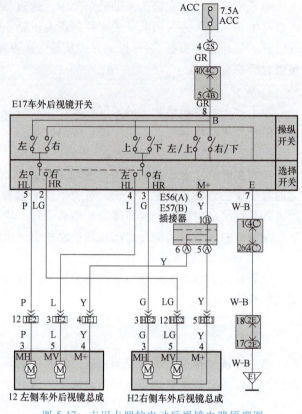

图5-17　丰田卡罗拉电动后视镜电路原理图

（3）左侧后视镜向左运动

当按下车外后视镜开关的操纵开关"左"键时，车外后视镜开关8端子与5端子接通，6端子与7端子接通。电流信号走向：蓄电池正极→ACC熔丝→E17（8-5端子）→I2（3-4端子）→插接器E56/E57（6A-1B端子）→E17（6-7端子）→E1搭铁→蓄电池负极。

（4）左侧后视镜向右运动

当按下外后视镜开关的操纵开关"右"键时，车外后视镜开关8端子与6端子接通，5端子与7端子接通。电流信号走向：蓄电池正极→ACC熔丝→E17（8-6端子）→I2（4-3端子）→插接器E56/E57（6A-1B端子）→E17（5-7端子）→E1搭铁→蓄电池负极。

（二）模块控制式后视镜系统组成及工作原理

1. 模块控制式后视镜系统组成

模块控制式电动后视镜主要由后视镜控制开关、左侧后视镜总成、右侧后视镜总成、控制模块等组成。不同车型控制开关信息传递与控制模块不尽相同，但后视镜总成基本相同。以迈腾 B8L 汽车为例，其电动后视镜控制系统部件组成如图 5-18 所示。

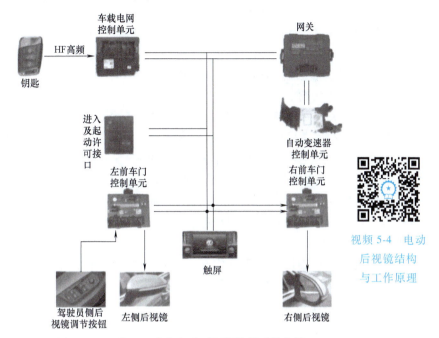

图 5-18　迈腾 B8L 汽车电动后视镜控制系统部件

（1）后视镜控制开关

迈腾 B8L 汽车后视镜控制开关如图 5-19 所示，包含后视镜调节转换开关 E48、后视镜调节开关 E43、后视镜折叠开关 E263、后视镜加热开关 E231。

（2）后视镜总成

迈腾 B8L 汽车电动后视镜总成包括调节电动机、折叠电动机和加热丝，如图 5-20 所示。

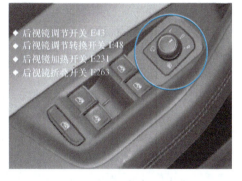

图 5-19　迈腾 B8L 后视镜控制开关

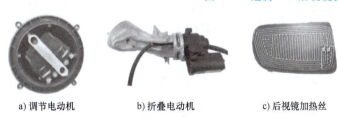

a) 调节电动机　　　b) 折叠电动机　　　c) 后视镜加热丝

图 5-20　迈腾 B8L 汽车后视镜总成

2. 控制信息流分析

（1）驻车后视镜折叠

需在触屏中开启驻车后视镜折叠功能，若关闭则该功能被抑制。

操作遥控器锁车，车载电网控制单元 J519 接收到遥控器锁车信息并通过舒适

CAN 总线将信息传递至左前车门控制模块 J386 和右前车门控制模块 J387，J386 控制左侧后视镜折叠电动机动作，实施后视镜折叠，J387 控制右侧后视镜折叠电动机动作，实施后视镜折叠；展开控制信息流同折叠信息流一致。

无钥匙锁车或解锁也可实现后视镜折叠/展开功能。进入及起动许可接口接收车门锁止或解锁传感器信息，并将信息通过舒适 CAN 总线传递至两前车门控制模块 J386 和 J387，后续信息流传递同遥控器操作。

（2）后视镜手动调节

打开点火开关，后视镜选择 L 位及调节开关信息传递至左前车门控制模块 J386，J386 控制左侧后视镜总成相应电动机供电并产生相应动作；若触屏中开启左右侧后视镜联动功能，则 J386 会同时将开关信息通过舒适 CAN 总线传递至右前车门控制模块 J387，J387 解析开关信息同时调整右侧后视镜相关电动机供电并产生相应动作。

后视镜选择 R 位及调节开关信息传递至左前车门控制模块 J386，J386 将开关信息通过舒适 CAN 总线传递至右前车门控制模块 J387，J387 控制右侧后视镜总成相应电动机供电并产生相应动作。

后视镜选择开关置于折叠/展开位，折叠开关信息传递至左前车门控制模块 J386，J386 控制左侧后视镜总成折叠电动机供电并产生相应动作，同时将折叠开关信息通过舒适 CAN 总线传递至右前车门控制模块 J387，J387 控制右侧后视镜总成折叠电动机供电并产生相应动作。

后视镜选择开关置于加热档位，开关信息传递至左前车门控制模块 J386，J386 控制左侧后视镜镜面背后加热丝供电，同时将加热开关信息传递至右前车门控制模块 J387，J387 控制右侧后视镜镜面背后加热丝供电。

（3）倒车后视镜镜片联动功能

若想设定右侧后视镜镜片倒车联动功能，需要打开点火开关将选择开关置于 R 位，变速器置于倒档，然后根据驾驶员视野将右侧后视镜镜片调整至右后车轮轮廓附近视野，电动机内集成的位置传感器将相应位置信息同步传递至右侧车门控制模块 J387，J387 即会记忆右侧后视镜镜片倒车联动。下次操作时，只需要打开点火开关或起动发动机，将后视镜选择开关选定 R 位，变速器挂上倒档，这些信息传递至右前车门控制模块 J387，J387 即会控制右侧后视镜总成内相应电动机供电并将镜片自动调整到之前设定的位置。变速器脱离倒档或后视镜选择开关不在 R 位，J387 控制相应电动机供电并将右侧后视镜镜片调整至前进时镜片位置。左侧后视镜镜片倒车记忆设定及信息流传递除选择开关需置于 L 位外，其余与右侧设定一致。

三、电动后视镜系统故障诊断与排除

下面以迈腾 B8L 车型为例对电动后视镜典型故障进行分析。

1. 开关类典型故障

（1）故障现象

操作遥控器，两侧后视镜折叠/展开功能正常；打开点火开关及照明灯，操作后视镜开关 EX11（背景灯亮），两侧后视镜均不动作（上、下、左、右及折叠）。

视频 5-5　电动后视镜不工作故障诊断

（2）故障现象分析

遥控时后视镜折叠/展开功能正常，但手动折叠/展开不动作，初步推断 J386 未收到折叠开关信号。根据电路图，后视镜折叠开关与背景灯共用搭铁，背景灯正常，排除搭铁线故障。另折叠开关与选择开关共用信号线，结合两侧后视镜均无法调节，可能故障原因为：选择与折叠信号线故障、EX11 或 J386 局部故障。

（3）读取故障码

J386 控制单元中无故障码。

（4）读取控制开关数据流

打开点火开关，分别操作后视镜选择开关至"L—0—R—伸缩—加热"档位，数据流均显示空档，说明 J386 未收到选择开关信号，认为选择开关始终处于 0 位。

（5）测量 J386 端选择开关信号

打开点火开关，分别操作选择开关至"L—0—R—伸缩—加热"档位，测量 T32/25 端子对地波形为持续 0~+B 幅值不变的方波，信号异常，转下一步测量。

（6）测量选择开关端信号

打开点火开关，分别操作选择开关至"L—0—R—伸缩—加热"档位，测量 T6V/5 端子对地波形为持续 0V 一条直线。

（7）测量数据分析

对比选择开关信号线两端实测波形，推断该线断路，转下一步测量。

（8）信号线阻值检测

关闭点火开关，断开 J386 端 T32 与控制开关端 T6V 插接器，检测选择开关信号线电阻为无穷大，说明选择开关信号线断路。

（9）故障机理总结

后视镜选择开关信号线断路，使得 J386 无法解析选择开关位置，始终认为开关置于 0 位，导致故障。

2. 电动机类典型故障

（1）故障现象

打开点火开关及照明灯，操作 EX11（背景灯亮），后视镜手动折叠/展开功能正常；置于 L 位，向上、向左调节时，左侧镜片向左上调节；向下、向右调节时，镜片向右下调节，且镜片动作缓慢；置于 R 位，功能均正常，折叠及加热功能正常。

（2）故障现象分析

操作后视镜，左侧镜片斜向调节，且动作缓慢；根据电路图，V17、V149 存在共用线路，现两电动机均异常，基于故障概率，初步推断其共用线路故障或 J386 局部故障。

（3）读取故障码

J386 控制单元中无故障码。

（4）使用诊断仪进行电动机动作测试

动作测试结果依旧。

（5）测量电动机端 V17、149 共用供电线

打开点火开关，操作 EX11 至 L 位，向左调节后视镜，测得后视镜电动机总成

T3cj/2 端子对地实测电压为 7V，标准电压应为+B，数据异常，转下一步测量。

(6) J386 端 V17 供电线路

打开点火开关，操作 EX11 至 L 位，向左调节后视镜，测得 J386 的 T16r/5 端子对地实测电压为 0V，标准电压为+B。

(7) 测量数据分析

对比 V17、V149 共用供电线路两端电压差，推断该段线路故障，经阻值验证该线阻值无穷大，说明 V17 与 V149 电动机共用线断路。

(8) 故障机理分析

V17、V149 共用供电线断路，使得选择开关置于 L 位、调节后视镜时，V17 电动机与 V149 电动机形成串联电路导致故障。

任务三　电动座椅系统故障诊断与排除

一、电动座椅系统功能

电动座椅是指以电动机为动力，通过传动装置和执行机构来调节座椅的各种位置。其目的是通过对座椅的调节改变坐姿，减少驾乘人员长时间乘车的疲劳。随着汽车技术的发展，电动座椅在位置调节基础上又增加了诸如加热、通风、位置记忆等若干功能。其具体功能如下：

1. 座椅位置调节功能

汽车电动座椅控制系统不仅可以实现座椅滑动、靠背倾角的调整，而且还可以实现高度、头枕、脊柱（腰部支撑）等位置的调整。

2. 商务功能

商务功能是指后排右侧乘客可以更改前排乘客座椅的前后位置，方便其进入车辆或使后排空间更宽敞。从后部按动前排乘客座椅椅背上的商务功能按键（图5-21），可前后移动前排乘客座椅位置。

3. 座椅加热功能

座椅加热是指利用座椅内部的加热丝对座椅加热，再透过坐垫将热能传递给乘坐人臀部或背部的功能。座椅的加热功能，是为了提升冬季乘车舒适感。根据不同配置，有的车型仅具备坐垫加热功能，有的既具备坐垫加热功能还具备靠背加热功能。座椅加热能耗较大，所以在许多带有电源管理功能的车型中，当车载电网过载时，座椅加热和通风将会被关闭。

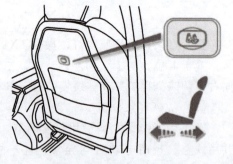

图 5-21　商务功能按键

4. 座椅通风功能

座椅通风是指增加座椅面和乘坐者之间空气流通的功能。一般是通过座椅内的风扇带动空气流动，空气从椅面上的小孔中流出，实现通风功能，其目的是提升夏季乘坐时舒适性。注意，绝大部分车型座椅通风采用的是室内空气，不是采用空调系统的冷风或热风，此外座椅加热与通风一般不能同时启用。

5. 座椅位置记忆功能

座椅位置记忆功能的目的是可根据驾驶者的不同体态及方向盘位置，在调整好座椅及后视镜位置后，将相应位置进行记忆，在下次上车或被人为将位置调整后快速将座椅和后视镜位置调出并自动调整至原先设定位置。

可记忆电动座椅既具有普通电动座椅的机械调节功能，可适应不同驾驶员的坐姿需要，同时又增加了座椅位置的记忆及调出功能。通常情况下，具备座椅记忆的车型，一般具备电动后视镜、转向柱联动功能，有的车型还会与HUD（抬头显示）功能相联动。另外座椅记忆根据不同车型配置，有的仅装备在主驾驶员座椅，有的车型装备了前排两个座椅，有些豪华车型实现了全车座椅进行装备。这些记忆功能一般设置有两到三组不同位置的记忆。

6. 座椅按摩功能

座椅按摩在汽车上是指通过座椅内的气动装置为乘坐者简单按摩缓解疲劳的功能。一般是通过电子振荡器控制座椅内的多个气压腔，在压力不断改变的过程中使座椅面随之运动，来实现简单的按摩椅功能。座椅按摩功能虽然无法完成较大幅度及大力度的真正按摩效果，但是能通过气压腔引发的座椅面运动对乘坐者与椅面接触的部位进行一定的挤压、推动，来调整、改变坐姿以维持乘员身体的一定动态，起到一定程度的保护及按摩的效果。常见车型通常只有驾驶员和前排乘员座具有座椅按摩功能，可以选择按摩类型和按摩强度。

二、电动座椅系统组成及工作原理

（一）电动座椅控制系统分类

1. 按调节方向分类

根据使用电动机的数量，电动座椅可分为2方向式、4方向式、6方向式、8方向式、12方向式和18方向式等。

如图5-22所示为18方向调节座椅，可实现座椅纵向调节、高度调节、靠背调节、倾斜度调节、4方向脊柱调节（向上/向下；向前/向后）、头枕、座椅深度和头靠电动调节功能，对应调节电动机位置如图5-23所示。

2. 按有无加热功能分类

根据有无加热功能，电动座椅可分为无加热器式与有加热器式两种。有加热器式电动座椅又可以分为档位可调式和不可调式。

3. 按有无存储功能分类

按有无存储功能，电动座椅可分为无存储功能和有存储功能两类。有存储功能的电动座椅，可以将每次驾驶员或乘客调整电动座椅后的数据存储下来，作为以后重新调整座椅位置时的基准。此外，在座椅中还附加了一些特种功能的装置，如在气垫座椅上使用电动气泵，对各个专用气囊（腰椎支撑气囊、侧背支撑气囊、座位前部的大腿支撑气囊）进行充气，起到调节支撑腰椎、侧背、大腿的作用。

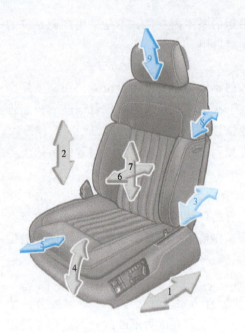

图 5-22 18 方向座椅

图 5-23 18 方向座椅调节电动机

1—纵向调节 2—高度调节 3—靠背调节 4—倾斜度调节 5—座椅深度调节 6—水平方向脊柱调节 7—垂直方向脊柱调节 8—头靠调节 9—头枕调节

1—纵向调节电动机 2—高度调节电动机 3—靠背调节电动机 4—倾斜度调节电动机 5—座椅深度调节电动机 6—水平方向脊柱前凹电动机 7—垂直方向脊柱前凹电动机 8—头靠调节电动机 9—头枕调节电动机 10—座椅记忆单元

4. 按控制方式分类

按控制方式，电动座椅分为开关直接控制式和模块控制式。开关直接控制式即电动座椅控制开关直接串联于不同电动机电路或加热丝电路中；模块控制式是指控制单元接收控制开关信号并结合其他信号控制相关执行器如电动机或加热丝或通风鼓风机等运行。随着电动座椅功能日益丰富，目前大部分品牌车型电动座椅都采用了模块控制式。

（二）电动座椅组成

为了实现座椅位置的调节，电动座椅包括若干个双向电动机、传动装置和控制电路（包括控制开关、传感器、控制单元）。开关和位置传感器包括座椅各位置（头枕、靠背、腰部、滑动、前垂直、后垂直）的电动开关、座椅各位置传感器、安全带扣环传感器及转向盘倾斜传感器等；控制单元包括转向柱倾斜与伸缩控制单元和电动座椅控制单元；执行机构主要包括座椅调整、安全带扣环及转向盘倾斜调整的驱动电动机等，而且这些电动机均可灵活地进行正反转，以执行各种装置的调整功能。

1. 电动机

电动座椅大多采用永磁式双向电动机驱动，为了防止电动机过载，大多数永磁式电动机内装有热过载保护断路器。

2. 传动装置

电动座椅的传动装置可以把动力传至座椅，通过控制开关实现座椅不同位置的调节。传动装置主要包括变速器、万向节、软轴及齿轮传动机构等。变速器的作用是降速增矩。电动机轴分别与软轴相连,软轴再和变速器的输入轴相连,动力经过变速器的降速增矩以后,从变速器的输出轴输出,变速器的输出轴与蜗杆轴或齿轮轴相连,最终蜗轮蜗杆或齿轮齿条带动座椅支架产生位移。

3. 手动调节开关

它主要是用来调整座椅的各种位置。当按下此开关后,控制单元就会控制相应电动机运转,按照驾驶人的要求调整座椅的位置。

4. 座椅记忆复位开关

它主要是用来存储或恢复驾驶员已经调整好的座椅位置。只要按下此按钮,就能按存储的各个座椅位置的要求调整座椅的位置。

5. 位置传感器

自动座椅位置传感器主要有两种形式:一种是滑动电位器式;另一种是霍尔式。

6. 控制单元

控制单元主要用来控制靠手动调节开关的座椅调节装置,也能根据从转向柱倾斜与伸缩控制单元、位置传感器等送来的信号存储座椅位置。

(三) 电动座椅调节控制原理

1. 开关控制式电动座椅调节控制原理

如图5-24所示,该电动座椅包括滑动电动机、前垂直电动机、倾斜电动机、后垂直电动机和腰垫电动机,可以实现座椅的前后移动、前部高度调节、靠背倾斜程度调节、后部高度调节及腰椎前后调节。现以座椅靠背的倾斜调节为例,介绍电路的控制过程。

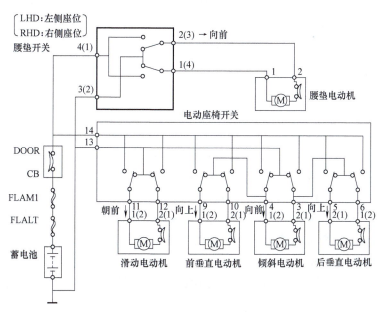

图 5-24 电动座椅的控制电路

当电动座椅的开关处于倾斜位置时,如果要调整靠背向前倾斜,则闭合倾斜电动机的前进方向开关,即端子4置于左位时,控制电路为:蓄电池正极→FLALT→FLAM1→DOOR CB→端子14→(倾斜开关"前")→端子4→1(2)端子→倾斜电动机→2（1）端子→端子3→端子13→搭铁。此时座椅靠背向前倾斜。

端子3置于右位时，倾斜电动机反转，座椅靠背向后倾斜。此时的电路为：蓄电池正极→FLALT→FLAM1→DOOR CB→端子14→（倾斜开关"后"）→端子3→2（1）端子→倾斜电动机→1（2）端子→端子4→端子13→搭铁。

2. 带记忆功能的电动座椅

带记忆功能的电动座椅的基本结构及驱动方式与开关控制式的电动座椅相似，只是在开关控制式的电动座椅基础上增加了一套具有存储记忆功能的电子控制系统。电子控制系统可以存储不同驾驶员或乘客的座椅位置，不同的驾驶员或乘客可以通过一个按钮调出自己的座椅位置，使得座椅的调整更加方便快捷。有些车型配备的带记忆功能的座椅还会同时具备座椅舒适出入功能（座椅在车门打开时自动向后驶进一定距离）、转向柱方便进出功能、安全带位置记忆和后视镜联动调节功能。

（1）带记忆功能的电动座椅控制系统的组成

带记忆功能的电动座椅控制系统有2套控制装置：一套是手动的，包括电动座椅开关、座椅调节控制电动机和一组座椅位置调整电动机等，驾驶员或乘客可以根据自身需要通过相应的座椅开关来调整；另一套是自动的，包括座椅位置传感器、记忆和复位开关、座椅调节控制单元及与手动控制系统共用的一组调整电动机，图5-25为辉腾电动座椅开关总成示意图。

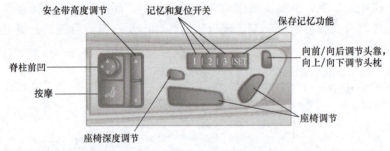

图5-25　辉腾电动座椅开关总成

（2）带记忆功能的电动座椅控制原理

图5-26所示为辉腾驾驶员侧带记忆功能的电动座椅控制框图。

1）电动座椅调节功能。带记忆功能的座椅调节控制单元接收座椅调节开关的信号后，会控制对应座椅调节电动机工作。

2）电动座椅记忆功能。座椅调节电动机内置霍尔传感器，记录当前电动机位置，将此信息传递给座椅调节控制单元，此时操作座椅记忆和复位开关（按下"SET"键，再按下"1"或"2"或"3"任何一个数字键），座椅调节控制单元则将这一组座椅位置信息存储下来。此后按下数字按键，座椅调节控制单元便会将座椅调节至之前存储的位置。

3）座椅舒适出入功能。打开车门后，座椅调节控制单元从车门控制单元接收此信息后，会控制座椅向后移动10cm距离，以方便驾驶员上下车；打开点火开关（端子15打开）时，座椅回到初始位置。此项功能可在车辆设置中打开或关闭。

4）转向柱方便进出功能。通过转向柱控制模块上的开关激活该功能，此时，转

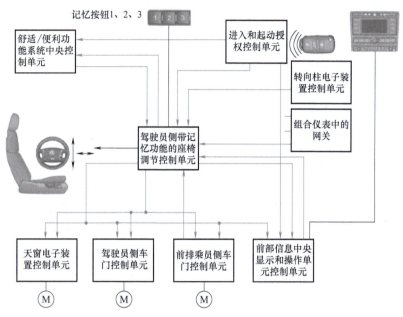

图 5-26　驾驶员侧带记忆功能的电动座椅控制电路

向柱会以电动方式移动到上部和前部最大位置（停车位置），以方便驾驶员上下车。在打开点火开关（端子 15 打开）时，转向柱又重新回到初始位置。在发动机起动过程中，转向柱的移动被中断。如图 5-27 所示，转向柱电子控制单元将转向柱调节开关信息通过舒适 CAN 总线发送到驾驶员座椅调节控制单元，控制单元控制转向柱调节电动机 Y 和转向柱调节电动机 Z 并记录当前转向柱位置。拔出点火钥匙时将保存转向柱的当前位置并驶入停车位置，打开点火开关时，转向柱又重新驶入上次保存的位置。

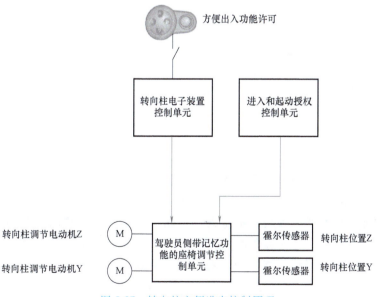

图 5-27　转向柱方便进出控制原理

(四)座椅加热控制原理

座椅加热系统可以对驾驶员和乘客的座椅进行加热,使乘坐更加舒适。有些汽车座椅的加热速度可以调节,有些不可以调节。图 5-28 为本田雅阁汽车座椅加热电路图。此座椅的加热速度可以调节。驾驶员和前排乘员座椅的加热器和加热控制开关相同。其中,HI 表示高位加热,LO 表示低位加热。该座椅加热系统可以单独对驾驶员侧或前排乘员侧的座椅进行加热,也可以同时对两座椅进行加热。下面以驾驶员侧的座椅加热器为例,分析其工作过程。

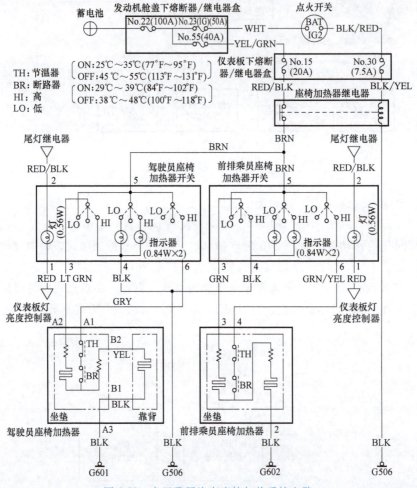

图 5-28 本田雅阁汽车座椅加热系统电路

1)当加热器开关断开时,加热系统不工作。

2)当加热器开关处于"HI"位置时,电流首先经过点火开关给座椅加热器的继电器线圈通电,线圈产生磁场使继电器开关闭合。此时加热器的电路为:蓄电池正极→熔断器→继电器开关→加热器开关端子 5,然后电流分为 3 个支路:一路经指示灯→继电器端子 4→搭铁,指示灯点亮;另一路经加热器开关端子 6→加热器端子 A1→节温器→断路器→靠背线圈→搭铁;还有一路经加热器开关端子 6→加热器端子 A1→节温器→断路器→坐垫线圈→加热器端子 A2→加热器开关端子 3→加热器开关端子 4→搭铁。此时靠背线圈和坐垫线圈并联加热，加热速度较快。

3) 当加热器开关处于"LO"位置时，电流流向为：蓄电池正极→熔断器→继电器开关端子 5，然后分为 2 个支路：一路经指示灯→加热器端子 4→搭铁，低位指示灯点亮；另一路经加热器开关端子 3→加热器端子 A2→加热器坐垫线圈→加热器靠背线圈→搭铁。此时靠背线圈和坐垫线圈串联加热，电路中电流较小，因此加热的速度较慢。

（五）电动座椅通风系统控制原理

如图 5-29 所示为东风标致 508L 驾驶员座椅通风系统主要组成部件。通风所用的空气来自于乘客舱，因此出风温度取决于乘客舱的温度。对于坐垫，鼓风机吸入座椅下方的空气，然后通过坐垫上的小孔吹出；对于靠背，利用靠背上单独设计的进风口吸入空气，然后通过靠背上的小孔吹出。两种进风方向的示意图如图 5-30 所示。

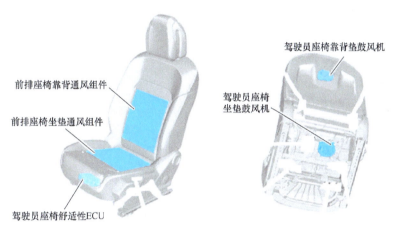

图 5-29　驾驶员座椅通风系统主要组成部件

如图 5-31 所示为东风标致 508L 驾驶员座椅通风系统原理框图。从开关按键上可以很清楚地看出通风有三个档位。由于座椅通风鼓风机是大功率用电器，所以中央智能控制单元 BSI1 会对系统进行能量管理，通风的启用条件为发动机处于运行状态且蓄电池电量要符合一定值。通风工作原理为，在达到启用条件后，按下开关（风量有三档），加热通风控制面板解析开关状态及档位并通过信息娱乐 CAN 总线将开关指令传递至中央智能控制单元 BSI1，中央智能控制单元再通过 LIN 总线发出控制指令至加热通风控制单元，最后加热通风控制单元给座椅通风的坐垫和靠背鼓风机供电，鼓风机运转完成座椅通风。

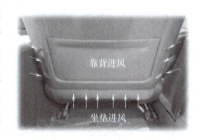

图 5-30　驾驶员座椅通风系统进风方向示意图

三、电动座椅系统故障诊断与排除

现以福特金牛座电动座椅不能前后滑动为例介绍故障诊断与检测方法，座椅控制

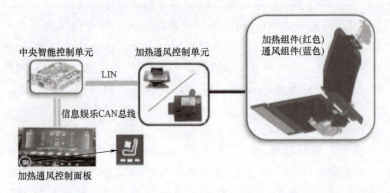

图 5-31　东风标致 508L 驾驶员座椅通风系统原理框图

电路如图 5-32、图 5-33 所示。电动座椅检修方法为：若电动机运转而座椅不动，首先查看是否已到极限位置，然后检查电动机与变速器之间的相关轴是否磨损过大或损坏，必要时应更换；若电动机不工作，应检查电源线路、开关线路、电动机控制线路是否断路，搭铁是否牢固，然后进行如下单件检测：

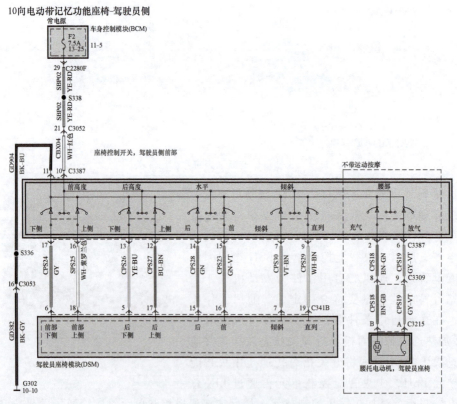

图 5-32　金牛座电动座椅电路（开关）

1. 电动座椅开关检查

检查各端子之间的导通状况（表 5-1）。若导通状况不符合规定要求，应更换开关。

项目五 汽车辅助电气系统维修

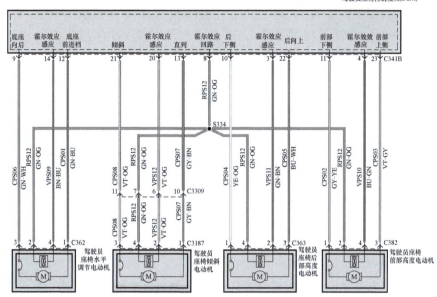

图 5-33 金牛座电动座椅电路（电动机及传感器）

表 5-1 座椅开关的检查

端　子		开关位置			
		10	11	14	15
滑动开关	向前	○——————————————○			
			○————————○		
	关断				
	向后		○————————○		
				○——————————————○	

2. 驾驶员座椅水平调节电动机的检查

驾驶员座椅水平调节电动机检查的基本思路：把蓄电池的正、负极分别接至电动座椅电动机插接器端子，检查时按表 5-2 所列把蓄电池正、负极分别接在各端子之间，检查电动机的工作情况。

表 5-2 驾驶员座椅水平调节电动机的检查

端子	位置		端子	位置	
	1	3		1	3
前	+	−	后	−	+

3. 位置传感器检测

拆下驾驶员座椅，调节驾驶员电动座椅前后移动，用示波器测量驾驶员座椅水平电动机总成 C362-2 与 C362-4 之间波形。

4. DSM 的检查

检测滑动开关信号是否正常，在开关处于向前位置时，DSM C341A-10 为 +B

电位，DSM C341A-10 为搭铁电位；在开关处于向后位置时，DSM C341A-10 为搭铁电位，DSM C341A-10 为 +B 电位。若正常，则用万用表检测 DSM C341F-6 与 DSM C341F-5 之间电压，在操作滑动开关时，将产生 ±B 电压，否则说明 DSM 故障。

任务四　中控门锁系统故障诊断与排除

为提高汽车使用的便利性和安全性，现代汽车越来越多地安装了中央控制门锁系统，简称为中控门锁系统。中控门锁系统包括门锁机构、控制开关、遥控器、接收器天线，控制单元等部件，这些部件的有机组合形成了完整的中控门锁系统，从而实现车辆中控门锁系统的功能。

一、中控门锁系统功能

1. 汽车中控门锁系统功能

中控门锁全称是"中央控制车门锁"。中控门锁控制系统一般都具有以下几种功能：

视频 5-6　中控门锁功能

（1）钥匙中控功能

每辆车钥匙都具备独有齿形码的机械钥匙与车辆匹配。利用机械钥匙插入驾驶员侧锁孔拧动以带动转动控制开关来完成车门闭锁或解锁。

（2）室内中控门锁功能

通过操纵室内中控门锁按键，实现车门及行李舱闭锁或解锁，按键安装于驾驶员侧车门边或仪表台处。

（3）遥控器操作功能

通过按压遥控器上的不同按钮，实现车门锁止、车门解锁、行李舱开启等功能。

（4）无钥匙进入功能

随着汽车电子技术的发展，越来越多的车辆配备了无钥匙进入功能。目前主流的无钥匙进入功能主要有两类。一类是被动式进入功能，如图 5-34 所示，即携带合法电子钥匙进入到车辆有效范围后（常见是 1.5~2m），通过触摸门把手解锁或闭锁传感器实现车辆门锁的解锁或闭锁；另外一类是主动式进入功能，如图 5-35 所示，即只需要携带合法电子钥匙进入到车辆有效范围，车辆门锁即会主动实现解锁，当携带合法钥匙离开车辆有效范围后，车辆门锁即会主动闭锁。

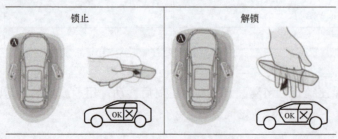

图 5-34　被动式无钥匙进入

（5）应急锁止、解锁功能

当车辆蓄电池没电或中控门锁出现故障时，应仍可实现所有车门的锁止和解锁。驾驶员侧车门可通过机械钥匙实现应急闭锁和解锁，其他三个车门还装有应急锁止装置，一般在车门侧面设有应急锁止孔或机械锁杆。

图5-35　主动式无钥匙进入

（6）儿童安全锁止功能

为防止车内儿童擅自打开车门，设有儿童安全锁。常见儿童锁有两种：一种为机械式，另外一种为电子式。

（7）行李舱操作

1）行李舱锁止。常见车辆的行李舱锁止为机械锁止，即只需要手动将行李舱关闭即可实现行李舱锁止；具备行李舱脚步感应的车辆，可携带合法电子钥匙至行李舱处通过脚步扫踢实现行李舱开启、暂停、关闭等功能。具备脚步感应功能的车辆一般可设定与中控门锁联动功能，即设定后可通过行李舱锁止或解锁实现中控门锁同步锁止或解锁，当然也可设置成为行李舱单独开启功能。

2）手动解锁。行李舱手动解锁常见的方式有如下几种。一为遥控解锁，即长按遥控器上行李舱按键（有的车型需要连续按压两次），即可实现行李舱开启；二为机械开关开启，开关一般位于驾驶员侧A柱下边或者地板上；三为按键开启，按键开启一般有两种方式，其一是在驾驶员侧门板处或仪表台上安装电子开关按键；其二是中控门锁解锁后通过按行李舱处的开启器开关实现行李舱开启；四为脚步感应开启，即车辆配置有行李舱脚步感应功能的，只要携带合法电子钥匙至行李舱处，通过脚步扫踢即可实现行李舱开启、暂停、关闭等功能。

3）行李舱应急开启。当中控门锁系统不能工作时可通过应急方式开启行李舱。有的品牌车型通过一根拉索隐藏于后排座椅下方，需要应急开启行李舱时只需要拉动拉索即可实现行李舱应急开启，但为了防止误操作，越来越多车型取消了拉索操作方式，而是在行李舱锁总成预设应急开启装置，可使用工具拨动孔内开关实现行李舱应急开启，如图5-36所示。

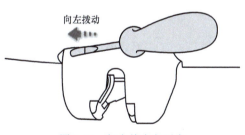

图5-36　行李舱应急开启

（8）速度感应行车落锁功能

车门及行李舱处于关闭状态时，当车速达到某个值（常见车型速度为10km/h），此时车门会自动落锁，以保证行车安全。一般行车落锁可以根据用户进行设定，不同车型设定方式略有差异。

（9）碰撞门锁解锁功能

当车辆发生碰撞事故而致使安全气囊系统展开时，车门会自动解锁，以便于驾乘人员逃生。

（10）门控应急电源功能

为了进一步保证中控系统使用中的安全性，有的车型还具备门锁控制应急电源，进而实现蓄电池在断开时依然能够维持车门解锁功能。

（11）双重锁功能

有的车型为了提高门禁系统的安全性还具备双重锁功能，即在每个车门上再加装一个门锁电动机，通过钥匙插入锁芯，并且在3s内两次转到锁定位置；或遥控器上的锁定按钮在3s之内被按下两次即可实现双重锁电动机动作，双重锁电动机将门内拉手与门锁机构分离，使之无法从车内通过门把手将车门打开。

（12）分段式开锁功能

有些车型使用遥控器解锁车门时可设置整体式开锁和分段式开锁两种方式。整体式开锁是指按动遥控器解锁键时，车辆全部门锁（包含行李舱锁或行李舱门锁）均开锁。分段式开锁是指在按动一次遥控器开锁按钮时，只有驾驶员侧车门门锁打开，其他门的门锁不解锁，连续按动两次，全部车门解锁。

2. 汽车中控门锁分类

中控门锁种类繁多，其分类如下：

1）按门锁执行机构不同分为电磁线圈式中控门锁、直流电动机式中控门锁和气动式中控门锁。

2）按门锁控制方式不同分为电容式中控门锁、晶体管式中控门锁、车速感应式中控门锁、集成电路（IC）式中控门锁和控制单元式中控门锁。

3）按门锁操纵方式不同分为钥匙式中控门锁、遥控器式中控门锁、无钥匙进入式门锁。

4）按功能不同分为不带防盗系统的中控门锁和带防盗系统的中控门锁。

二、中控门锁系统组成

中控门锁系统主要由门锁机构、门控开关、控制模块、遥控器及接收器天线等组成。如图5-37所示为东风标致508中控门锁系统示意图，包括钥匙（含遥控功能）、外部开启装置、内部开启装置、四个门锁及行李舱锁、燃油加注口盖锁、高频接收天线（集成于方向盘控制模块）、门锁控制单元（功能集成于中央智能控制模块）等。

（一）中控门锁开启信号

中控门锁开启信号主要是指开启车门、行李舱的输入信号，其信号来源包括车门钥匙、中控门锁按键、行李舱开启开关、电子儿童锁开关、钥匙锁止开关等。

1. 车门钥匙

车门钥匙的功能是实现在车门外面锁车或打开车门锁，同时车门钥匙也是点火开关、燃油箱、行李舱等全车设置锁的地方共用的钥匙。如图5-38所示，车门钥匙一般由机械钥匙和电子集成电路板组成，机械钥匙用于开启驾驶员侧车门锁芯，电子集成电路板可以实现远程遥控或免钥匙功能。

项目五 汽车辅助电气系统维修

图 5-37 东风标致 508 中控门锁系统结构组成

视频 5-7 中控门锁系统的组成

2. 中控门锁按键

门锁开关通常安装在驾驶员侧车门把手上或仪表中控面板上，驾驶员可通过操作开关在车内实现开锁或闭锁。

3. 钥匙操纵开关

钥匙操纵开关又称钥匙锁止和开启开关，装在左前门外侧门锁上，如图 5-39 所示。当从车外面用车门钥匙开车门或锁门时，钥匙操纵开关便发出开门或锁门的信号给门锁控制单元，实现车门打开或锁止。

图 5-38 车门钥匙

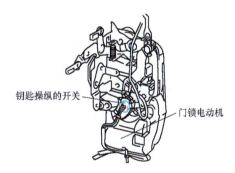

图 5-39 钥匙操纵开关

4. 行李舱开启器开关

行李舱开启器开关用于驱动行李舱电动机工作，开启行李舱，外部开启器开关安装在行李舱门上部，驾驶室内开启器开关安装在方向盘左边或是中控区域。

有的车型的行李舱并不是按钮开启的，而是一个拉杆，通过机械传动装置开启行李舱，一般安装在驾驶员座的左下侧或者方向盘的左下侧，上面会有一个汽车行李舱翘起的图标。

5. 电子儿童锁开关

对于配备电动儿童锁的车型，一般会在驾驶员侧门把手上设有电子儿童锁开关。

（二）门锁总成

驾驶员侧门锁总成主要由门锁电动机、机械锁芯、车门状态微动开关、电动机状态微动开关、机械锁芯微动开关、门锁传动机构（连接杆）和外壳等组成，如图5-40所示。与驾驶员侧门锁总成相比，其余侧门锁总成除无机械锁芯和机械锁芯微动开关外，其组成与驾驶员侧门锁总成类似。

1. 门锁总成微动开关

驾驶员侧门锁总成内包括车门状态微动开关、电动机状态微动开关和机械锁芯微动开关三个微动开关，如图5-41所示。车门状态微动开关用于监控车门打开或关闭状态；电动机状态微动开关用于监控车门闭锁或解锁状态；机械锁芯微动开关用于监控机械钥匙锁芯闭锁或解锁状态。

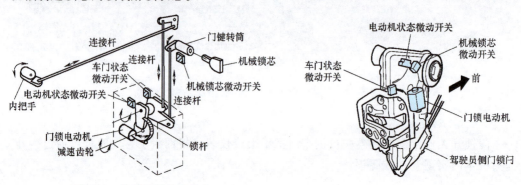

图5-40 驾驶员侧门锁总成　　　　图5-41 驾驶员侧门锁总成微动开关

2. 门锁电动机

门锁电动机为直流式电动机，由控制单元根据信号输入控制电动机正反转，从而实现闭锁或解锁动作。

（三）行李舱锁总成

行李舱锁总成主要由行李舱解锁电动机、传动机构、行李舱锁闩、行李舱开启器开关和行李舱状态微动开关等组成，如图5-42所示。行李舱锁电动机仅在解锁时动作，当中控门锁处于解锁状态时，操作行李舱开启器开关可驱动行李舱锁电动机动作。行李舱状态微动开关用以检测行李舱是处于开启或关闭状态。

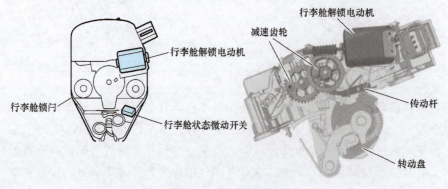

图5-42 行李舱锁总成

（四）发动机舱盖锁总成

发动机舱盖锁由发动机舱盖锁闩、发动机舱盖状态微动开关和机壳组成，如图5-43所示。发动机舱盖锁闩解锁依靠人力机械实现，即手动拉动驾驶室内发动机舱盖解锁手柄，手柄拉动金属拉索并拉动发动机舱盖锁内拉杆驱动锁闩解锁，同时拉杆联动内部发动机舱盖状态微动开关闭合。

（五）燃油加注口盖锁总成

燃油加注口盖锁位于车辆的左后侧或右后侧，如图5-44所示。燃油加注口盖锁有机械式和电动式两种，对于机械式燃油加注口盖锁，可通过拉动驾驶室燃油加注口盖开启开关解锁，如图5-45所示；电动燃油加注口盖锁与车门中控锁联动，当车门解锁或锁止时，燃油加注口盖锁同步解锁或锁止。在车辆中控门锁解锁时，按下燃油加注口盖后部即可打开燃油加注口盖。

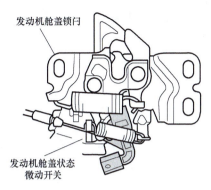

图5-43　发动机舱盖状态微动开关位置示意图

图5-44　燃油加注口盖锁位置

图5-45　燃油加注口盖锁开启开关

三、中控门锁系统工作原理

（一）典型中控门锁系统组成

如图5-46所示为东风标致508带遥控功能中控门锁系统电气原理框图。

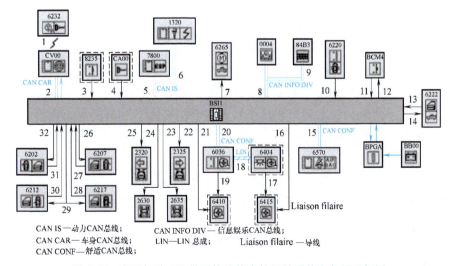

图5-46　东风标致508带遥控功能中控门锁系统电气原理框图

中控门锁系统涉及部件见表5-3。

表5-3 中控门锁系统部件

部件代码	部件名称	部件代码	部件名称
BB00	蓄电池	6207	前排乘客侧车门锁总成
BCM4	多功能开关模块	6212	左后侧车门锁总成
BPGA	电源保护和管理单元	6217	右后侧车门锁总成
BSI1	中央智能控制单元	6220	中央联锁开关
CA00（*）	点火开关	6222	行李舱锁总成
CV00	方向盘控制模块	6232	车门联锁高频发射器
0004	组合仪表	6265	油箱盖联锁电动机
1320	发动机控制单元	6404（*）	乘客侧后视镜照明和记忆单元
2320	左前转向信号灯	6410（*）	驾驶员侧后视镜（电动后视镜/加热式后视镜）
2325	右前转向信号灯	6415（*）	乘客侧后视镜（电动后视镜/加热式后视镜）
2630	车身上的左后车灯单元	6570	安全气囊控制单元
2635	右侧尾灯	7800	ESP控制单元
6036	驾驶员侧车门电动车窗/后视镜控制面板	8235（*）	发动机起动开关
		84B3	组合仪表显示屏
6202	驾驶员侧车门锁总成	（*）根据不同款式	

（二）典型中控门锁系统工作原理

1. 遥控器中控门锁信息流

按压遥控器上不同按键，遥控器内振荡电路发出433.92MHz高频信息，其中包含闭锁、解锁、行李舱解锁指令、钥匙ID码以及遥控器电量信息。在方向盘控制模块CV00内集成有无线高频接收天线，CV00接收到遥控器传来的高频无线信息解析出相关指令，唤醒车身CAN，然后通过车身CAN将遥控器指令传送至中央智能控制模块BSI1，BSI1核对CV00传输的ID码，若ID码正确，BSI1则会控制四个车门锁电动机、行李舱解锁电动机、燃油加注口盖锁电动机工作；同时控制前后转向灯闪烁，且通过舒适CAN总线将相关指令传送至驾驶员侧车门电动车窗/后视镜控制面板6036，6036通过LIN总线再传送至乘客侧后视镜照明和记忆单元6404，从而控制后视镜折叠或展开以及后视镜上转向灯闪烁。

2. 室内中控门锁信息流

按压中控门锁按键（集成于多功能控制面板84C8上），此信号通过硬线传递给BSI1，BSI1解析出中控门锁按键信息，唤醒车载网络并同时控制中控门锁电动机工作。

3. 机械钥匙信息流

操作驾驶员侧机械钥匙，中央智能控制模块BSI1解析出机械锁芯闭锁或解锁指令即会控制中控门锁执行相关指令。

项目五　汽车辅助电气系统维修

4. 行车落锁功能信息流

车辆运行后当车速达到 10km/h 时，ESP 控制模块 7800 通过 CAN IS 总线将车速信息发送至中央智能控制模块 BSI1，BSI1 即会根据车门、行李舱状态及门锁电动机状态控制中控门锁电动机实现闭锁。

5. 碰撞后应急解锁功能信息流

当车辆发生事故并且安全气囊被激发，安全气囊控制单元 6570 即会通过舒适 CAN 总线将气囊弹起信息传送至中央智能控制模块 BSI1，BSI1 即会依据该信息控制中控门锁解锁。

6. 开启器状态显示信息流

发动机舱盖、行李舱盖以及车门状态微动开关通过普通导线将各自开或闭的状态传递至中央智能控制模块 BSI1，BSI1 解析出某开启器处于开启状态时即会通过信息娱乐 CAN 将开启器开启状态信息发送至组合仪表 0004 和多功能显示屏 84B3，组合仪表 0004 显示开启器警示图标和蜂鸣器提示，多功能显示屏 84B3 显示相关文字提醒信号。

四、免钥匙进入系统

（一）免钥匙进入系统的组成

1. 钥匙

与传统钥匙不同的是，免钥匙系统所使用的钥匙内部除了有一个传统的防盗系统异频雷达收发器和无线频率发射器外，还设置了一个低频接收器。防盗异频雷达收发器与识读线圈结合使用，用于接收 PATS 编码信号；无线频率发射器用于发射遥控高频信号及发动机防盗编码信号；低频接收器用于接收免钥匙系统天线的低频信号。

2. 免钥匙控制模块

免钥匙控制模块位于仪表板左下方、右下方或行李舱内，是免钥匙系统的核心控制单元，主要用于钥匙编码（遥控器编码）的验证。在免钥匙系统控制中，免钥匙控制模块会利用 CAN 总线和 BCM（车身控制单元）。

3. 无线接收器

位于驾驶室内阅读灯附近。和传统的无线接收器一样，这个接收器可以接收来自于钥匙的高频无线电信息（遥控器编码），经过简单转换后，向免钥匙控制模块提供一个数字脉冲信息用于解码。

免钥匙控制模块会不间断地向无线接收器发送主动脉冲信号用于判断无线接收器是否工作，一旦发现无线接收器工作有故障（线路断路、模块故障等），免钥匙控制模块就会立即命令传统的识读线圈进入工作状态。而在无线接收器正常工作时，传统的识读线圈是不工作的。

4. 天线

在免钥匙进入系统中总计有 3 个低频发射天线，分别位于左、右侧车门把手内和后保险杠下面，用于免钥匙进入系统的工作，如图 5-47 所示。

天线由免钥匙控制模块控制，在适当的时候会发出低频无线电信息用于搜索钥匙，因为频率低，所以其搜索范围有限，具体的搜索范围如图 5-48 所示（图中单位为 cm）。

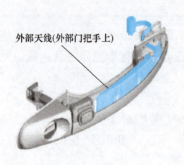

图 5-47 外部天线

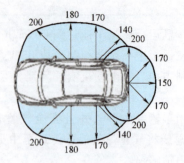

图 5-48 天线探测范围

5. 门锁

在传统的门锁系统中，如果想要开门，则必须先开锁然后再拉动门拉手才能打开车门，看起来整个开门过程需要 2 个步骤。而免钥匙系统使用的门锁是在传统门锁的基础上增加了一个额外电动机（图 5-49），额外电动机直接与门锁锁钩相连，它的作用是在门把手与锁钩断开连接后，额外电动机替人拉开锁钩，从而使解锁和开门可以同步实现。

（二）免钥匙进入系统工作原理

随着汽车电子技术的发展，越来越多的车辆配备了免钥匙进入系统，下面以福特蒙迪欧为例讲解免钥匙进入系统工作原理。福特蒙迪欧免钥匙进入系统框图如图 5-50 所示。

图 5-49 额外电动机

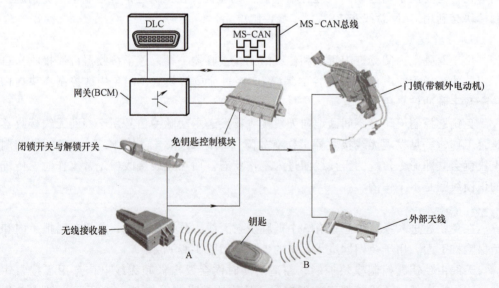

图 5-50 免钥匙进入系统的组成

A—高频信号（自钥匙到接收器） B—低频信号（自天线到钥匙）

具体的工作过程如下:

1. 解锁过程

1) 在拉动外部门拉手时,门拉手会触动与其相连的一个解锁开关。

2) 免钥匙控制模块时刻检测这个开关的状态,当这个开关动作后,免钥匙控制模块立刻激活 3 个外部天线。

3) 3 个外部天线发出低频无线电信号,用于搜索钥匙。

4) 低频信号被钥匙获取,在钥匙处理了这个信号后,会对外发出一个高频编码信号作为应答。

5) 无线接收器接收高频信号,然后把简单处理后的信息传递给免钥匙控制模块。

6) 免钥匙控制模块如果认为这个信息与其内部存储的钥匙编程信息一致,则控制一个独立于门锁的额外解锁电动机工作,释放门锁销,使锁销和外部门拉手通过机械机构相连。

7) 在免钥匙控制模块控制门锁销释放的同时,它还会利用 MS CAN 总线向 BCM 发出开锁执行命令。

8) BCM 通过 MS CAN 总线把开锁命令传递给前车门模块(前车门模块通过 LIN 总线传递给后车门模块),各车门模块控制门锁电动机工作,从而彻底实现解锁。

2. 闭锁过程

1) 触动门拉手或行李舱上的闭锁按钮(开关),会向免钥匙控制模块发出一个信号。

2) 免钥匙控制模块时刻检测这个开关的状态,当这个开关动作后,免钥匙控制模块立刻激活 3 个外部天线。

3) 3 个外部天线发出低频无线电信号,用于搜索钥匙。

4) 低频信号被钥匙获取,在钥匙处理了这个信号后,会对外发出一个高频编码信号(433MHz)作为应答。

5) 无线接收器接收高频信号,然后把简单处理后的信息传递给免钥匙控制模块。

6) 免钥匙控制模块如果认为这个信息与其内部储存的钥匙编程信息一致,则利用 MS CAN 总线向 BCM 发出闭锁执行命令。

7) BCM 通过 MS CAN 总线把闭锁命令传递给前车门模块(前车门模块通过 LIN 总线传递给后车门模块)。

8) 车门模块控制门锁电动机工作,从而实现闭锁。

五、中控门锁系统故障诊断

中控门锁系统故障诊断流程见表 5-4。

表 5-4 中控门锁系统故障诊断流程

流程	操作	结果		备注
1	确认蓄电池电压大于 11.5V	正常,转步骤 2	不正常,给蓄电池充电或更换	确保蓄电池正、负极接头连接牢靠,不脏污
2	按压遥控器上的开锁、闭锁和行李舱锁按键,观察车辆外部警告灯闪烁是否正常	正常,转步骤 3	不正常,检查遥控钥匙电池电量、钥匙是否匹配正确	在强磁场下遥控钥匙可能出现失效,更换场地

(续)

流程	操作	结果		备注
3	仔细倾听在按压遥控器上的开锁或闭锁按键时,是否听到车门锁电动机动作的声音。同时在开锁时,所有车门应能拉开;在闭锁时,所有车门应不能拉开	正常,转步骤4	异常,转步骤9	
4	使用机械钥匙,通过驾驶人侧车门把手上的锁芯打开中控门锁时,驾驶人侧车门应能正常打开,其余的车门应无法打开;闭锁时,所有车门应能锁止,无法打开	正常,转步骤5	异常,检查驾驶人侧车门锁机械结构	机械钥匙通过机械连接机构打开车门,如果机械机构出现故障,将导致锁内部开关工作异常
5	按压遥控器上的行李舱锁按键,行李舱应能正常打开	正常,转步骤6	异常,转步骤9	通过两个开关操作后的现象判断基本故障部位
6	打开车门,拉动驾驶人侧车门上的行李舱开锁按钮,行李舱应能正常打开	正常,转步骤7	异常,转步骤9	通过两个开关操作后的现象判断基本故障部位
7	关闭所有车门,按压驾驶人侧车门闭锁按钮上的闭锁键,从内部应无法打开所有车门,另一名操作人员应在外部无法打开所有车门;按压驾驶人侧车门闭锁按钮上的开锁键,从内部应能打开所有车门,另一名操作人员在外部能打开所有车门	正常,转步骤8	异常,转步骤9	通过后部左、右两个开关操作后的现象判断基本故障部位
8	按压燃油加注口盖,燃油加注口盖应能正常打开	正常,转步骤14		
9	连接故障诊断仪器,读取故障码	正常读取,转步骤10	无法读取故障码,转步骤11;无故障码,转步骤12	
10	根据故障码进行故障诊断、维修	正常,转步骤13		
11	检测OBD-Ⅱ诊断接口及相关电路	正常,转步骤9	执行"OBD-Ⅱ诊断接口"诊断	解码器不亮或者使用无线传输方式时怀疑无线单元不能通信时进行该诊断
	检测舒适CAN总线通信		执行"舒适CAN通信"诊断	
12	插接器检查	正常,转步骤13	不正常,维修故障部位	包括外观、退针、锈蚀等项目
	结合维修手册、电路图对故障系统供电、接地电路进行电压、通断测量		不正常,转步骤9	测量项目包括对地电压、电阻和端对端电阻
13	故障检验	正常,转步骤14		
14	维修完成			

任务五 电动刮水器系统故障诊断与排除

一、电动刮水器系统功能

汽车电动刮水器系统包含电动刮水器及洗涤喷射器,用来清除风窗玻璃上的雨水、雪或尘土，以保证驾驶员良好的能见度。

1. 手动操作功能

操作刮水器需要打开点火开关或者发动机处于运行状态，通过驾乘人员手动操作刮水器开关实现刮水器的动作。但由于电动刮水器是大功率用电器，为了保证蓄电池电量会进行能量管理，在打开点火开关一段时间内可以操作电动刮水器，过了一段时间内部软件程序会禁用刮水器动作，如需解除限制需要起动发动机。

1）点动操作功能

打开点火开关或起动发动机，将刮水器开关拨至 MIST 档位，手松开后开关自动复位，刮水器电动机带动刮水器臂动作一次并复位，此操作为点动操作。

2）低速刮水功能

打开点火开关或起动发动机，将刮水器开关拨至 I 档或 LOW 档位，开关不复位，此时刮水器电动机带动刮水器臂低速运行刮拭。此操作为低速刮水操作。

3）高速刮水功能

打开点火开关或起动发动机，将刮水器开关拨至 II 档或 HIGH 档位，开关不复位，此时刮水器电动机带动刮水器臂高速运行刮拭。此操作为高速刮水操作。

4）间歇刮水功能

打开点火开关或起动发动机，将刮水器开关拨至 INT 档，开关不复位，此时刮水器电动机带动刮水器臂间歇低速运行刮拭。此操作为间隙刮水操作。间隙功能又分为可调式和不可调式两类。可调式是指在间歇档位时可根据外界雨量大小自动调节刮水器间歇刮水时间。

5）喷水功能

打开点火开关或起动发动机，将刮水器开关向操作者胸口持续拉住，此时洗涤装置持续喷水同时刮水器电动机带动刮水器臂低速运行；手松开则开关自动复位，喷水停止且刮水器臂复位。

6）维修保养位置设置功能

为了便于维修或更换刮水器刮片又或防止冬天极端气候下车辆停驶时刮水器刮片冻结在风窗玻璃上，现代车辆大部分具备维修保养位置设定功能，即在关闭点火开关一段时间内（各厂家设定时间有差异），随后立即拨动刮水器开关，此时电动机带动刮水器臂运行并停止于某一位置，便于手动抬起刮水器刮片进行操作。

2. 自动操作功能

打开点火开关或起动发动机，将刮水器开关拨至 AUTO 档（有些车型是间歇档），系统根据雨量传感器信号自动启用或关闭刮水器。自动操作功能又分为雨量灵敏度可调式或不可调式。可调式是指在不同灵敏度档位下，系统接收到同样级别雨水传感器信号但控制刮水器电动机速度不同。另外，有的车型刮水器自动操作功能还具备随速控制功能，即系统在自动模式下可根据车速结合雨水传感器信号综合调整刮水器电动机运行速度。

二、电动刮水器系统分类与组成

（一）电动刮水器系统分类

1. 按照安装位置分

电动刮水器系统按照安装方位可分为前部电动刮水器和后部电动刮水器。其中三厢车型基本上只有前部刮水器而无后部刮水器；而绝大部分两厢车型或掀背式车型既装有前部刮水器还装备后部刮水器。

2. 按照电动机数量分

前部刮水器按照电动机数量分，有的车型使用一个电动机驱动，也有的车型采用双电动机驱动。后部刮水器一般仅有一个电动机进行驱动。

3. 按照擦拭方向分

按刮水器擦拭方向可分为平行刮水器（图5-51）和蝶形刮水器（图5-52）。

图5-51 平行刮水器

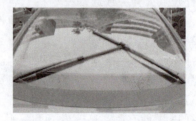

图5-52 蝶形刮水器

4. 按照控制电路控制方式分

按照控制电路的控制方式可分为开关直接控制式和模块控制式。开关直接控制式为刮水器系统控制开关直接存在于刮水器系统电动机和洗涤喷射泵的电路中；而模块控制式为控制单元根据控制开关信号控制刮水器系统电动机和洗涤喷射泵工作。

（二）电动刮水器系统组成

电动刮水器系统主要由刮水器电动机、一套传动机构、刮水器片和控制电路等组成。

视频5-8 电动刮水器系统的作用及组成

1. 刮水器电动机

刮水器电动机有绕线式和永磁式两种。永磁式刮水器电动机具有体积小、质量轻、结构简单等优点，因此目前在国内外汽车中得到了广泛的应用。通常将刮水器电动机、减速器和复位开关制成一体，构成刮水器电动机总成。如图5-53所示，刮水器电动机由外壳、永久磁铁、电枢及电刷组成；减速器为蜗轮蜗杆式；复位开关的铜环固定在蜗轮（塑料或尼龙制成）上。

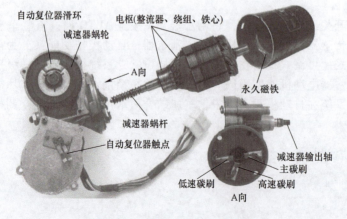

图5-53 永磁式刮水电动机总成

2. 传动机构

传动机构有拉杆式和柔性齿条式两种。

拉杆式传动机构主要由蜗轮、蜗杆、拉杆、摆杆、底板和刷架等组成，如图5-54所示。电动机通电旋转时，带动蜗杆、蜗轮，使与蜗轮相连的拉杆和摆杆带着左、右两刷架作往复摆动，安装在刷架上的橡胶刮水器片便刷去风窗玻璃上的雨水、雪和灰尘。

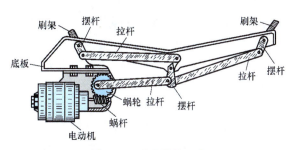

图 5-54 刮水器的组成

图5-55所示为新型柔性齿条传动式刮水器，这种刮水器与一般拉杆传动式刮水器相比，具有体积小、噪声低等优点，而且可将刮水电动机总成安装在空间较大的地方，便于维修。电动机驱动的蜗轮轴上有一个曲柄销，它驱动连杆机构，而连杆和一个装在硬管里的柔性齿条连接。因此，在连杆运转时，齿条则会作往复运动，齿条的往复运动带动齿轮箱中的小齿轮往复运动，从而驱动刮水片往复摆动。

3. 刮水器开关

刮水器开关一般位于方向盘下右侧操纵杆上，通常有五个档位：高速档、低速档、间歇档、停止档、点动档，具有智能刮水器功能的控制开关，可能还会有自动档（AUTO档），如图5-56所示。

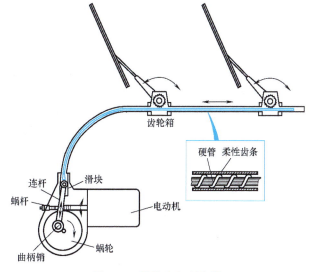

图 5-55 柔性齿条刮水器

4. 刮水器片

在刮水器装置中，刮拭车窗玻璃的部分称作刮水器片，支撑刮水器片的部件称作刮水器臂，刮水器臂和刮水器片露在车外。刮水器片又可以分为有骨刮水器片和无骨刮水器片。有骨刮水器的原理是通过骨架上的若干支撑点把刮水器片压在玻璃上，使刮水器片上的各个支撑点的压力平均。在使用的过程中，

图 5-56 刮水器开关

由于有骨刮水器各个支撑点的压力平均，磨损的程度也平均，容易出现刮水器片和玻璃之间磨损的噪声，不易刮干净杂质。无骨刮水器本身是由刮水器胶条、无骨刮水器钢片、刮水器护套和塑料件四种配件组成。无骨刮水器中的钢片利用一整根导力钢片

条来分散压力，使刮水器片各部分受力均匀，以达到减少水痕、擦痕的效果。另外，无骨刮水器钢片的弹性比一般有骨刮水器钢片更好一些，可降低抖动磨损，再加上其受力均匀、防日晒、结构简单、重量更轻等特性，因此无骨刮水器的电动机和刮片寿命比传统刮水器至少要延长一倍。

5. 控制模块

电动刮水器控制系统分为开关直接控制式和模块控制式两种。对于模块控制式刮水器控制系统，控制模块依车型不同有所不同，大部分车型的刮水器控制主模块为车身控制模块（BCM）。

三、电动刮水器系统工作原理

（一）刮水器电动机变速和复位原理

通常，刮水器有绕线式和永磁式2种，其中永磁式刮水器应用较为广泛。为了满足实际使用的需要，刮水器电动机有低速刮水和高速刮水2个档位，且在任意位置切断刮水器电动机电路时，刮水器片总是能自动回到风窗玻璃最下方。它的变速是利用永磁三刷式电动机来实现的。3个电刷分别为低速电刷、高速电刷和公共电刷。低速电刷和公共电刷相隔180°，与高速电刷相隔60°，如图5-57所示。当电源加到低速电刷和公共电刷时，在电动机内部形成2条对称的并联支路，电动机在一定转速下稳定运行。当电源加在高速电刷和公共电刷时，电动机内部支路上串联的有效绕组减少，因而正、负电刷之间的反电动势减小，电枢电流增大，电动机的转矩增大，在负载不变的情况下，电动机获得较高的转速。

视频5-9 刮水器电机变速及复位原理

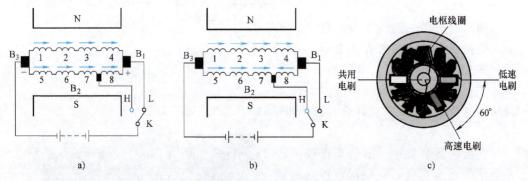

图5-57 永磁三刷式电动机

图5-58为铜环式刮水器的控制电路，此电路具有自动复位功能。其工作原理为：刮水器的开关有3个档位，0档为复位档，Ⅰ档为低速档，Ⅱ档为高速档。复位装置是在减速蜗轮（由塑料和尼龙材料制成）上嵌有的铜环，此铜环分为2部分，其中较大的一个铜环与电动机外壳相连（搭铁）。触点臂用磷铜片或其他弹性材料制成，其一端分别铆有触点，由于触点臂有一定的弹性，因此在蜗轮转动时，触点与蜗轮的端面和铜环保持接触。

当电源开关接通，并把刮水器开关拉到Ⅰ档（低速档）时，电流从蓄电池正极→电源开关→熔断器→B_3电刷→电枢绕组→B_1电刷→接线柱②→接触片→接线柱③→

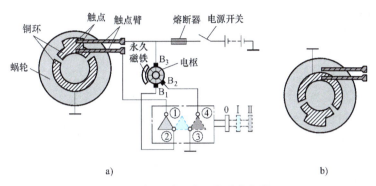

图 5-58 铜环式刮水器自动复位装置

搭铁→蓄电池负极,形成回路,电动机以低速运转。

把刮水器开关拉到Ⅱ档(高速档)位置时,电流从蓄电池正极→电源开关→熔断器→电刷 B_3→电枢绕组→电刷 B_2→刮水器接线柱④→接触片→刮水器接线柱③→搭铁→蓄电池负极,构成回路,电动机以高速运转。

当把刮水器开关退回到0档时,如果刮水器片没有停止到规定的位置,由于触点与铜环相接触,如图5-58b)所示,则电流继续流入电枢,其电路为:蓄电池正极→电源开关→熔断器→电刷 B_3→电枢绕组→电刷 B_1→接线柱②→接触片→接线柱①→触点臂→铜环(大)→搭铁→蓄电池负极。由此可以看出,电动机仍以低速运转直至蜗轮旋转到图5-58a)所示的特定位置,电路中断。由于电枢的运动惯性,电动机不能立即停止转动,电动机以发电机方式运行。因此,电枢绕组通过触点臂与铜环接通而短路,电枢绕组将产生强大制动力矩,电动机迅速停止运转,使刮水器片复位到风窗玻璃的下部。

图 5-59 为一种凸轮式刮水器自动复位装置,其控制过程主要是由与蜗轮联动的凸轮驱动复位开关动作来实现的。

(二)刮水器电动机间歇控制原理

刮水器的间歇控制电路有多种形式,按照间歇时间是否可调有可调节型和不可调节型之分。间歇刮水通过间歇继电器来实现。

四、风窗系统洗涤装置

风窗玻璃洗涤装置与刮水器配合使用,可以使汽车风窗刮水器更好地完成刮水工作并获得更好的刮水效果。

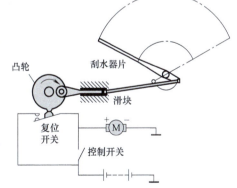

图 5-59 凸轮式刮水器自动复位装置

风窗洗涤装置的组成如图 5-60 所示,主要由储液罐(含洗涤液液位开关)、洗涤泵、输液管、喷嘴等所组成。洗涤泵一般由永磁直流电动机和离心叶片泵组装成为一体,喷射压力可达 70~88kPa。

洗涤泵一般直接安装在储液罐上,但也有安装在管路内的。在离心泵的进口处设置有滤清器。洗涤液液位开关用来监测洗涤液的液位,当洗涤液液位过低时,提示驾驶员及时添加洗涤液，保证驾驶安全。

洗涤泵喷嘴安装在风窗玻璃的下面，其喷嘴方向可以根据使用情况调整，喷水直径一般为 0.8~1.0mm，能够使洗涤液喷射在风窗玻璃的适当位置。洗涤泵的连续工作时间不应超过 1min，对于刮水和洗涤分别控制的汽车，应先开洗涤泵，再接通刮水器。喷水停止后，刮水器应继续刮动 3~5 次，以便达到良好的清洁效果。

常用的洗涤液是硬度不超过 205ppm⊖ 的清水。为了能刮掉风窗玻璃上的油、蜡

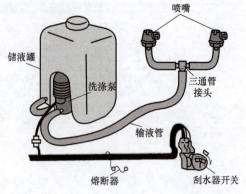

图 5-60　风窗洗涤装置

等物，可在水中添加少量的去垢剂和防锈剂。强效洗涤液的去垢效果好，但会使风窗密封条和刮片胶条变质，还会引起车身喷漆变色以及储液罐、喷嘴等塑料件的开裂。冬季使用洗涤器时，为了防止洗涤液的冻结，应添加甲醇、异丙醇、甘醇等防冻剂，再加少量的去垢剂和防锈剂，即成为低温洗涤液，可使凝固温度下降到 -20℃ 以下。如冬季不用洗涤器时，应将洗涤管中的水倒掉。

五、电动刮水器系统电路分析

1. 典型开关直接控制式电动刮水器系统

上海桑塔纳汽车风窗玻璃刮水器、洗涤器控制电路如图 5-61 所示。

其工作原理为：将点火开关置于 ON，接通蓄电池向中间继电器磁化线圈的放电回路，其电流经过元件的顺序为：蓄电池正极→点火开关 30 端子→点火开关 X 端子→中间继电器磁化线圈→搭铁（蓄电池负极）。在电磁吸力的作用下，中间继电器触点闭合，为刮水器电动机的工作做好准备。

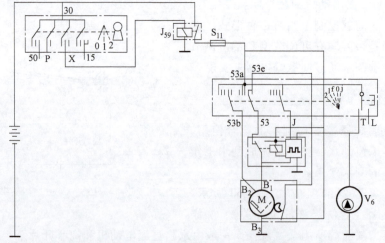

图 5-61　桑塔纳汽车风窗玻璃刮水器、洗涤器控制电路

⊖ ppm 为硬度单位，指水中钙、镁离子的浓度。1ppm 代表水中碳酸钙含量 1mg/L。

将刮水器开关拨到 f 档（即点动档）时，蓄电池将通过刮水器开关、间歇继电器常闭触点向刮水器电动机放电，其电流经过元件的顺序为：蓄电池正极→中间继电器触点→熔断器 S_{11}→刮水器开关 53a 端子→刮水器开关 53 端子→间歇继电器常闭触点→电刷 B1→电刷 B3→搭铁（蓄电池负极）。此时电动机以低速运转。当手离开刮水器开关时，开关将自动回到 0 位，如果此时刮片处在影响驾驶员视线的位置上，自动复位装置的常闭触点打开，常开触点闭合，刮水器电动机电枢内继续有电流通过，其电流经过元件的顺序为：蓄电池正极→中间继电器触点→熔断器 S_{11}→复位装置的常开触点→刮水器开关 53e 端子→刮水器开关 53 端子→间歇继电器常闭触点→电刷 B_1→电刷 B_3→搭铁（蓄电池负极）。故电动机仍以低速运转，只有当自动复位装置处在图示位置时，刮水器电动机方可停止运转。

当将刮水器开关拨到 1 档（低速档）时，蓄电池仍然是通过中间继电器、刮水器开关、间歇继电器、电刷 B_1 和 B_3 向刮水器电动机放电（放电回路与点动时相同），电动机以 42~52r/min 的转速低速运转。

当将刮水器开关拨到 2 档（高速档）时，蓄电池向电动机的放电回路为：蓄电池正极→中间继电器触点→熔断器 S_{11}→刮水器开关 53a 接柱→刮水器开关 53b 接柱→电刷 B_2→电刷 B_3→搭铁→蓄电池负极，此时电动机以 62~80r/min 的转速高速运转。

当自动复位装置切断电动机电路，由于旋转惯性使电动机不能立即停下来时，电动机将以发电机运行而发电。由楞次定理可知，电枢绕组中所产生的感应电动势的方向与外加电压的方向相反，通过刮水器开关、自动复位常闭触点构成回路，其电流为：电刷 B_1→间歇继电器常闭触点→刮水器开关 53 端子→刮水器开关 53e 端子→自动复位装置的常闭触点→电刷 B_3，电枢绕组中即会产生反电磁力矩（制动力矩），电动机迅速停止运转，使刮片复位到风窗玻璃的下部。

当将刮水器开关拨到 J（间歇）位置时，电子式间歇继电器投入工作，使其触点不断地开闭。当间歇继电器的常闭触点打开，常开触点闭合时，蓄电池向电动机的放电回路为：蓄电池正极→中间继电器触点→熔断器 S_{11}→间歇继电器的常开触点→电刷 B_1→电刷 B_3→搭铁（蓄电池负极），电动机低速运转。当间歇继电器断电，其触点复位（常闭触点闭合，常开触点打开）时，电动机将停止运转。在此过程中，自动复位装置的工作与制动力矩的产生与上述相同。在间歇继电器的作用下，刮水器电动机每 6s 使曲柄旋转 1 周。

当将洗涤开关接通时（将刮水器开关向上扳动），洗涤泵控制电路接通，其电流经过元件的顺序为：蓄电池正极→中间继电器触点→熔断器 S_{11}→洗涤开关→洗涤泵 V_6→搭铁（蓄电池负极）。位于发动机舱盖上的 2 个喷嘴同时向风窗玻璃喷射清洗液。与此同时，也接通了刮水器间歇继电器的控制电路，控制电流为：蓄电池正极→中间继电器触点→熔断器 S_{11}→洗涤开关→刮水器间歇继电器→搭铁（蓄电池负极），于是刮水器电动机工作，驱动刮片刮掉已经湿润的尘土和污物。当驾驶员松开控制手柄时，开关将自动复位，切断洗涤泵的控制电路，喷嘴停止喷射洗涤液，刮水器电动机在自动复位开关起作用后，将刮片停靠在风窗玻璃的下方。

2. 模块控制式电动刮水器系统

福特新蒙迪欧车型刮水器系统为模块控制式，是智能刮水器系统，可以根据雨量大小、车速自动调节刮水器的刮水频率,其电路如图 5-62 所示,长安福特新蒙迪欧智能刮水器系统主要由输入元件、控制单元、执行元件组成。输入元件包括刮水器开关、雨量传感器;执行元件包括刮水器继电器、左前刮水器电动机、右前刮水器电动机、洗涤泵电动机;刮水器相关控制模块包括车身控制模块 BCM、转向柱控制模块、发动机控制模块、网关控制模块、组合仪表等。其中雨量传感器、左前刮水器电动机、右前刮水器电动机均集成有电子控制单元,雨量传感器、左前刮水器电动机通过 LIN 总线与 BCM 通信。

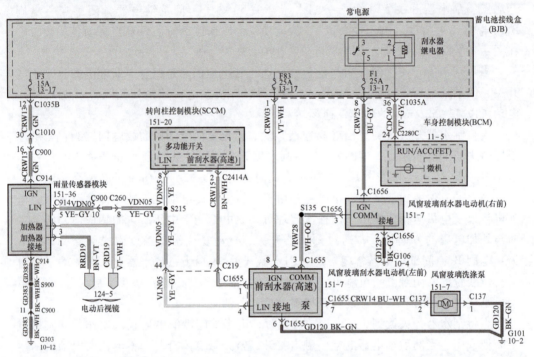

图 5-62　新蒙迪欧电动刮水器系统电路图

新蒙迪欧刮水器系统控制原理如图 5-63 所示。当打开刮水器开关,开关信号传递给转向柱控制模块 SCCM,SCCM 通过 LIN 总线将此信号传递到 BCM,BCM 控制刮水

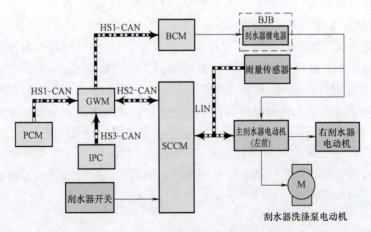

图 5-63　新蒙迪欧电动刮水器系统原理图

器继电器工作，BCM 给雨量传感器模块、左前刮水器电动机、右前刮水器电动机供电；同时 BCM 通过 LIN 总线控制左前刮水器电动机的工作，左前刮水器电动机通过硬线为右前刮水器电动机和洗涤泵电动机提供信号，右前刮水器电动机和洗涤泵电动机根据刮水器开关档位相应动作。

当刮水器开关处于自动位置，雨量传感器监测到雨量，雨量传感器将通过 LIN 总线将此信息传送给 BCM，由 BCM 根据雨量的状态，通过 LIN 总线控制刮水器电动机的转速。同时，BCM 也可以根据 PCM 与 ABS 所反馈的车速来调整刮水器电动机的工作速度。

六、电动刮水器系统典型故障分析

（一）开关直接控制式电动刮水器故障分析

典型开关直接控制式刮水器常见故障有刮水器各档位都不工作，个别档位不工作及不能自动停到原位等。在对刮水器的故障进行诊断前，先要确定是电路故障还是机械故障。其检查方法是从电动机上拆下连接刮水器片的机械臂，接通刮水器，观察电动机是否工作。如果电动机工作正常，则是机械故障。

1. 刮水器各档位都不工作故障诊断

（1）故障现象

接通点火开关后，刮水器开关置于各档位，刮水器均不工作。

（2）故障原因分析

1）熔丝断路。

2）刮水器电动机或开关有故障。

3）机械传动部分锈蚀或与电动机脱开。

4）连接电路断路或插接件松脱。

（3）故障诊断与排除

1）检查熔丝，熔丝应无断路，电路应无松脱。

2）检查刮水器电动机及开关的电源线和搭铁线，应接触良好，没有断路。

3）检查开关各个端子，在相应档位应能正常接通。

4）检查电动机和机械连接情况，工作是否正常。

2. 刮水器在个别档位不工作

（1）故障现象

接通点火开关后，刮水器在个别档位（如低速、高速或间歇档）不工作。

（2）故障原因

1）刮水器电动机或开关有故障。

2）间歇继电器有故障。

3）连接导线断路或插接件松脱。

（3）故障诊断与排除。

1）如果刮水器高速档或低速档时不工作，可参照下列步骤进行诊断检查并视情况维修：首先检查对应故障档位的电路是否正常；检查开关接线柱在相应档位能否正常接通；最后检查电动机电刷是否接触不良。

2）如果刮水器在间歇档不工作，应顺序检查间歇开关（或刮水器开关的间歇档）、电路和间歇继电器。

3. 刮水器片不能自动停到原位
（1）故障现象

刮水器开关断开或在间歇档工作时，刮水器不能自动停止在设定的位置。

（2）故障原因

1）刮水器电动机自动停位机构损坏。

2）刮水器开关损坏。

3）刮水器臂调整不当。

4）导线连接错误。

（3）故障诊断与排除

1）检查刮水器臂的安装及刮水器开关导线连接是否正确。

2）检查刮水器开关在相应档位的接线柱能否正常接通。

3）检查电动机自动停位机构触点能否正常闭合和接触良好。

4. 洗涤装置无法喷水

许多洗涤装置的故障都是因输液系统而引起的。因此，应首先拆下泵体上的水管然后使洗涤泵工作，如果洗涤泵能够喷出洗涤液，则故障在输液系统。否则，按照下列步骤查找故障。

1）检查储液罐内洗涤液的存储量，应满足要求。

2）检查熔丝和线路连接是否良好。

3）打开洗涤装置开关，同时检查喷孔。如果洗涤泵工作但喷孔不喷液，检查泵内有无堵塞，清除泵体内的异物；如果没有堵塞，须更换洗涤泵。

4）如果洗涤泵不运转，用电压表或试灯检查开关闭合时洗涤泵电动机上有无电压。若有电压，用万用表电阻档检查搭铁回路，若搭铁回路良好，须更换洗涤泵。

5）在第4）步中，如果电动机上没有电压，须沿线路向开关查找，检测开关工作是否正常。如果开关有电压输入，但没有输出，说明洗涤器开关有故障，须更换开关。

（二）模块控制式电动刮水器控制系统故障排除

1. 刮水器不动作故障

一汽大众迈腾 B8L 采用了模块控制式刮水器系统，电气原理简图如图 5-64 所示。下面以某典型故障为例展开分析。

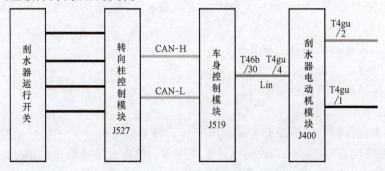

图 5-64　迈腾 B8L 刮水器系统电路原理简图

（1）故障现象

打开点火开关，操作刮水器开关，在所有档位刮水器均无反应，但刮水器喷水功能正常。

（2）故障现象分析

在所有档位刮水器均无反应，但喷水功能正常，根据电路图，刮水器喷水开关与档位开关共用接地，暂不考虑刮水器档位信号故障。可能故障原因为：刮水器电动机控制单元电源故障、刮水器电动机控制单元网线故障、刮水器电动机控制单元局部故障。

（3）读取故障码

在 J519 读取到刮水器电动机控制单元无通信。

（4）读取刮水器开关数据流

进入 J519 读取刮水器开关数据流，数据流均正常。

（5）使用诊断仪进行刮水器动作测试

动作测试时，刮水器不动作。

（6）测量刮水器电动机模块的电源

打开点火开关，背插测量 J400，T4gu/1 端子和 T4gu/2 端子间电压为 12.3V，标准电压为+B，数据正常，转下一步测量。

（7）测量刮水器电动机模块 LIN 通信

打开点火开关，根据电路图，背插测量 J400，T4gu/4 端子对地电压为 1V，标准电压为 10V。背插测量 J519，T46b/30 端子对地电压为 10V，标准电压为 10V。

（8）测量数据分析

根据电路图，对比 J400 和 J519 连接 LIN 线两端电压差，现推断该线故障，经阻值验证该线阻值无穷大，说明 J400 与 J519 间 LIN 线断路。

（9）故障机理分析

J400 与 J519 间 LIN 线断路，使得 J519 无法与 J400 通信，无法控制刮水器电动机工作。

2. 洗涤泵不工作故障

如图 5-65 所示为迈腾 B8L 刮水器洗涤喷水系统电气简图。

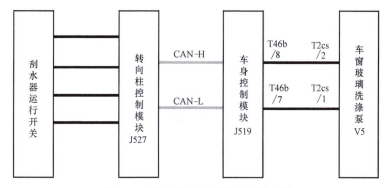

图 5-65　刮水器喷水系统电路原理图

（1）故障现象

打开点火开关，操作刮水器开关，刮水器工作正常，风窗玻璃喷水功能不工作，前照灯清洗功能可以工作。

（2）故障现象分析

风窗玻璃喷水功能不工作，但前照灯清洗功能正常，根据工作原理，风窗玻璃喷水功能与前照灯清洗功能共用一个信号，暂不考虑刮水器喷水信号故障，可能故障原因为：风窗玻璃洗涤泵 V5 到车载电网控制单元 J519 之间的线路故障、风窗玻璃洗涤泵 V5 故障、车载电网控制单元的供电搭铁线路故障、中央电气控制单元 J519 局部故障。

（3）读取故障码

J519 读取到：风窗玻璃洗涤泵 V5 电路电气故障。

（4）读取刮水器开关数据流

进入 J519 读取：风窗玻璃刮水器开启数据流，显示接通。

（5）使用诊断仪进行风窗玻璃喷水动作测试

动作测试时，风窗玻璃喷水器不动作。

（6）测量风窗玻璃洗涤泵 V5 电源

打开点火开关，根据电路图，操纵刮水器喷水开关，背插测量 V5，1#和 2#间电压为 0V，标准电压为+B，数据异常，转下一步测量。

（7）测量 J519 端风窗玻璃洗涤泵供电输出

打开点火开关，操纵刮水器喷水开关，根据电路图，背插测量 J519，T46b/7 端子和 T46b/8 端子间电压为 0V，标准电压为+B，数据异常，转下一步测量。

（8）测量数据分析

根据电路图，J519 T46b/7 端子和 T46b/8 端子间电压为 0V，说明 J519 无供电输出，判定 J519 局部故障。

知识拓展：电动尾门系统

知识拓展

自我测试

项目六

汽车仪表及报警系统维修

项目描述

除了由各种常规仪表、警告灯等组成外,现代汽车仪表很多都附带了中央信息显示屏,它们可以为驾驶员提供各种各样的汽车参数信息,提醒驾驶员注意各种警示信息或者汽车故障。为了掌握汽车仪表和报警系统的维修方法,必须了解汽车仪表和报警系统的组成,掌握其工作原理、控制电路及其检测维修方法。

本项目融合《汽车电子电气与空调舒适系统技术》职业技能等级标准内容,重点介绍汽车仪表总成的类型、组成、功能、拓扑结构及检修,通过对组合仪表的认知、组合仪表及报警系统检修两个任务的训练,培养学习者解决汽车仪表和报警系统故障的能力。

1. 知识目标

1)了解汽车仪表的作用和类型。

2)掌握汽车数字式仪表的组成和基本工作原理。

3)了解汽车电子仪表常用的电子显示器件。

4)掌握汽车组合仪表各显示信息的含义。

5)了解汽车组合仪表的网络拓扑结构。

2. 技能目标

1)能够认识汽车组合仪表中各显示信息的含义。

2)能够正确操作汽车组合仪表上的按键,进行保养提示清零、短里程清零、行车电脑清零等操作。

3)能够熟练查阅及使用汽车组合仪表的资料。

4)能够按照规范对汽车组合仪表进行拆装和维护。

5)能够识读组合仪表的控制电路并画出其控制电路简图。

6)能够根据组合仪表的故障现象制定故障诊断流程和故障排除计划。

7)能够对组合仪表的典型故障进行诊断与排除。

学习任务

任务一　组合仪表认知

一、汽车仪表分类

（一）按工作原理分

按照工作原理不同，汽车仪表可分为机械式仪表、电气式仪表、模拟电路电子式仪表和数字式电子仪表。

机械式仪表是基于力学转换原理用指针来显示最终测量值。电气式仪表是利用电流的热效应或磁效应，或以电和磁的相互作用而产生偏转力矩来获取测量信号的仪表。模拟电路电子式仪表是运用模拟电子技术，以指针形式显示测量结果。数字式电子仪表是由ECU采集和处理传感器的信号，将模拟量转换为数字量，它可以通过步进电动机来驱动仪表指针，或使用LCD液晶屏直接显示数字、图形或文字信息。全数字式仪表（图6-1）是一种网络化、智能化的仪表，其功能更加强大，显示内容更加丰富，线束连接更加简单。

视频6-1　组合仪表自检

图6-1　全数字式电子仪表

（二）按安装方式分

按照安装方式不同，汽车仪表可分为分装式和组合式。

分装式仪表是将各仪表单独安装使用。维修中，可以单独维修和更换。

组合式仪表是将各仪表组合安装在一起。组合仪表又分为可拆式和整体不可拆式两种。可拆式组合仪表的仪表、指示灯等组成部件如果损坏可以单独更换，而整体不可拆式组合仪表的仪表、指示灯等组成部件如果损坏就要更换总成。

现代汽车上越来越多使用的仪表是整体不可拆式的组合数字式电子仪表。

二、汽车仪表作用及组成

汽车仪表是驾驶员与汽车进行信息交流的重要接口和界面，用来指示车辆运行以及发动机运转的状况，为驾驶员提供所需的汽车运行参数、故障、里程等信息，以便驾驶员随时了解汽车各系统的工作情况，保证汽车安全而可靠地行驶。这些仪表有的显示汽车的常规运行参数，有的显示某些极限参数。某些车型组合仪表控制模块为防盗组件，集成有发动机防盗信息。

汽车仪表由常规仪表、仪表警告灯和指示灯、信息中心和警告音等组成，为驾驶员提供所需的汽车运行参数信息。

（一）汽车常规仪表

不同汽车仪表板的仪表不尽相同，汽车常规仪表通常是指针式的，指针式仪表通常包括发动机转速表、车速表、里程表、行程表、燃油量表、冷却液温度表，但也有的车型没有配备冷却液温度表，而是以警告灯替代。指针式仪表有机械表和液晶表两种类型。

机械表按表针驱动方式不同，又分为模拟表和数字表，模拟表由物理传感器改变表的驱动电压直接改变表针的位置，而数字表则由仪表接受传感器信号，经仪表处理后由仪表机芯来驱动表针位置，如图 6-2 所示。液晶显示表针的仪表表盘是一个液晶显示器，仪表接收到信息后经处理利用液晶显示虚拟表针来指示相应刻度，如图 6-3 所示。

图 6-2　福特 B299 车型机械表针

图 6-3　福特 CD391 车型高配版液晶仪表表针

（二）指示灯和警告灯

汽车常见指示灯有前照灯、远近光指示灯、转向指示灯、危险警告灯指示灯、示宽灯指示灯、雾灯指示灯等。

常见警告灯有蓄电池放电警告灯、制动防抱死故障警告灯（ABS）、制动系故障警告灯、安全气囊故障警告灯（SRS）、安全带未系警告灯、车门未关警告灯、机油压力过低警告灯、冷却液温度过高警告灯、发动机故障警告灯、燃油量过低警告灯等。

警告灯依据车型不同，会有所差别，通常警告灯的颜色有三种，用于指示警告内容的危险程度，绿色用于运行状态的提示，如巡航开启提示灯、换档提示灯、转向信号指示灯等；黄色表示较危险类型警告，提醒驾驶者马上检修，如 ABS、发动机、OBD 警告灯等；红色表示非常危险，严重提醒驾驶者立刻停驶，如充电指示灯、机油压力警告灯等。比较特殊的远光指示灯为蓝色，如图 6-4 所示。

图 6-4　仪表警告灯

迈腾 B7L 车型上的各类指示灯和警告灯在仪表中的显示如图 6-5 所示，各类指示灯和警告灯的图案、名称、颜色和含义总结见表 6-1。打开点火开关时，若干指示灯和警告灯亮起，轿车进行功能性自检，数秒钟后应熄灭。

图 6-5 指示灯和警告灯显示

表 6-1 迈腾 B7L 仪表板各指示灯和警告信息

图案	名称	颜色	说明
	发动机冷却系统故障警告灯	红色	发动机冷却液温度过高或冷却液液位过低时点亮
	发动机机油压力过低警告灯		发动机机油压力过低时点亮
	助力转向系统故障警告灯		指示灯点亮，表明电动—机械转向系统不起作用；指示灯闪亮，表明转向柱锁发生故障
	制动系统故障警告灯		指示灯点亮，表明制动系统存在故障或制动液液位过低；该指示灯与其他不同指示灯一起点亮表明不同的含义：如与 (P) 一起点亮，表明电子驻车制动器已打开；与 (ABS) 一起点亮，表明 ABS 失效
	电子驻车制动器状态指示灯		指示灯点亮，说明驻车制动器已开启；如果在点火开关关闭时关闭驻车制动器，指示灯大约在 20s 后熄灭
	安全带未系警告灯		指示灯会一直亮起，直到驾驶员和前排乘员侧的安全带系上；从某一特定车速起还会发出警告音
	充电指示灯		行车过程中指示灯点亮，表明充电系统存在故障
	双离合器变速器过热警告灯		指示灯点亮，说明 DSG 7 档双离合器变速器过热
	预碰撞安全系统警告灯		指示灯亮，表明预碰撞安全系统发出撞车警报
	施加行车制动指示灯		自适应巡航系统对轿车制动仍不能与前车保持足够的安全距离时警告灯点亮，提醒驾驶员施加行车制动
	制动衬块过度磨损指示灯		指示灯点亮，说明制动衬块过度磨损
	电控行车稳定系统 ESP 指示灯	黄色	指示灯点亮，说明 ESP 发生故障或因系统原因关闭；在行驶时闪烁，说明 ESP/TCS（牵引力控制系统）正在干预调整；与 (ABS) 同时点亮，说明 ABS 发生故障
	TCS 系统关闭指示灯		指示灯亮起，说明 TCS 手动关闭

（续）

图案	名称	颜色	说明
ABS	制动防抱死系统故障指示灯	黄色	与 同时点亮,说明 ABS 发生故障;与 或 同时点亮,说明 ABS 失效
(P)	电子驻车制动器故障指示灯		与 同时闪亮,说明电子驻车制动器存在故障
	安全气囊和安全带张紧器警告灯		指示灯亮起或闪烁,说明安全气囊和安全带张紧器存在故障
EPC	发动机功率电子控制系统故障指示灯		指示灯亮起,说明发动机功率电子控制系统存在故障
(!)	轮胎气压系统故障指示灯		指示灯在打开点火开关后闪亮长达 1min,然后一直亮着,说明轮胎气压系统存在故障
	助力转向系统故障指示灯		指示灯点亮,说明电动—机械转向系统功能降低;指示灯闪亮,说明转向柱锁卡得过紧或无法闭锁或分离转向柱锁
	排气监控系统故障指示灯		指示灯亮起或闪烁,说明存在尾气质量恶化并可能引起尾气催化转化器故障
	洗涤液液位过低指示灯		指示灯亮起,说明储液罐里面的洗涤液液位过低
	燃油量过低警告灯		指示灯亮起,说明燃油箱内即将无油
	预碰撞安全系统当前不可用指示灯		指示灯点亮,表明当前预碰撞安全系统不可用
	后雾灯开启指示灯		指示灯点亮,说明后雾灯处于打开状态
	照明系统故障指示灯		指示灯点亮,说明轿车照明系统部分或全部不工作;指示灯闪亮,说明转弯照明系统存在故障
	发动机润滑系统故障指示灯		指示灯点亮,说明发动机机油油位过低;指示灯闪亮,说明发动机润滑系统存在故障
⇐ ⇒	转向信号指示灯	绿色	指示灯点亮,说明左侧或右侧转向信号灯处于打开状态;如轿车的某侧转向信号灯失效,相应一侧的转向信号指示灯的闪烁频率加快一倍;两侧指示灯同时闪烁,表明危险警报灯处于打开状态
	未踩制动踏板指示灯		指示灯点亮,表明未踩下制动踏板
	CCS 工作指示灯		指示灯点亮,说明巡航控制系统正在控制车速
	ACC 启用指示灯		指示灯点亮,说明自适应巡航系统 ACC 处于打开状态
	预碰撞安全系统工作指示灯		指示灯点亮,说明已启动并激活预碰撞安全系统
	远光指示灯	蓝色	打开前照灯远光或操作前照灯闪光器时点亮

(三)信息中心

车型不同,信息中心的屏幕大小也不相同,所显示的内容也有很大差别,通常信息中心可以显示以下内容:警告信息,如车门未关、发动机故障等;行车信息,如平均油耗、平均车速等;设置菜单,如仪表设置、车辆设置等;多媒体信息,如收音机、外设、USB 等;档位显示、温度信息等;总里程\短里程显示等。

以下是以奥迪车型为例,对信息中心的部分显示内容做简单介绍。

1. 车门未关警报信号

若车门、行李舱盖或发动机舱盖处于打开状态,显示器将显示车门开启警报符号,如图 6-6 所示。若所有车门、行李舱盖和发动机舱盖均已关闭,关闭驾驶员侧车门数秒钟后警报符号自动消失。

2. 警报和警告信息文本

打开点火开关或轿车行驶时,系统持续检查轿车的某些部件功能。一旦轿车发生功能故障,组合仪表显示器显示红色或黄色警报信号,以及警报和警告信息文本(图 6-7),某些情况下还可能发出警告音。显示器显示项取决于配备的组合仪表类型。

图 6-6 显示器显示车门处于打开状态

图 6-7 显示器显示警报符号和警告信息文本

3. 行驶里程显示项

里程表记录轿车已行驶总里程。单程里程记录器(trip)显示自上次单程里程记录器清零后轿车行驶的距离。单程里程记录器显示的最后一位数代表 0.1km。

4. 车外温度显示项

如车外温度低于+4℃(+39℉),显示器显示"雪花符号"(薄冰警报)。雪花符号将闪亮,然后持续点亮至车外温度升高至+6℃(+43℉)以上。

如轿车处于静止状态或以低速行驶,则因发动机的热辐射,温度显示值可能略高于实际车外温度。温度显示范围为-40℃(-40℉)~+50℃(+122℉)。

5. 变速杆位置显示项

选定的变速杆位置显示在变速杆旁和组合仪表显示器上,如变速杆处于位置 D 和 S 或 Tiptronic 手动变速通道内,显示器显示选定的档位。

6. 第二种车速表显示项

除了指针式车速表外,轿车行驶时还可以用另一种度量单位显示车速。在 Settings(设置)菜单里选择 Second speed(第二种车速)菜单项。

7. 保养周期显示项

1）保养周期提示信息

若下次规定保养即将到期，打开点火开关时显示器显示保养提示信息。有文本信息显示的轿车，其组合仪表显示器显示字符 Service in---km or---days（距离下次保养__km 或__天）。

2）保养事项

若某次规定保养到期，打开点火开关时系统将发出声响信号，显示器显示扳手符号 数秒钟。有文本信息显示的轿车，其组合仪表显示器显示字母 Service now（立即保养）。

3）调出保养提示信息

打开点火开关，发动机不运转时或轿车处于静止状态时均可调出当前的保养提示信息。具体方法如下：按压组合仪表里的按键，直至显示器显示扳手符号，或选择 Settings（设置）菜单，或 Service（保养）子菜单里选择 Info（信息）菜单项。

到期未做的保养以带负号的单程里程数或总里程数显示。有文本信息显示的轿车，其组合仪表显示器显示字符 Service in---km or---days（距离下次保养__ km 或__天）。

4）保养周期显示项清零

选择 Settings（设置）菜单，在 Service（保养）子菜单里选择 Reset（重置）菜单项，按压 OK 键确认。

（四）警告音

仪表内部装有蜂鸣器，可以结合相应信号模拟发出相应信号类型的声音，如模拟转向继电器的声音、安全带未系的警告音、钥匙未拔、车门未关等警告音。

（五）与仪表显示搭配的多功能按键

1. 菜单信息显示操作方法

（1）调出主菜单

打开点火开关，若显示器显示文本信息或一汽车象形图，按压 OK 按键。不配备多功能方向盘的轿车，风窗刮水器操纵杆上的操作按键如图 6-8 所示，配备多功能方向盘的轿车，方向盘右侧菜单操作按键如图 6-9 所示。用风窗刮水器操纵杆操纵时显示器显示主菜单。用多功能方向盘操作时显示器不显示主菜单，按压箭头按键 或 数次，即可显示各菜单项。

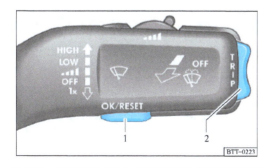

图 6-8　不配备多功能方向盘轿车的菜单操作按键
1—所选菜单项按键　2—菜单的翘板开关

图 6-9　配备多功能方向盘轿车的菜单操作按键

（2）调出子菜单

按压翘板开关 2 的上下端或按压多功能方向盘上的箭头按键 △ 或 ▽，直至显示所需菜单项。选定的菜单项处于两条水平线之间，其右侧还有一三角形符号 ◁。按压 [OK] 按键即可调出子菜单。

（3）在菜单里进行设置

用风窗刮水器操纵杆上的翘板开关或多功能方向盘上的箭头按键进行设置。如需要，可按住操作元件快速增加或减小数值。用 [OK] 按键标注或确认设置。

（4）返回主菜单

通过子菜单返回主菜单：在子菜单里选择菜单项 Back（返回）即可退出子菜单。用风窗刮水器操纵杆返回主菜单：按住翘板开关即可返回主菜单。用多功能方向盘返回主菜单：按压按键 ⤴ 即可返回主菜单。

2. 菜单的组成

组合仪表菜单组成和功能见表 6-2。

表 6-2 菜单组成结构和功能

主菜单名称	子菜单名称	功能
MFD（多功能显示）	Driving time（行驶时间）	显示自打开点火开关后的已行驶时间（小时和分钟）
	Current fuel consumption（当前油耗）	轿车行驶时以 L/100km 为单位显示当前油耗；发动机运转，轿车处于停止状态时以 L/h 显示当前油耗
	Average fuel consumption（平均油耗）	轿车起步行驶约 100m 后开始显示平均油耗，在此之前显示器只显示短线。显示的数据约 5s 更新一次
	Range（续驶里程）	系统根据燃油箱里的燃油油位及轿车当前的行驶状态计算并显示剩余燃油可行驶里程数，计算该里程数的主要依据是当前油耗
	Distance（行驶里程）	以 km 为单位显示自打开点火开关后轿车已行驶距离
	Average speed（平均车速）	轿车起步行驶约 100m 后开始显示平均车速，在此之前显示器只显示短线。显示的数据约 5s 更新一次
	Digital speed display（数字式车速表）	以数字形式显示当前车速
	Digital oil temperature display（机油温度）	以数字形式显示当前机油温度
	Speed warning---km/h（报警车速—--km/h）	若行驶车速超过存储车速（30～250km/h），系统将发出警报声，必要时还可能发出视觉警报
ACC（自适应巡航系统）		显示自适应巡航系统信息
Audio（音响系统）		打开收音机后显示当前播放的广播电台相关信息；处于 CD 模式时显示当前播放的 CD 相关信息
Navigation（导航系统）		打开导航系统后显示导航系统相关文本信息；若路线引导功能处于工作状态，显示转向箭头和接近条码，显示器显示形式及符号与导航系统显示器类似。若路线引导功能未处于工作状态，则显示行驶方向和当前街道的名称
Telephone（电话）		显示移动电话准备系统的相关信息和设置

（续）

主菜单名称	子菜单名称	功能
Assistant（驾驶辅助系统）		打开或关闭驾驶辅助系统
Vehicle status（本车状态）		显示器显示当前警报或文本信息,并显示当前文本符号,如 1/1 或 2/2
Settings（设置）	Language（语言）	在该菜单里可设定导航系统显示文本及信息的语言
	MFD data（多功能显示）	设定需在组合仪表显示器上显示的 MFD 数据
	Convenience（舒适功能）	在该菜单里可设定轿车的舒适功能
	Light & Vision（车灯与视野）	在该菜单里可对轿车的照明系统进行设定
	Time（时钟）	在该菜单里可对组合仪表的时钟、信息系统里的时钟及指针式时钟的显示时间（小时和分钟）进行调整。数字式时钟可设定为 12 小时或 24 小时格式。并可在夏时制和冬时制之间进行切换,例如,进入夏时制时若将时间设定为夏时制,显示器顶部将显示一字母 S
	Winter tyres（冬季轮胎）	在该菜单里可设定视觉和声响车速警报。安装与本车最高允许车速不匹配的冬季轮胎时应利用该功能
	Units（单位）	在该菜单里可设定温度、油耗及距离的度量单位
	Assistant（驾驶辅助系统）	在该菜单里可对各种驾驶辅助系统进行设定
	Second speed（次车速）	在该菜单里可打开或关闭第二种车速表
	Service（保养）	通过该菜单可调出保养提示信息或将保养周期显示项清零
	Factory setting（默认设置）	通过该菜单可将 Settings（设置）菜单里的某些功能恢复为出厂设置
	Back（返回）	返回主菜单

任务二　组合仪表及报警系统检修

一、组合仪表工作原理

仪表控制主要包括仪表警告灯显示、信息中心显示、指针仪表显示和警告音,在现代车辆中,以上四种信息有的由硬线传输给组合仪表,有些信号则需要通过控制单元间的网络传输提供给组合仪表。接下来,以长安福特翼虎车型为例介绍组合仪表信息流。

视频 6-2　组合仪表工作原理

（一）指针仪表信息流

如图 6-10 所示,发动机转速信号、车速信号、冷却液温度信号和燃油液位信号等 4 个信号均传输给 BCM,由 BCM 通过中速 CAN（MS-CAN）传输给组合仪表控制单元 IPC,IPC 驱动相应指示表工作。

1）燃油量表信息流：油泵总成内燃油液位传感器信号直接传输给 BCM,BCM 通过 MS-CAN 传输给 IPC。

2）车速表信息流：车轮转速信号通过 ABS 控制模块传输给 PCM，PCM 计算出车速后将此信息通过 HS-CAN 传输给 BCM，BCM 通过 MS-CAN 传输给 IPC。

3）冷却液温度表信息流：发动机冷却液温度传感器将冷却液温度信号传输给 PCM，PCM 将此信息通过 HS-CAN 传输给 BCM，BCM 通过 MS-CAN 传输给 IPC。

4）发动机转速表信息流：曲轴位置传感器将发动机转速信号传输给 PCM，PCM 将此信息通过 HS-CAN 传输给 BCM，BCM 通过 MS-CAN 传输给 IPC。

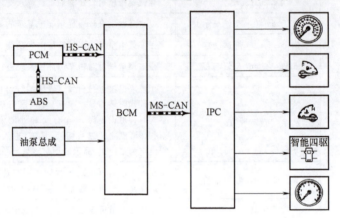

图 6-10　指示仪表信息流

（二）仪表警告灯信息流

如图 6-11 所示，仪表警告灯主要包括各电控系统的故障警告灯，如安全气囊系统、ABS、盲点监控系统、胎压监测系统；以及外部灯光、安全带、驻车制动、档位、机油、充电等的以亮、灭、闪的形式显示的指示状态，以上信息通过 CAN 总线传输给组合仪表控制单元 IPC，由 IPC 显示器内发光二极管及相应图形指示。

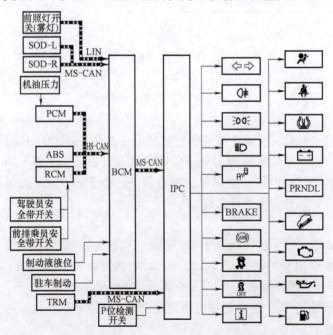

图 6-11　仪表警告灯信息流

（三）仪表信息中心显示信息流

如图 6-12 所示，仪表信息中心显示的内容及项目因车型而有较大差异，通常用液晶显示屏显示，由点阵式的液晶屏幕显示基本的车门等信息；较高配置的车型则由相对较大的一块彩色液晶显示屏来显示更多的信息，如温度、油耗等。

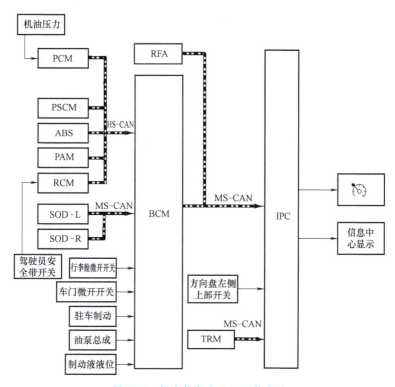

图 6-12　仪表信息中心显示信息流

（四）仪表警告音信息流

如图 6-13 所示，仪表内部装有蜂鸣器，可以结合相应信号模拟发出相应信号类型的声音，如模拟转向继电器的声音、安全带未系的警告音、钥匙未拔、车门未关等警告音。全部信号采用 CAN 线传输。

二、仪表诊断与检修

仪表故障可以表现为仪表自身故障以及仪表通信故障两个方面，而仪表自身故障又可区分为软件故障和硬件故障。对仪表的诊断首先可以采用仪表自检确定是否有仪表自身故障；其次，可以借助诊断软件进行网络测试、数据流功能和主动命令测试功能检查。对于带防盗系统的组合仪表，更新时除了涉及模块编程外，还需要做防盗匹配。

（一）仪表自检

打开点火开关时，重要的故障指示灯会进入自检点亮，目的是为了进行故障灯的自检，防止真正出现故障时出现点不亮的情况，提醒车主该故障指示功能正常。

组合仪表自检过程约为 3~4s，指针仪表中的转速表、车速表、冷却液温度表及

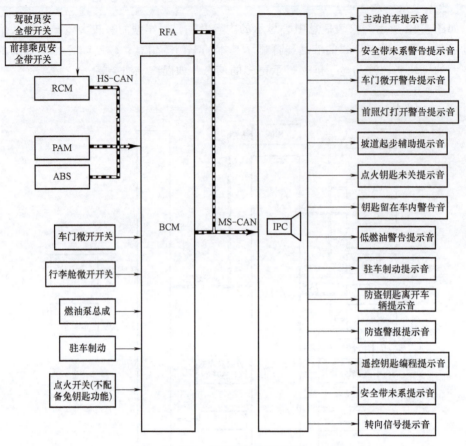

图 6-13　仪表警告音信息流

燃油表，指针由最小读数位置均匀地摆动至最大读数位置，再返回到静止位置；点亮所有由组合仪表控制的 LED 警告指示灯，相应的故障灯有安全带未系指示灯、发动机系统故障指示灯、蓄电池故障指示灯、发动机排气故障指示灯、胎压警告指示灯、防侧滑指示灯、机油压力指示灯、手刹（驻车）指示灯、EBD 制动力分配指示灯、ABS 指示灯、燃油警告指示灯、安全气囊故障警告指示灯、制动液液位警告指示灯等；中央信息液晶屏中各种信息、屏幕全部点阵、各种显示色彩进行自检，可以发现硬件的坏点、缺色等故障；有的车型还可以显示软件信息等，比如可以检测和显示仪表模块的软件版本等信息。待自检完成所有的故障指示灯均熄灭，若此时有故障，相应的故障指示灯会在仪表板中点亮。

（二）仪表检修

1．网络通信测试

通过专用诊断仪的网络通信测试功能，可以诊断出仪表与 CAN 网络上其他模块之间的通信状态，即是否正常（合格），或通信故障（失败）。

网络通信测试结果为合格或者失败，如果测试合格，能够说明该模块可以通信，但并不表示该模块一定提供了仪表所需要的信息，但如果该模块失败，则一定不能为仪表提供信息。

2. 仪表自测

通过专用诊断仪的自诊断功能，可以诊断仪表模块的故障码，并可以判断是否为仪表自身故障，包括软件和硬件故障，也可能会发生外围故障，其中通信故障码（"U"开头的故障码）可能存储在不同模块中，并且非常重要。

故障码通常很有指向性，根据自测的故障码，可以通过查阅维修手册，或者通过专用诊断仪诊断软件的引导诊断及定点测试的方式，进行故障的维修。

3. 读取数据流和执行动作测试

通过专用诊断仪读取输入部分的数据流和命令执行器执行动作测试的功能，可以诊断仪表模块的各个输入信号及相应执行器的动作状态，从而确定故障位置。

组合仪表模块数据流因车型不同而不同，下面以大众迈腾 B8L 车型为例，介绍其组合仪表中的典型数据流和数值，见表 6-3。需要说明的是，读取的数值是诊断仪当下显示的数值。

表 6-3 仪表中控网关数据流

序号	测量值	数值	备注
1	车速	0km/h	
2	发动机转速	750r/min	
3	冷却液温度	90.75℃	
4	车外温度	28℃	
5	里程表显示值	134030km	
6	燃油量	29.4L	
7	燃油箱传感器电阻值	2016Ω	
8	端子 30 的电压	12.9V	
9	机油温度	67℃	
10	延长保养间隔:剩余距离	10000km	距下一次保养的剩余距离
11	延长保养间隔:剩余运行时间	182 天	距下一次保养的剩余运行时间
12	理论保养间隔	15000km	
13	保养间隔超过的距离	0km	超过规定保养间隔的距离
14	保养间隔超过的天数	0 天	超过规定保养间隔的天数
15	自最后一次基于里程的检查后的行驶距离	0km	上次保养复位后行驶的距离
16	自上一次基于时间的检测以来的天数	183 天	上次保养复位后间隔的天数
17	驻车制动状态	未启用	
18	组合仪表菜单按钮状态	未启用	
19	每日距离按钮状态	未启用	短里程复位按钮状态
20	自动检查系统按钮状态	未启用	保养复位按钮状态

三、组合仪表典型故障案例分析

1. 故障现象

某带无钥匙进入功能的 2018 款迈腾 B8L 轿车，在用无钥匙进入或遥控钥匙开启或闭锁车门时,四门两盖开锁正常、无法闭锁;在车内驾驶员侧操作联锁开关,发现所有门锁机构有解锁的声音,无落锁声。仪表上显示,驾驶员侧车门未关状态,并存在提示音。

2. 初步分析

由于仪表中有显示车门状态未关,很有可能是车门闭锁的条件不能满足,即个别车门的状态信息有误,才导致了全车无法上锁的现象。

3. 故障原因分析

查阅 2018 款迈腾 B8L 电路图,迈腾门锁电动机控制电路原理简图如图 6-14 所示。驾驶员侧门锁功能开关 F2 信号的原理是:驾驶员侧车门控制单元 J386 通过其 T20/5 端子输出一个 0~+B 的方波参考信号至驾驶员侧车门锁的 T8t/3 端子,当车门打开即车门触点开关 F2 闭合时,通过驾驶员侧车门锁的 T8t/2 端子接地回路将该信号拉低至 0V,仪表上显示车门状态开启。当车门关闭即车门触点开关 F2 断开时,控制单元 J386 就通过检测此电路上的波形为 0~+B 的方波,表示车门状态是关闭的。

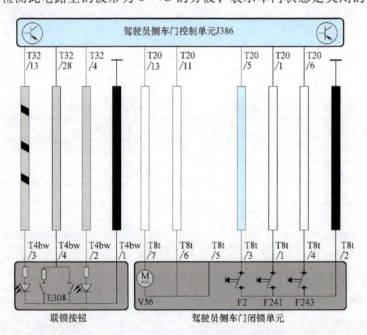

图 6-14 迈腾左前门锁电动机电路

J386—驾驶员侧车门控制单元　E308—联锁按钮　F2—驾驶员侧车门接触开关
F241—驾驶员侧锁芯中的接触开关　F243—驾驶员侧车门中央门锁
Safe 功能指示灯　V56—驾驶员侧车门中央门锁电动机

由故障现象可以推测各控制单元的通信没有问题。可能原因如下:

(1) 门触点开关 F2 及线路输入故障

F2 自身损坏;F2 的 T8t/3 端子到 J386 的 T20/5 端子的线路故障。车门锁 T8t/2 端子到搭铁处线路故障。

(2) J386 局部故障

J386 控制模块提给 F2 触点的电信号错误;J386 上的 T20/5 端子本身损坏;

4. 故障诊断

1）打开点火开关，用解码器读取故障码，发现没有相关故障信息。

2）打开点开关，用解码器读取诊断数据流，发现驾驶员侧车门始终处于开启状态。

3）测量车门控制单元 J386 的 T20/5 端子对地电压波形。无论打开车门还是关闭车门一直都是 0～+B 的方波。

4）导通性测试

① 检查 J386 的 T20/5 端子与驾驶员侧车门锁的 T8t/3 端子之间电路的导通性。

关闭点火开关，测量 J386 的 T20/5 端子和驾驶员侧车门锁 T8t 插接器上的 T8t/3 端子的电阻，电阻值为无穷大，说明故障存在，J386 的 T20/5 端子和 T8t/3 端子之间断路。

② 门接触开关 F2 导通性测试。

关闭点火开关，用万用表测量驾驶员侧车门锁 T8t/3 端子与 T8t/2 端子之间电阻，电阻值为无穷大或 0V，说明开关状态良好。

5）检测车门控制单元 J386 的 T20/5 端子电路对地电阻状态。

关闭点火开关，断开 J386 的 T20 和驾驶员侧车门锁 T8t 插接器，用万用表测量车门控制单元 J386 的 T20/5 端子电路对地电阻，电阻值始终为无穷大，说明 T20/5 端子电路对地电阻状态正常。

6）测量驾驶员侧车门锁 T8t/2 端子对地电压始终为 0V，说明正常。

5. 故障排除

关闭点火开关，拔掉 J386 的 T20 插接器和驾驶员侧车门锁 T8t 插接器，拆开线束后，检查 T20/5 端子和 T8t/3 端子之间的线路，发现某处存在磨损断路，使用专用工具修复线路，故障排除。

自我测试

自我测试

项目七

汽车空调系统维修

项目描述

汽车空调为驾乘人员提供舒适的乘车环境，将车内空气的温度、湿度、气流速度、洁净度等参数指标调节在合适范围。制冷不良或不制冷是空调系统最常见的故障。维修时，应首先对空调系统进行全面检查；然后结合空调系统工作原理，通过诊断设备、空调压力表判断故障存在于制冷循环系统还是调温系统，然后进行针对性检测与维修。

本项目融合《汽车电子电气与空调舒适系统技术》职业技能等级标准内容，介绍了汽车空调系统功能、组成、工作原理和检测方法。通过对汽车空调系统基本检查、制冷循环不良故障诊断与排除、空调控制系统故障诊断与排除三个任务的训练，培养学习者解决汽车空调系统故障的能力。

通过本项目的学习，应达到以下要求。

1. 知识目标
1) 熟悉汽车空调系统的功能、组成和类型。
2) 熟悉汽车空调系统的正确使用方法以及工作原理。
3) 理解汽车空调系统故障产生的原因及规律。
4) 熟悉汽车空调系统故障诊断的参数和标准。
5) 掌握汽车空调系统维修方法。

2. 技能目标
1) 能够熟练查阅及使用汽车空调系统维修资料。
2) 能够根据汽车空调系统故障现象制定故障诊断流程和故障排除计划。
3) 能够按照规范对汽车空调系统进行拆装和维护。
4) 能够对汽车空调系统的主要元部件进行检测，并判断其性能。
5) 能够对汽车空调系统典型故障进行诊断与排除。

学习任务

任务一　汽车空调基本检查

一、汽车空调系统组成及功能

（一）空调系统的功能

空调系统是车辆的舒适及安全系统。舒适的温度和湿度能降低驾驶员和乘员的疲劳，提高驾驶员注意力，有助于提高驾驶安全。

1. 调节温度

对于驾驶员来说最佳温度是 20~22℃。当头部温度达到 25℃时，驾驶员体温会升高，心跳频率加快，大脑供氧开始减少。当头部温度达到 25~35℃时，感性知觉和推理能力降低 20%，据估计该数据相当于血液中的酒精含量为 0.5mL。

2. 调节湿度

空气中的水分含量被称为湿度。湿度通常以百分比的形式表示，即相对湿度。空调系统同时具备除湿功能，开启空调后室内湿度会降低。现代医疗气象研究表明，人体比较适宜的相对湿度为 40%~70%。夏季室温 25℃时，相对湿度控制在 40%~50% 比较舒适；冬季室温 20℃时，相对湿度控制在 60%~70% 为宜。

3. 调节气流速度

在汽车空调工作时，无论出冷风、出热风还是自然通风，都需要空气流量。舒适的车内温度是由当前的车外温度和足够大的空气流量决定的，如图 7-1 所示。

1）当车外温度低，如-20℃时，此时若所需车内温度较高（28℃时），空气流量则较大，需达到 8kg/min。

2）当车外温度高，如 40℃时，此时若所需车内温度较低（23℃时），空气流量则更大，需达到 10kg/min。

3）当车外温度中等，如 10℃时，此时若所需车内温度较低（21.5℃时），空气流量则较小，达到 4kg/min 即可。

4. 过滤、净化车内空气

由于空间小，乘员密度大，车内极易出现缺氧和二氧化碳浓度过高的情况。汽车发动机废气中的一氧化碳和道路上的灰尘、野外有毒的花粉都容易进入车内，造成车内空气污浊，影响乘员的身体健康，因此必须要求汽车空调具有补充车外新鲜空气、过滤和净化空气的功能。

（二）汽车空调系统的分类

汽车空调可按功能、控制方式、温度可调区域、驱动方式来进行分类。

视频 7-1 汽车空调的四种分类

1. 按功能分类

1）单一功能。单一功能指冷风、暖风各自独立，自成系统，一般用于大中型和载货汽车上。单一功能型又可分为单一取暖和单一制冷两种形式。

2）组合式。指冷、暖风合用一个鼓风机、一套操作机构。这种结构又分为冷、暖风分别工作和冷、暖风同时工作两种方式，多用于轿车上。

2. 按控制方式分类

1）手动空调。空调的进气方式、温度控制、气流选择模式、鼓风机转速等都由驾驶员手动调节。

2）自动空调。空调控制器可根据车内温度、车外温度、阳光辐射强度、蒸发器温度、发动机冷却液温度、驾乘人员设定温度等实现空气混合风门或热水阀的不断调节及修正，从而实现车内恒温。自动空调同时也可实现风量、进气方式、气流选择模式的控制，根据传感器的数量、执行器的控制数量可分为半自动空调和全自动空调。自动空调控制面板上一般会有"AUTO"按键。

3. 按照温度区域分

按温度可调区域分为单温区、双温区和多温区空调。

1) 单温区空调。各出风口温度相同且调温同步，空调控制面板上只有一个温度调节旋钮。

2) 双温区空调。空调控制面板上有两个温度调节旋钮，驾驶员与前排乘员可根据各自的需求调节不同的温度。图 7-1 所示为宝马 E65 双温区空调控制面板。

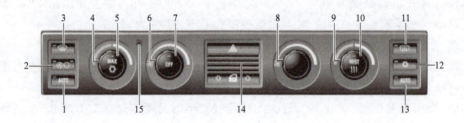

图 7-1　宝马 E65 双温区空调控制面板

1—自动空调按钮，负责整个车内空间或左侧车内空间　2—内外循环切换开关　3—前风窗玻璃除霜键　4—左侧车内空间温度调节旋钮　5—最大制冷　6—整个车内空间或左侧车内空间风速调节旋钮　7—自动空调关闭　8—右侧车内空间风速调节旋钮　9—右侧车内空间温度调节旋钮　10—余热利用　11—后窗加热　12—A/C 开关　13—自动空调按钮，负责右侧车内空间　14—带车内温度传感器的进气格栅　15—停车通风/停车余热装置

3) 多温区空调。除了前排驾乘人员以外，后排乘客也可根据自己的需求调节不同的温度。

4. 按驱动方式分类

汽车空调按驱动方式可分为非独立式、独立式和电力驱动空调三种。

1) 非独立式汽车空调系统。空调制冷压缩机由汽车本身的发动机驱动，汽车空调系统的制冷性能受汽车发动机工况的影响较大，工作稳定性较差。尤其是低速时制冷量不足，而在高速时制冷量过大，并且消耗功率较大，影响发动机的动力性。这种类型的汽车空调系统一般多用于制冷量相对较小的中、小型汽车上。

2) 独立式汽车空调系统。空调制冷压缩机由专用的空调发动机（副发动机）驱动，故汽车空调系统的制冷性能不受汽车主发动机工况的影响，工作稳定，制冷量大。但由于加装了一台发动机，不仅成本增加，而且体积和质量增加。这种类型的汽车空调系统多用于大、中型客车上。

3) 电力驱动空调系统。压缩机由电动机驱动，主要用于特种车辆，如雷达指挥车、混合动力汽车和纯电动汽车上。

二、汽车空调通风及配气系统

通风与空气分配系统是将由制冷与暖风系统产生的冷、热风进行配送；针对不同情况和乘员的要求从不同的风口出风，使车内的温度与气流速度均处在一定的范围内，形成一个比较舒适的环境。

(一) 汽车空调通风系统

通风系统的主要功能是通风换气，将车外的新鲜空气引入车内，将车内的污浊空气排出车外，使车内的空气保持新鲜，提高汽车的舒适性。同时，通风系统还具有对风窗除霜除雾的作用。目前，汽车上的通风有两种方式：一种是利用汽车行驶中产生的动压进行通风；另一种是利用车上的鼓风机进行强制通风。通风系统主要由空气入口、鼓风机、风道、空气出口等组成。

1. 动压通风

动压通风又称自然通风，是利用汽车在行驶时对车外部所产生的风压，通过进风口和排风口实现通风换气。一般车身大部分是负压区，仅前面风窗玻璃及前围板上部等少部分为正压区。在设置时，要求进风口必须装在正压区，排风口装在负压区，如图7-2所示，以便利用汽车行驶所产生的动压而引入大量的新鲜空气。这种通风方式因为不需要另外加动力，所以比较经济；但在汽车低速行驶时通风效果较差。

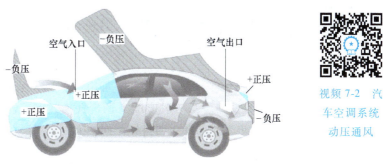

图7-2 动压通风

视频7-2 汽车空调系统动压通风

2. 强制通风

强制通风是采用鼓风机强制性地将外界新鲜空气引入车内，鼓风机安装在进风口处，如图7-3所示。这种通风方式不受车速的限制，通风效果好。目前，汽车空调系统都是利用鼓风机进行强制通风。

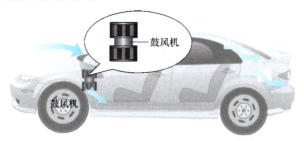

图7-3 强制通风

视频7-3 汽车空调系统强制通风

在汽车行驶时，强制通风和动压通风一起使用，又称综合通风。

(二) 空气调节及分配系统

如图7-4所示，空气调节及分配系统主要由进风口、出风口、风道、风门翻板、热交换器（蒸发器、加热器芯）等组成，是一个密闭的空间。按照空气流动路径可分为三段：空气进入段、空气调节段和空气分配段。

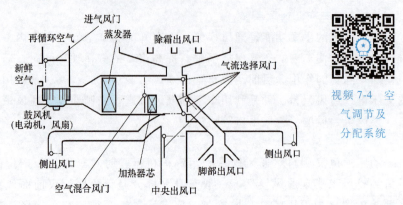

图 7-4 典型空调系统空气调节及分配系统

空气进入段主要由进气风门翻板和伺服器组成，用来控制室内循环空气和室外新鲜空气进入；空气调节段，主要由蒸发器、加热器、空气混合风门或水阀组成，用来调节所需温度的空气；第三部分为空气分配段，分别可使空气吹向面部、脚部和风窗玻璃上，主要包括气流选择风门和上、中、下风口。

1. 进气模式调节

空调系统在进行空气准备时有两种空气状态可用：外部空气（新鲜空气）和内部空气（再循环空气），如图 7-5 所示。对应的空调进气模式有外循环模式和内循环模式，当改变进气模式时，进气风门翻板动作，从而切换进气状态。

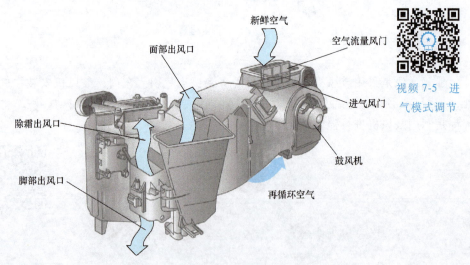

图 7-5 空调系统两种空气准备状态

2. 温度调节

温度调节通过移动温度调节拨杆或转动温度选择旋钮来实现温度的改变。如图 7-6 所示，温度调节系统由两个热交换器（蒸发器、加热器芯）、空调控制面板、热水阀和空气混合风门组成。

项目七　汽车空调系统维修

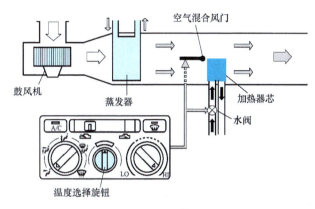

图 7-6　温度调节

（1）热交换器

如图 7-7 所示，在空调器内有两个热交换器，分别为用于制冷的蒸发器和用于取暖的加热器芯。

1）蒸发器。蒸发是将物质从液态转变为气态的物理过程，是一个吸热过程。蒸发器中循环的介质是制冷剂，空气流经蒸发器后会被冷却。

2）加热器芯。加热器芯又称暖风水箱。加热器芯中流动的是冷却液，冷却液的温度一般为 80~90℃，从鼓风机送来的空气与加热器芯的冷却液进行热交换后，便被加热成热空气，从而给驾驶室内送来暖风。

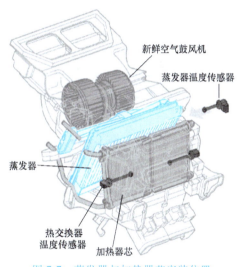

图 7-7　蒸发器与加热器芯安装位置

（2）空调的两种调温方式

空调的调温方式又称为再加热式调温。如图 7-8 所示，从空气流通的方向来看，蒸发器位于加热器之前，也就是说空气进入风道后，首先经过蒸发器，然后再经过加热器芯。

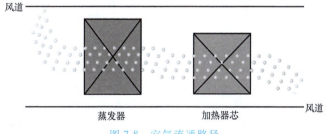

图 7-8　空气流通路径

1）以水为基础进行调温。如图 7-9 所示，在进水管上设置热水阀，通过调节热水阀开度，改变加热器芯内热水流量，从而改变空气加热程度，实现调温。

173

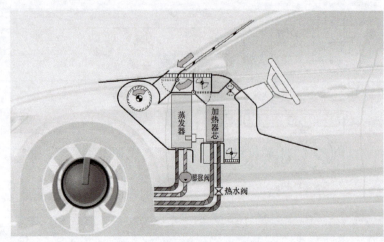

视频 7-6 以水为基础的调温方式

图 7-9 以水为基础的调温方式

2）以空气为基础进行调温。如图 7-10 所示，在蒸发器和加热器之间设置空气混合风门，通过改变空气混合风门的位置，改变冷热风的比例，从而达到调温的目的。

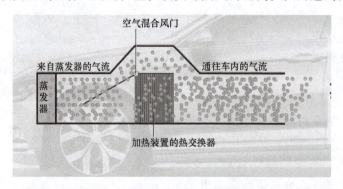

视频 7-7 以空气为基础的调温方式

图 7-10 以空气为基础的调温方式

3. 气流选择调节

现代轿车空调系统的出风口分别设置了中央出风口、侧出风口、脚部出风口和风窗玻璃除霜口等，其空调系统可以根据需要，控制气流选择风门位置，从而选择不同的出风口出风。这种功能是通过控制面板上的气流选择调节拨杆或旋钮进行调节，一般有面部、面部和脚部、脚部、除霜、除霜和脚部五种模式。图 7-11 为面部和脚部同时出风的情况。

（三）汽车空调系统的组成

为实现功能，汽车空调系统主要由制冷系统、暖风系统、通风系统、空气净化系统以及电子控制系统五大系统组成。在高级轿车和高级大、中型客车上还有加湿装置。

1）制冷系统。制冷系统用于夏季降温除湿，也可以用于夏季对风窗玻璃除雾。

2）暖风系统。暖风系统在冬季为车厢提供暖气，同时也可以用于为前风窗玻璃除霜。

3）通风系统。通风系统将车外新鲜空气引入车厢内，实现车厢内通风换气。

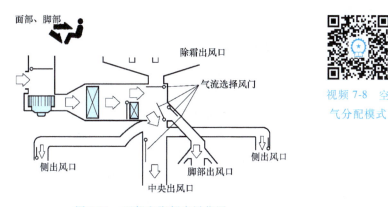

视频 7-8 空气分配模式

图 7-11 面部和脚部出风位置

4）空气净化系统。除去车内空气的尘埃、臭味、烟气及有毒气体，使车内空气变得清新。

三、汽车空调暖风系统

现代汽车空调基本上都发展为冷暖一体化空调，不仅能制冷，而且能制热，成为适应全天候气候的空气调节系统。汽车空调暖风系统的主要作用是：能与蒸发器一起将空气调节到乘员舒适的温度；在冬季向车内提供暖气，提高车内温度；当车上玻璃结霜和结雾时输送热风，用来除霜和除雾。

汽车空调暖风系统按所使用的热源可分为发动机余热式和独立热源式；按空气循环方式可分为内循环、外循环和内外混合循环式三种；按照载热体可分为水暖式和气暖式两大类。以下将按热源的不同，对余热式和独立热源式两种暖风系统分别进行介绍。

（一）发动机余热式

发动机余热式包含利用发动机冷却液热量的水暖式以及利用发动机排气系统热量的气暖式两种。

1. 水暖式暖风系统

轿车、载货汽车和小型客车经常利用发动机冷却液的余热作为热量，将其引入热交换器（加热器芯），由鼓风机将车厢内（内循环）或车外部空气（外循环）吹过热交换器而使之升温。此装置设备简单，安全经济，但热量小，受发动机运行工况影响较大。

如图 7-12 所示，水暖式暖风系统工作原理是通过发动机上的冷却液控制阀分流出来的冷却液送入暖风机的加热器芯，放热后的冷却液由加热器芯出水管流回发动机。冷空气被加热器鼓风机强迫通过加热器芯，被加热后，由不同的风口吹入车厢内，进行风窗除霜和取暖。另一路冷却液通过散热器进水管进入散热器，降温后由散热器出水管回到发动机。通过控制冷却液控制阀的开闭和流量大小，可调节供热量。

2. 气暖式暖风系统

气暖式暖风系统是利用发动机废气的热量来达到取暖的目的。在排气管道上安装一个特殊的热交换器，如图 7-13 所示。热交换器中废气与空气进行热交换，把产生的暖风吹入车内，供采暖和除霜用，多用于风冷式发动机上。

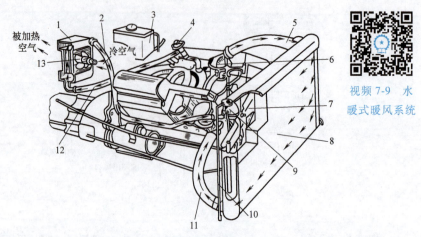

图 7-12 水暖式暖风系统

1—加热器芯 2—加热器芯出水管 3—储液罐 4—冷却液控制阀 5—散热器进水管 6—节温器 7—风扇
8—散热器 9—冷却液泵 10—散热器溢流管 11—散热器出水管 12—加热器芯进水管 13—加热器鼓风机

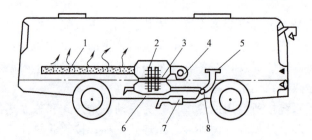

图 7-13 气暖式暖风系统

1—暖风管 2—热管 3—密封隔板 4—鼓风机 5—发动机排气口
6—热交换器废气通道 7—消声器 8—电磁转换阀

（二）独立热源式

独立热源式暖风系统包含独立燃烧式暖风系统、PTC 加热系统和热泵制热系统三种类型。

1. 独立燃烧式

燃烧式暖风系统的采暖方式不是利用汽车发动机的余热，而是专门用汽油、煤油、柴油等作为燃料在燃烧筒中燃烧所产生的热量，对采暖用空气进行热交换，一般用在大型客车上。这种采暖方式的优点是不受汽车工况的影响，而且采暖迅速；缺点是结构复杂。

2. PTC 加热

PTC 加热系统使用 PTC 加热器作为发热源，PTC 加热器包括 PTC 空气加热器和 PTC 水加热器两种。

PTC 空气加热器方式是将 PTC 加热器代替水暖式暖风系统的加热器芯。

如图 7-14 所示，PTC 水加热器方式是将 PTC 加热器与水暖式暖风系统的加热器芯串联，通过 PTC 水加热器加热后的冷却液输送给加热器芯，空气通过加热器芯被加热使出风口温度升高后直接吹入车内，实现车内采暖。

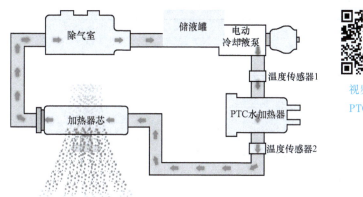

图 7-14 PTC 水加热器方式

视频 7-10 PTC 加热

3. 热泵制热

在纯电动汽车中，由于无发动机余热可利用，PTC 加热供热效率较低，有部分车型采用热泵制热，热泵制热原理和压缩式制冷原理本质相同。

视频 7-11 大众 e-golf 热泵制热原理

四、汽车空调空气净化系统

空气净化系统用来去除车内空气的灰尘，保持车内空气清洁。最常见的是在进风口安装空气滤清器去除空气中的灰尘、杂质等。

有些车辆在空气滤清器中安装活性炭，可吸收空气中的异味；有些车辆在净化系统中设有烟雾传感器，当传感器检测到车内存在烟气时，便通过放大器自动使鼓风机以高速档运转，排出车内的烟气。高档车辆的空气净化系统除上述功能外，还在系统中装有活性炭、负氧离子发生器和杀菌灯。

五、汽车空调系统基本检查内容

汽车空调系统元部件基本集中在发动机舱和车厢内。制冷系统的大部分元件（压缩机、冷凝器、储液干燥器、有些车型的膨胀阀、压力开关、冷凝器冷却风扇、继电器等）安装在发动机舱；取暖系统的进水管和出水管也安装在发动机舱。制冷系统的蒸发器、取暖系统的加热器芯、通风及配气系统的进/出风口、鼓风机电动机及调速模块、各风门及电动机、空调控制面板、车内温度传感器、光照传感器等都安装在车厢内。只要围绕发动机舱盖下和仪表板下进行检查，即可确认汽车空调系统的故障症状。

（一）车厢内的检查

车厢内的检查可分为发动机熄火状态的检查和发动机运行状态的检查（表 7-1）。

1）空调滤清器检查。检查空调滤清器表面清洁情况，按照维修手册要求，根据行驶公里数或时间清洁或更换空调滤清器。

2）空调面板及操作机构的检查。按压空调控制面板上各按键，检查按键的灵活性；移动各机械控制杆，检查操作机构的灵活性，若不正确，应进行调整或更换。

表 7-1　仪表板下的检查

检查条件	检查内容
发动机熄火状态	空调滤清器滤芯表面
	空调控制面板、操纵机构是否灵活
发动机运行状态	电源电压是否正常（充电指示灯）
	鼓风机最高档风速
	鼓风机风量档位调节
	出风模式切换情况
	空调系统温度调节情况

3）电源电压的检查。当发动机运行一会儿后，发电机充电指示灯应该熄灭，否则应该检查车辆充电系统。

4）鼓风机最高风速检查。将鼓风机置于最高档位，使出风模式位于吹脸处，用风速计检查出风量的大小。

5）风速变化情况的检查。用风速计或用手感觉鼓风机风速，风速应随鼓风机档位变化而变化，若不变化，则需进一步检查鼓风机电路。

6）出风模式切换情况的检查。将鼓风机置于最高档位，切换出风模式，用风速计或用手感觉各出风口处的出风情况是否正常。

7）空调系统温度调节的检查。运行发动机至规定温度（80℃以上即可）后，发动机转速控制在 1500～2000r/min，开启 A/C 开关，将空调置于最大制冷模式，将温度计置于左侧中央出风口 50mm 处测量出风口温度。然后将温度设定为最高值，测量出风口温度。出风口温度应符合规定值，否则说明空调效果不良。

（二）发动机舱内的检查

发动机舱内的检查可分为发动机熄火状态下的检查和发动机运行状态下的检查，见表 7-2。

表 7-2　发动机舱盖下的检查

检查条件	检查内容
发动机熄火状态	确定车辆基本信息
	蓄电池电压
	冷却液液位
	线束连接情况
	冷凝器和散热器芯表面
	传动带张紧度
	压缩机连接螺栓紧固情况
	制冷剂管路和软管
	散热器和加热器芯软管
发动机运行状态	进气模式切换情况
	压缩机的工作情况
	冷凝器风扇运转情况
	制冷剂管路和软管的温度
	加热器软管的温度
	蒸发器的排水情况

1）检查并记录车辆的基本信息。维修车辆时，要先确认车辆的基本信息。车辆的基本信息包括车辆型号、发动机型号、车辆 VIN 码。

2）检查蓄电池电压。发动机熄火时，蓄电池电压应为 12.6V 左右。

3）检查冷却液液位。冷却液液位应处于 MAX 与 MIN 两条刻度线之间。

4）检查线束的连接情况。检查通往电磁离合器、空调压力传感器、冷凝器风扇电动机等的线路是否紧密地连接，是否存在损坏。

5）检查冷凝器和散热器表面。冷凝器和散热器表面应该干净且没有明显的泄漏。

6）检查传动带张紧度。检查传动带张紧度最精确的办法是使用传动带张力测试器，图 7-15 为 OTC 6673 传动带张力测试器。红色区表示传动带过松或过紧，绿色区表示新传动带，黑色区表示可以正常使用，白色区表示旧传动带。

7）检查压缩机连接螺栓紧固情况，确保紧固。

8）检查制冷剂管路和软管。观察制冷剂软管和管接头是否有油污和损坏，若有油污和油垢表示系统有泄漏。观察空调检修阀盖帽是否丢失，检修阀盖帽的丢失会使制冷剂每年的泄漏量达到 2.2kg。

9）检查散热器和加热器芯软管，看是否有膨胀、变软、开裂或泄漏现象。

10）检查压缩机的工作情况。压缩机运行后应无异响，进出口应有明显温差，若无温差，说明压缩机不工作。

图 7-15　OTC 6673 传动带张力测试器

11）检查冷凝器风扇运转情况。可以将一张白纸放在冷凝器前面，使发动机在怠速下运行，白纸应该贴在冷凝器表面。

12）检查制冷剂管路和软管的温度。可用手感觉制冷剂管路的温度，也可用红外测温仪检查制冷剂管路的温度。

13）检查加热器软管的温度。如果发动机达到工作温度，两个管都应该是烫的，若带有热水阀，则进出软管会有一定的温差。

14）检查蒸发器的下方区域是否有水滴排出，开启 A/C 时，蒸发器下方区域应有水滴排出。

15）检查进气模式切换情况。打开点火开关和鼓风机开关，切换内外循环模式，用一张白纸放在外循环进风口处测试吸力，当进气模式处于外循环时，白纸应该贴在进风口处，否则应进一步检查进气风门的机械部分和电路部分。

任务二　制冷循环不良故障诊断与排除

一、制冷循环组成及工作原理

（一）制冷基础知识

1. 物质三态转化

汽车空调的制冷原理与家用空调、冰箱的制冷原理是相同的。

如图 7-16 所示，物质通常以三种形态存在，即固态、液态和气态，在一定条件下它们可以相互转化，如从固态转变为气态称为升华，液态转变为气态称为汽化，气态转变为液态称为液化。在它们的相互转化过程中都伴随着吸热或者放热的现象。

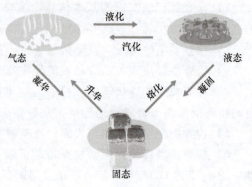

图 7-16　物质三态转化

2. 制冷的本质

在日常生活中，我们会遇到这样的例子。在游完泳后，人们会有冷的感觉；在手臂上涂抹酒精也会有凉爽的感觉，这都是因为液体蒸发汽化带走了人体的热量。

汽车空调制冷的本质就是利用制冷剂在蒸发汽化过程中，从外界或室内空气中吸收热量，从而使室内空气温度降低，达到制冷的目的。上述情境中的制冷都是一次性的，如何能实现源源不断的制冷呢？如图 7-17 我们可以制作这样的一个容器，将蒸发的气态制冷剂收集起来，然后想办法使气态的制冷剂转化为液态，使其回到原来的空间，这样就可以实现源源不断的制冷。

3. 制冷循环工作过程

在汽车空调系统中，制冷剂实现汽化即蒸发所在的元件我们称为蒸发器，实现液化即冷凝的元件我们称为冷凝器。

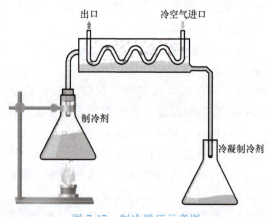

图 7-17　制冷循环示意图

（1）汽化

汽化有两种表现形式，一种是蒸发，另一种是沸腾，但两者之间存在区别。一般来说，蒸发在任何压力、温度情况下都可以进行，而且只是局限在表面液体的汽化，如水泼在地面上，不久地面上又会恢复干燥。而沸腾是在一定压力下达到对应的温度才能进行，且液体内部会出现大量蒸气，如水烧开时会沸腾，并且从水里面产生大量的蒸气泡。在汽车空调中，制冷剂在蒸发器内实际上进行的是沸腾过程而非蒸发过程。

汽化是一个吸热过程。图 7-18 为制冷剂的蒸气—压力曲线，在压强不变的情况下，可以通过给液体加热的方式使液体汽化（如图中"④"）。我们将使物质温度升高的热量称为显热，而使物质状态发生变化的热量称为潜热。如果物质的状态是从液态变为气态，就将这种潜热称为汽化潜热。在不改变温度的前提下，也可以通过降低液体压强，使其汽化（如图中"③"）。

汽车空调系统中节流元件的作用就是降低制冷剂的压强，从而使其便于汽化的。

（2）节流

如图 7-19 所示，根据流体力学的知识，在流体通路中，如果通道突然缩小，液体

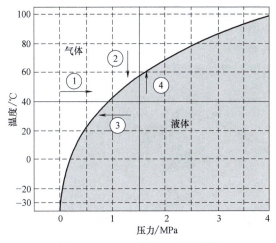

图 7-18　R134a 蒸气—压力曲线

流速便会加快，压力便会下降。如果此时产生气体，则总体积还要增大。这种变化只是状态的变化，与外界没有热和功的交换，因此流体的热量不变，这种状态称为节流。

在空调制冷系统中，制冷剂在膨胀阀中的状态变化就是节流过程。制冷剂

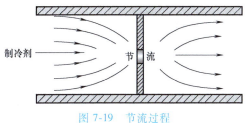

图 7-19　节流过程

被膨胀阀节流后，如果压力下降得比饱和压力还低，部分液体将会变为饱和蒸气，体积急剧增大。这时蒸发热是液体自身供给的，所以液体温度下降较大。

（3）冷凝

冷凝过程与蒸发过程相反，是指物质从气态转变为液态，是一个放热过程。从图 7-18 制冷剂的蒸气-压力曲线中可以看出，在压强不变的情况下，可以通过将气体冷却的方式使气体液化（如图 7-18 中"②"）。在不改变温度的前提下，也可以通过提高气体压强，使其液化（如图 7-18 中"①"）。

汽车空调系统中压缩机的作用就是给制冷剂增压，从而使其便于液化的。

（4）压缩

当对气体进行压缩时，随着气体容积的减小，其温度与压力会升高。温度升高多少与压缩的快慢与边界条件有关。

（二）制冷循环组成及工作原理

要完成制冷循环的四个工作过程，制冷循环应包含以下四个基础部件：使制冷剂汽化吸热的蒸发器、液化放热的冷凝器、为冷凝助力的增压元件压缩机和为蒸发助力的节流降压元件。制冷循环工作的四个过程依次是蒸发过程、压缩过程、冷凝过程和节流降压过程。根据节流元件类型不同，制冷循环可分为膨胀阀式和膨胀管式两种类型。

1. 膨胀阀式制冷循环（CCTXV）

图 7-20 为膨胀阀式的制冷循环。循环系统主要由压缩机 A、冷凝器 B、储液干燥

器 C、膨胀阀 F、蒸发器 G 和电气控制系统（图中的空调压力传感器 D 等）组成。它们由下列三种管路连成制冷系统：①高压蒸气软管：用于连接压缩机和冷凝器；②液体管路：用于连接冷凝器和蒸发器；③低压回气管路：用于连接蒸发器和压缩机。另外，在系统中还应装有高压维修阀 E 和低压维修阀 H。

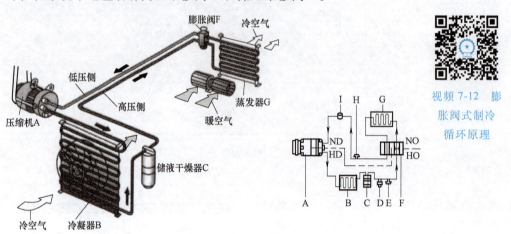

图 7-20　膨胀阀式制冷循环系统

这种制冷循环的工作原理是：压缩机将低温低压（1~4℃，0.15~0.3MPa）的制冷剂气体压缩为高温高压（70℃，1.3~1.5MPa）的制冷剂气体，目的是使制冷剂比较容易液化放热。高压的气态制冷剂进入冷凝器，冷凝器风扇使空气通过冷凝器的缝隙带走制冷剂放出的热量，从而使制冷剂转变为中温高压（50℃，1.3~1.5MPa）的制冷剂液体。液化后的制冷剂进入储液干燥器，过滤掉其中的杂质、水分，同时存储适量的液态制冷剂以备制冷负荷发生变化时制冷剂不会断流，从储液干燥器出来的制冷剂流至膨胀阀，经过膨胀阀中节流孔的节流降压作用转变为低温低压（-5℃，0.15~0.3MPa）的雾状制冷剂。雾状制冷剂进入蒸发器，由于节流降压作用，低压的制冷剂很容易蒸发，吸收热量，鼓风机使空气不断通过蒸发器的缝隙，使其温度下降，车内温度降低，蒸发器出来的气态制冷剂再进入压缩机重复上述过程。这种循环系统中的膨胀阀可以根据制冷负荷的大小调节制冷剂流量。

制冷循环系统中，压缩机和膨胀阀是高压与低压的分界点，蒸发器和冷凝器是气体和液体的分界点。

2. 膨胀节流管式制冷循环（CCOT）

膨胀节流管式的制冷循环系统从制冷的工作原理来看，与膨胀阀式的制冷循环系统无本质的差别，只是将可调流量的膨胀阀换成不可调节流量的膨胀节流管，使其结构简单。由于膨胀管不能调节流量，液态制冷剂很可能流出蒸发器而进入压缩机，造成"液击"。为此，装有膨胀节流管的循环系统，必须同时在蒸发器出口和压缩机进口之间安装一个集液器（又称气液分离器），如图 7-21 所示。

(三) 制冷剂及冷冻机油

1. 制冷剂

制冷剂又称冷媒，是一种化学物质，它是制冷系统中完成制冷循环的工作介质。

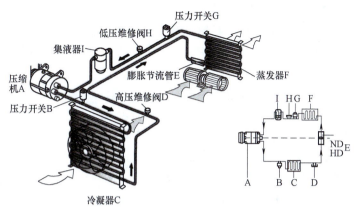

图7-21 膨胀节流管式制冷循环系统

制冷剂的英文名称为 Refrigerant，所以常用其头一个字母 R 来代表制冷剂，后面表示制冷剂名称。汽车空调使用的制冷剂主要有 R12、R134a、R1234yf 等。其中 R12 已被禁止使用，目前我国大部分汽车空调仍采用 R134a 作为制冷剂，也有部分厂商如奔驰、宝马的部分车型选用了 R1234yf，也有人提出未来最有前景的车用制冷剂将会是 R744 即 CO_2。

（1）制冷剂临界温度和临界压力

R134a 在标准大气压力下的沸点是 -26.9℃。在常温常压的情况下，如果将其释放，R134a 便会立即吸收热量开始沸腾为气体，对 R134a 加压后，它也很容易转化为液体。

1）临界温度。临界温度指物质由气态转化为液态的最高温度。当温度低于临界点时，制冷剂处于液相和气相状态，就是说液体上方有蒸气聚集。只要容器内除液体外还有蒸气，容器内的压力就会随环境温度变化而改变。当温度高于临界点时，制冷剂将无法从气体转换为液体，制冷剂的临界温度值应尽量高些，这样从压缩机出来的气态制冷剂进入冷凝器后才容易液化。

2）临界压力。临界压力是指临界温度下使气体液化所需的最低压力。在空调系统中，压缩机的工作压力若过低，达不到临界压力，同样也会影响到制冷剂在冷凝器中的液化，导致制冷效果不良。

（2）制冷剂工作特性及维修时注意事项

1）车用制冷剂的沸点比较低，制冷剂释放到空气后，会吸收大量热量。处理制冷剂时必须穿戴防护手套和防护眼镜。注意：防护手套必须为防水橡胶手套，以防止制冷剂泄漏导致皮肤和眼睛冻伤。眼睛接触到制冷剂后应立即用大量清水彻底冲洗，取下隐形眼镜（如佩戴），随后立即到医院治疗。皮肤接触到制冷剂后应立即用大量清水和肥皂彻底清洗接触部位。

2）不得吸入或吞食制冷剂。如果误吞食了制冷剂，不要以刺激方式进行催吐，应立即到医院治疗。吸入制冷剂后立即让相关人员到新鲜空气处，感觉不好时到医院治疗。

3）对汽车空调系统维修时，只能在通风或空气调节良好的室内进行，因为泄漏的制冷剂会排斥大气中的氧气，并导致窒息危险。

4）车用制冷剂均为无色无味气体，且密度均比空气大，因此在维修空调时，要注意保持通风，吸入大量的制冷剂会导致人体窒息。同时由于制冷剂比空气重，因此在对制冷循环检漏时，需将检测设备放置在检测部位下方。

5）制冷剂热稳定性较好，不易分解。但我们也注意到，制冷剂储存在一个密闭的空间内，当温度升高时，内部的压力也会升高，因此在储存时，要注意合适的温度，当温度达到37℃以上时，制冷剂罐就有可能发生爆炸。

6）制冷剂无毒且化学稳定性强，不易分解。但是遇到明火后，均会分解出有毒的气体，且部分制冷剂甚至有可能会发生爆炸现象。

7）在汽车空调维修场所应配置合适的灭火剂，如二氧化碳（CO_2）、干粉和泡沫灭火剂。

8）制冷剂不允许混合使用，只允许使用规定用于该车辆的制冷剂，否则会损坏制冷循环元部件。

9）制冷剂加注时需采用制冷剂回收充注机，且不允许混合使用，以免制冷剂交叉污染。

2. 冷冻机油

（1）冷冻机油的作用

制冷系统中使用的润滑油为压缩机油，又称冷冻机油。冷冻机油除了起润滑作用外，还可以起冷却、密封和降低噪声的作用。在制冷系统中，对冷冻机油还有一个特殊的要求，就是要与制冷剂相溶，并且随制冷剂一起循环，因此，在冷冻机油的选择上，一定要注意正确选用润滑油的型号，否则会形成铜镀层、焦化和沉积物，其结果是压缩机提前磨损和损坏。汽车空调采用较多的冷冻机油是PAG（聚亚烷基二醇）和POE（聚酯油）。

（2）冷冻机油分布

图7-22中展示的是冷冻机油的分布比例，可以看出，压缩机中的冷冻机油占整个系统的50%。在对制冷循环进行任何维修操作时，都需要添加相应量的冷冻机油。冷冻机油添加过少，容易导致压缩机因润滑不良而损坏；添加过多，则会影响制冷剂的散热效率，导致制冷循环效果不良。

（3）冷冻机油存储

由于冷冻机油具有吸湿性，在空气中开放时间过长会导致失效，所以在使用后请注意保证冷冻机油完全密封。

使用变质或失效的冷冻机油会对汽车空调管路形成"镀铜"现象，从而对压缩机运转产生隐患。

（4）冷冻机油回收利用的注意事项

1）抽吸出来的冷冻机油作为特殊垃圾处理，不能流入排水系统或地下水系统。

2）应遵守当地的废弃物处理规定对冷冻机油

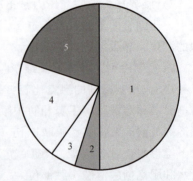

图7-22 冷冻机油在制冷
循环中的分布比例

1—压缩机（50%） 2—连接管路（5%）
3—储液干燥器（5%）
4—蒸发器（20%） 5—冷凝器（20%）

进行处理。

3）若有冷冻机油溢出，需用液态黏合材料进行清除。

二、制冷循环组成部件

制冷系统中各部件在车上的布置如图 7-23 所示，下面分别对各主要组成部件予以介绍。

（一）压缩机

1. 压缩机分类

压缩机被称为制冷循环系统的心脏，它吸入来自蒸发器的低温低压气态制冷剂并将其压缩成高温高压气态制冷剂，有利于制冷剂进入冷凝器内实现冷凝。压缩机由驱动装置和压缩机本体组成。

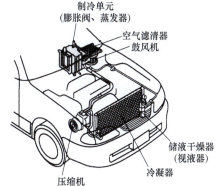

图 7-23　制冷系统各部件的安装位置

1）按容积分类，可将压缩机分为定容积式和变容积式，也称为定排量式和变排量式。

2）按运动方式分类，可将压缩机分为往复活塞式和旋转式两大类。往复活塞式主要包含曲轴连杆式、轴向活塞式和径向活塞式等类型，其中轴向活塞式又有斜盘式和摇板式两种。旋转式主要包含旋叶式、转子式、螺杆式和涡旋式等类型。

3）按控制方式分类，可将压缩机分为带电磁离合器和不带电磁离合器压缩机。

4）按驱动方式分类，可将压缩机分为传动带驱动和电动机驱动（电动压缩机）。

本节将分别介绍汽车上应用最广泛的斜盘式压缩机、旋叶式压缩机和涡旋式压缩机。

2. 斜盘式压缩机

这种压缩机采用往复式双头活塞，依靠斜盘的旋转运动，使双头活塞获得轴向的往复运动。斜盘式压缩机缸数是偶数，每个气缸两头都有进气阀和排气阀。活塞由斜盘驱动在气缸中往复运动，活塞的一侧压缩时，另一侧则为进气。

斜盘式压缩机的工作过程如图 7-24 所示。压缩机轴旋转时，轴上的斜盘同时驱动所有的活塞运动，部分活塞向左运动，部分活塞向右运动。图中的活塞在向左运动

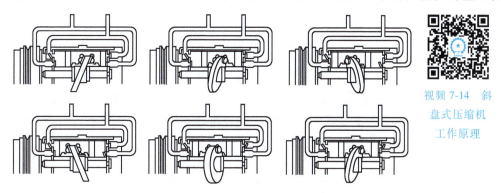

视频 7-14　斜盘式压缩机工作原理

图 7-24　斜盘式压缩机的工作过程

中，活塞左侧的空间缩小，制冷剂被压缩，压力升高，打开排气阀，向外排出。与此同时，活塞右侧空间增大，压力减少，进气阀开启，制冷剂进入气缸。由于进、排气阀均为单向阀结构，所以保证制冷剂不会倒流。

3. 旋叶式压缩机

旋叶式压缩机（又称滑片式压缩机）的结构如图 7-25 所示。

在圆形气缸的旋叶式压缩机中，转子的主轴与气缸的圆心有一个偏心距离，使转子紧贴在气缸内表面的进排气口之间，转子上的叶片和它们之间的接触线将气缸分成几个空间，当主轴带动转子旋转一周时，这些空间的容积发生扩大、缩小的循环变化，制冷剂蒸气在这些空间经历进气—压缩—排气的循环过程，压缩后的气体通过安装在接触线旁的排气阀排除。

旋叶式压缩机没有进气阀，因为滑片能完成吸入和压缩制冷剂的任务。在压缩腔内装有液体单向阀，起到防止产生液击的作用。

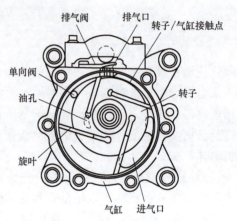

图 7-25 旋叶式压缩机结构

4. 涡旋式压缩机

涡旋式压缩机结构如图 7-26 所示。

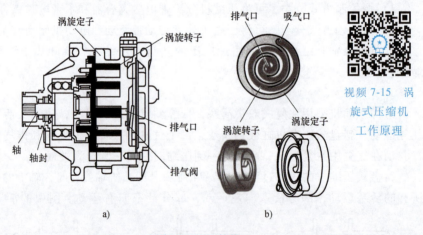

图 7-26 涡旋式压缩机结构

视频 7-15 涡旋式压缩机工作原理

涡旋式压缩机的工作过程如图 7-27 所示。涡旋式压缩机的工作也分为进气、压缩和排气三个过程。但是在两个涡旋槽板所组成的不同空间，进行着不同的过程。外侧空间与吸气口相通，始终处于吸气过程；中心部位与排气口相通，始终处于排气过程。上述两个空间形成的月牙形封闭腔，则一直进行压缩过程。当压缩机旋转时，转子相对于定子运动，使两者之间的月牙形空间的体积和位置都在发生变化，体积在外部进气口处大，在中心排气口处小，进气口体积增大使制冷剂吸入。当到达中心排气口部位时，体积缩小，制冷剂被压缩排出。

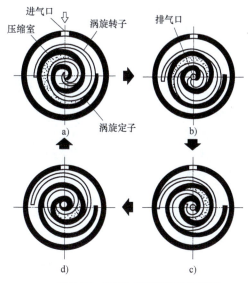

图 7-27 涡旋式压缩机工作过程

(二)冷凝器

冷凝器的作用是将从压缩机送来的高温、高压的气态制冷剂转变为液态制冷剂,制冷剂在冷凝器中散热而发生状态的变化。因此,冷凝器是一个热交换器。它将制冷剂在车内吸收的热量通过冷凝器散发到大气中。

冷凝器安装在散热条件好的部位,小型汽车的冷凝器通常安装在汽车的前面(如发动机散热器前),通过风扇进行冷却。冷凝器风扇一般与散热器风扇共用,也有车型采用专用的冷凝器风扇。

冷凝器由管和散热片组成,有管片式、管带式及平行流式三种结构形式。

1. 管片式冷凝器

图 7-28 为管片式冷凝器结构。它是早期汽车空调中采用的一种冷凝器,制造工艺简单。即用胀管法将铝翅片张紧在紫铜管上,管的端部用 U 形弯头焊接起来。这种冷凝器清理焊接氧化皮较麻烦,而且其散热效率较低。

图 7-28 管片式冷凝器

2. 管带式冷凝器

管带式冷凝器的结构如图 7-29 所示,将一条铝合金多孔扁管弯曲成蛇形管,在其中安置散热带,然后将管带间进行焊接,永久性连结在一起。管带式冷凝器的传热效率比管片式冷凝器提高 15%~20%。

3. 平行流式冷凝器

平行流式冷凝器也是一种管带式结构，图 7-30 为平行流式冷凝器结构图。平行流式冷凝器与普通管带式冷凝器的最大区别是：管带式冷凝器只是一条扁管自始至终地呈蛇形弯曲，制冷剂只是在这一条通道中流动而进行热交换，由于其流程长，管道压力损失大；又由于进入冷凝器时制冷剂是气态，比容大，需要的通径大，出冷凝器时已完全

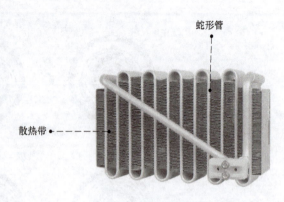

图 7-29　管带式冷凝器

变成液态，比容小，只需要较小的通径。而普通管带式结构的管径从头至尾是相同的。这对充分进行热交换是不利的，管道内空间未被充分利用，而且增加了排气压力及压缩机功耗。而平行流式冷凝器则是在两条集流管间用多条扁管相连，将几条扁管隔成一组，形成进入处管道多，逐渐减少每组管道数，实现了冷凝器内制冷剂温度及流量分配均匀，提高了换热效率，降低了制冷剂在冷凝器中的压力损耗，这样就可减少压缩机功耗。由于管道内换热面积得到充分利用，对于同样的迎风面积，平行流式冷凝器的换热量得到了提高。

根据结构可知，对于平行流式冷凝器，储液罐（干燥器）往往以固定方式安装在冷凝器侧面，拧下螺旋塞即可更换过滤器/干燥器滤芯。

在安装冷凝器时，需注意如下两点：

1）连接冷凝器的管接头时，要注意哪里是进口，哪里是出口，顺序绝对不能接反。否则，会引起制冷系统压力升高、冷凝器胀裂的严重事故。

2）未连接管接头之前，不要长时间打开管口的保护盖，以免潮气进入。

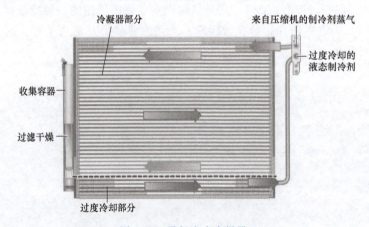

图 7-30　平行流式冷凝器

（三）储液干燥器和观察孔

1. 储液干燥器

由于汽车空调在正常工作时，制冷剂的供应量大于蒸发器的需要量，所以高压侧

液态制冷剂有一定的储存量;同时,随着季节的变化,在系统不运行或检修、更换系统内的零件时,可以将系统中的制冷剂收入到高压侧进行储存,以免制冷剂泄漏。因此,在汽车空调制冷系统中,需设置储液干燥器用来临时存储冷凝器液化的制冷剂,并进行干燥和过滤处理。储液干燥器用于膨胀阀式制冷循环,其作用如下:

1)储存制冷剂。接收从冷凝器来的液体并加以储存,根据蒸发器的需要提供所需制冷剂量。

2)过滤杂质。将系统中经常会出现的杂质、脏物,如锈迹、污垢、金属粒等过滤掉,这些杂质会损伤压缩机气缸壁和轴承,还会堵塞过滤网和膨胀阀。

3)吸收湿气。汽车空调制冷系统中湿气要求越少越好,因为湿气会造成"冰塞"并腐蚀系统管道等,使之不能正常工作。

2. 观察孔

如图 7-31 所示,观察孔是用于观察制冷循环中制冷剂流动和检查制冷剂高度的检查孔。观察孔有两种型号:一种安装在储液罐出口处,另一种安装在储液罐与膨胀阀之间的管路中。

1)孔内清晰透明,转速稳定时无气泡出现,转速变化瞬间,偶尔出现气泡,关闭空调后随即起泡,然后渐渐消失;进出口两侧有温差,低压侧凉,说明制冷剂量适中。

2)看不到气泡,高、低压侧温差明显,即使环境温度在 20℃ 以上,关闭空调后若无气泡出现,说明制冷剂过量。

3)有气泡且泡沫不断流过,说明制冷剂量不足。如果泡沫很多,说明系统内可能有空气。

4)看到连续不断的气泡,高、低压两侧几乎无温差,说明制冷剂严重不足。

5)看不到气泡,高、低压两侧毫无温差,说明制冷系统完全没有制冷剂。

6)有长串油纹,说明压缩机冷冻机油过多。

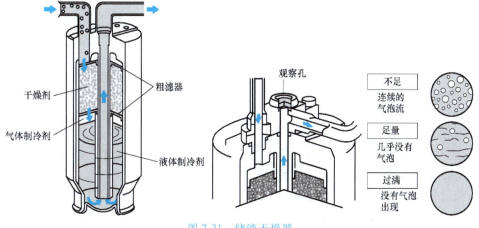

图 7-31 储液干燥器

(四)膨胀阀

1. 膨胀阀的功能

膨胀阀也称节流阀,是组成汽车空调制冷装置的主要部件,安装在蒸发器入口前，为制冷循环高压与低压之间的分界点。在膨胀阀前，制冷剂是高压液体；在膨胀阀后，制冷剂是低压、低温饱和液体和蒸气的雾状混合物。

膨胀阀的功能：一是将高压制冷剂液体节流减压，由冷凝压力降至蒸发压力；二是自动调节制冷剂进入蒸发器的流量，以适应制冷负荷变化的需要；三是控制制冷剂流量，防止液击和异常过热发生，应保证蒸发器出口处有一定的过热度，并控制过热度在一定范围内。

2. 膨胀阀的结构

目前汽车上使用的膨胀阀有热力膨胀阀和电子膨胀阀两种，应用最广泛的是 H 型热力膨胀阀。H 型热力膨胀阀因其内部通路形如 H 而得名，其结构如图 7-32 所示。它有四个接口通往汽车空调系统，其中两个接口和普通膨胀阀一样，一个接储液干燥器出口，另一个接蒸发器进口；另外两个接口，一个接蒸发器出口，另一个接压缩机进口。阀门通过热敏杆直接检测蒸发器出口的制冷剂温度（制冷负荷）并传输到膜片内的气体。由于温度变化引起的压力变化和蒸发器出口压力与压力弹簧的压力之间的平衡，使针形阀左右移动来调节制冷剂的流量。

3. 膨胀阀的工作原理

当制冷负荷小时，蒸发器出口的温度下降，并且从热敏杆传输到膜片内部的气体的温度也下降，这使得气体收缩。结果，针形阀在蒸发器的制冷剂出口压力和压力弹簧的压力作用下向右移，阀门关闭，减少制冷剂流量，并降低制冷能力。当制冷负荷大时，蒸发器出口的温度上升，并且气体膨胀。结果针形阀向左移，推动压力弹簧，阀门开启，增加循环中的制冷剂量，并使得制冷能力变大。

视频 7-16 膨胀阀结构及工作原理

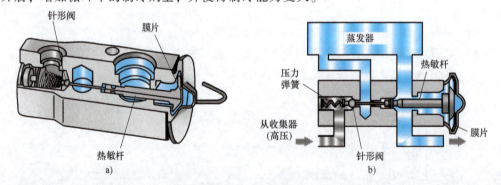

图 7-32 H 型热力膨胀阀工作原理

（五）膨胀节流管

由于汽车正常行驶时，车内工况变化不大，如汽车的活动范围、乘坐人员、环境气候、路面状况都基本不变，空调系统并不主动要求制冷剂流量变化，这就为采用膨胀节流管提供了依据。膨胀节流管的节流孔径是固定的，入口和出口都有滤网，其结构如图 7-33 所示。由于节流管没有运动部件，结构简单，成本低，可靠性高，同时节省能量，美、日等国有许多高级轿车都采用膨胀管式制冷系统。

采用节流管的制冷系统（CCOT 方式）与常规制冷系统不同，它有一个大的储液罐放在蒸发器后面而不是放在冷凝器后面，这个储液罐就是前述的集液器，它的功能与常规储液干燥器也不同。

项目七 汽车空调系统维修

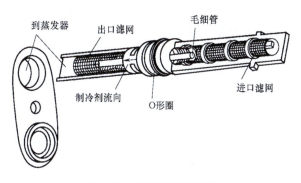

图 7-33 膨胀节流管结构

（六）集液器（气液分离器）

与前述储液干燥器不同，集液器不是放在冷凝器后的高压侧管路上，而是放在低压侧压缩机前的吸气管路上，与膨胀节流管配套使用。集液器结构如图 7-34 所示，集液器起着气液分离作用，防止液体制冷剂进入压缩机，同时也具备储藏过量制冷剂的作用。放进干燥剂就有干燥作用，由于是在低压侧，主要是气体，故常常把集液器做得很大。

集液器工作过程：由蒸发器来的制冷剂从顶部进入，通过一弯管，在容器内造成漩流，在离心力作用下进行气液分离，制冷剂液体沉入容器底部，而制冷剂气体则由上部通过抽取管到压缩机。在靠近容器底部的吸出管上有一放油孔，油可通过过滤器由油孔进入吸出管，在气流带动下流回压缩机，保证压缩机的润滑。

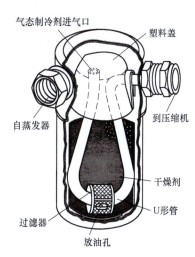

图 7-34 集液器结构

（七）蒸发器

蒸发器也是一个热交换器，膨胀阀喷出的雾状制冷剂在蒸发器中蒸发，鼓风机的风扇将空气吹过蒸发器，制冷剂吸收空气中的热量，达到降温制冷的目的。在降温的同时，空气中的水分也会由于温度降低而凝结在蒸发器散热片上，蒸发器还要将凝结的水分排出车外。蒸发器安装在驾驶室仪表台的后面，其结构如图 7-35 所示，主要由管路和散热片组成。在蒸发器的下方还有接水盘和排水管。

（八）软管和管路

软管和管路用于将空调系统的各个组件连接起来。连接部位使用 O 形圈进行密封。

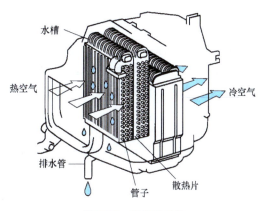

图 7-35 蒸发器结构

191

软管和管路的材料、形状和规格各不相同。每个管路的端部都带有一个咬接、法兰或螺纹接头。以前的车辆空调系统装备有柔性软管。最近以来采用了铝合金管和由铝合金管和软管组成的组合管路，因此所需安装空间较小。

目前新型车辆的空调系统中连接膨胀阀的管路采用内部热交换器（IWT）。如图7-36所示，流向膨胀阀的进流位于外部腔室内，流向压缩机的回流位于内部腔室内，其作用是在降低内部进流温度（约55℃）的同时提高回流温度（1～4℃），从而提高蒸发器功率并在制冷功率相同的情况下降低制冷剂循环流动量。这样可以实现较小的空调压缩机功率消耗，从而降低耗油量。

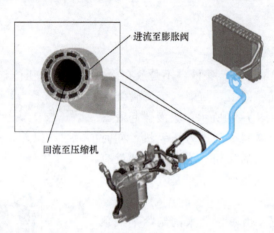

图 7-36　新型制冷剂管路（IWT）

三、制冷循环维修常用工具与设备

为了推行绿色维修，实现节能减排，交通部于 2010 年 7 月推出了交通行业标准《汽车空调制冷剂回收、净化、加注工艺规范》（JT/T 774—2010），标准规范了对于制冷循环维修的工艺流程，如图 7-37 所示。在对制冷循环进行维修时，需要使用到空调压力表、制冷剂鉴别仪、制冷剂净化装置、检漏设备、制冷剂回收、抽真空及加注装置等空调专用维修工具与设备。

1. 空调压力表

（1）结构

空调压力表又称歧管压力表，是维修制冷系统不可缺少的工具，如图 7-38 所示。它由两个压力表（低压表和高压表）、两个手动阀（高压手动阀和低压手动阀）、三个软管接头（一个接低压维修阀，一个接高压维修阀，一个接制冷剂罐或真空泵入口）组成。

（2）功能

歧管压力表与制冷系统连接可以回收制冷剂、抽真空、加注制冷剂和冷冻机油以及测量制冷系统压力。

1）检测制冷系统的高压端压力。当高压手动阀和低压手动阀同时关闭，则可对高压侧和低压侧进行压力检查。

项目七　汽车空调系统维修

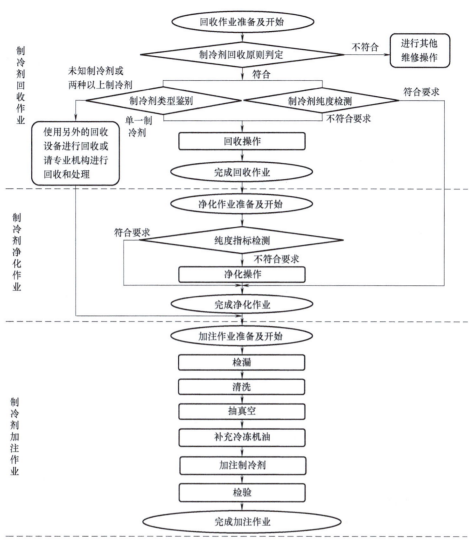

图 7-37　制冷剂回收、净化、加注作业工艺流程

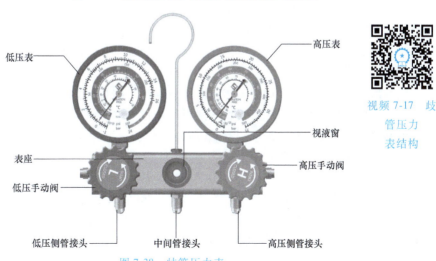

图 7-38　歧管压力表

2）对制冷系统抽真空。当高压手动阀和低压手动阀同时全开时，全部管路接通，在中间接头接上真空泵，便可以对系统抽真空。

3）充注制冷剂和冷冻机油。当高压手动阀关闭，低压手动阀打开，中间接头接到制冷剂钢瓶上或冷冻机油瓶上，则可向系统充注制冷剂或冷冻机油。补充制冷剂时，应从低压侧加入，此时高压手动阀关闭、低压手动阀打开。

4）回收制冷剂。当低压手动阀打开，高压手动阀打开，则可回收系统内的制冷剂。

(3) 使用时的注意事项

1）压力表接头与软管连接时，只能用手拧紧，不能用工具拧紧。

2）使用时，要把管内空气排尽。

3）不使用时，软管要与备用接头连接，防止水或脏物进入软管。

4）用于 R134a 系统的压力表不能用于 R12 制冷系统。

2. 检漏设备

据统计，空调系统的故障，70%是由于泄漏引起的。制冷系统的检漏可根据检修时的具体情况选择合适的方法，也可以采用多种方法以求快速找出泄漏处。下面介绍几种常见的检漏设备。

(1) 电子检漏仪

电子检漏仪是最昂贵的，也是最灵敏的一种检漏设备。目前，市场上用的电子检漏仪有三种类型：一种是只适用于检测 R12 泄漏的检漏仪；一种是只适用于检测 R134a 泄漏的检漏仪；还有一种是既适用于检测 R12 又适用于检测 R134a 泄漏的电子检漏仪。图 7-39 为罗宾奈尔 TIFXP-1A 电子检漏仪外形图。电子检漏仪的使用方法如下。

1）按电源键，开机。

2）按灵敏度选择键，调节灵敏度，使第一个 LED 灯点亮，其他 LED 灯熄灭，仪器发出频度不高的声音。

3）将仪器的探头指向被检区域（不要接触），若点亮的 LED 灯增多，声音频率增高，则说明有泄漏现象。

4）利用重设键可以找到泄漏的源头。当检测到泄漏时按下该键，继续检测，直到检测到比原来浓度更大的部位时才会再次报警。

图 7-39 罗宾奈尔 TIFXP-1A 电子检漏仪外形

一旦查出泄漏部位，探头应立即离开此部位，以免缩短仪器寿命及影响灵敏度。如果制冷系统有大量泄漏或刚经过维修，周围空间有大量制冷气体，则应先吹散周围有制冷剂的空气，然后再进行检查；否则影响检查的正确性，无法测出泄漏部位。

(2) 荧光检漏仪

荧光检漏仪由荧光剂、注射枪、阀门接头、射灯以及滤光镜组成，如图 7-40 所示。使用时，可将荧光剂通过制冷剂排放、系统压力或手动泵推进系统，然后用紫外线灯进行照射，若有泄漏，则在泄漏处能发现黄绿色荧光粉。此方法对于检测极小的泄漏点优点突出。

3. 制冷剂注入阀

制冷剂注入阀主要用于开启小罐装的制冷剂罐，如图 7-41 所示。制冷剂注入阀的使用方法如下：

1）按逆时针方向旋转注入阀手柄，直至针阀完全缩回。

2）将注入阀装到小型制冷剂罐上，逆时针方向旋转板状螺母（圆板）直至最高位置，然后将制冷剂注入阀顺时针拧动，直到注入阀嵌入制冷剂密封塞。

3）将板状螺母顺时针旋转到底，再将歧管压力表上的中间软管固定在注入阀接头上。

4）用手充分拧紧板状螺母。

5）顺时针方向旋转手柄，使针阀在小罐上开个小孔。

6）若要加注制冷剂，就逆时针方向旋转手柄，使针阀抬起，同时打开歧管压力表的相应手动阀。

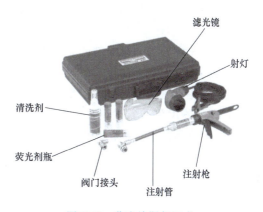

图 7-40　荧光检漏仪组成

4. 空调真空泵

如图 7-42 所示，空调真空泵由交流电动机和真空泵组成，其作用就是对制冷系统抽真空，排出制冷系统的空气与水分。

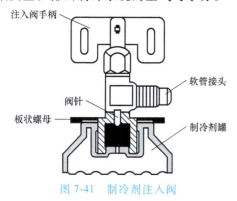

图 7-41　制冷剂注入阀

图 7-42　空调真空泵

5. 汽车空调制冷剂回收/充注机

现代汽车空调维修中使用汽车空调制冷剂回收/充注机进行维修，图 7-43 为 ROBINAIR AC350C 制冷剂回收/再生/充注机。其主要功能如下：

1）回收、干燥、过滤旧制冷剂，除去其中的水分、冷冻机油及杂质，以便重新利用。

2）对制冷剂进行净化处理。

3）对空调系统抽真空。

4）充注量自动控制。

5）给空调系统补充冷冻机油。

6）具有防液击设计，防止压缩机被破坏。

6. 制冷剂鉴别仪

维修汽车空调时，制冷剂的质量至关重要，唯一的鉴别方法就是使用制冷剂鉴别仪。制冷剂鉴别仪可以在很短的时间（1~2min）内鉴别出制冷剂的质量如何。制冷剂鉴别仪可用于鉴别制冷剂的类型、纯度、非凝性气体以及其他杂质，图7-44所示为ROBINAIR 16910制冷剂鉴别仪。它能鉴别R12、R134a、R22、HC、AIR五种成分，并且用百分比形式显示，精确度可以达到0.1%。在制冷剂鉴别时需设定好海拔高度。我国交通行业标准《汽车空调制冷剂回收、净化、加注工艺规范》（JT/T 774—2010）规定：当制冷剂纯度超过96%时，可以直接使用，无须净化。

图7-43　制冷剂回收/再生/充注机

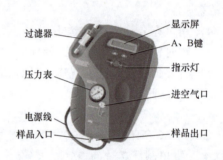

图7-44　ROBINAIR 16910制冷剂鉴别仪

四、利用歧管压力表诊断制冷循环的故障

制冷循环的故障基本上都可以用歧管压力表进行诊断，在压缩机能够工作的情况下，起动发动机，运转空调系统，检查系统高压及低压侧压力，然后根据压力判断制冷循环故障。

（一）空调压力测量条件

汽车空调系统压力测量内容包括静态压力测量与动态压力测量，可以据此分析制冷循环故障。

1. 静态压力测量

静态压力是指压缩机停止运转状态下，空调高、低压管路的压力。测量静态压力的条件有二：一是空调处于非运行状态；二是空调需静置2min以上。

在正常情况下，高、低压管路静态压力值相等，数值与环境温度有关。

2. 动态压力测量

动态压力是指在一定的测量条件下，当压缩机处于运转状态时，空调高、低压管路的压力。空调压力受环境温度、环境湿度、发动机转速和空调负荷影响，根据交通行业标准规范，具体为：环境温度在13~35℃；环境湿度在30~80%；发动机转速设置在1500~2000r/min；空调设置在最大制冷负荷，此时应将车门车窗打开、温度设置在最低、鼓风机风速最高，外循环、吹脸模式。

(1) 环境温度

制冷循环是一个密闭空间，环境温度越高，空调的压力也越高，这是因为就如我们的高压锅，加热时里面气体的压力会上升是一个道理。

(2) 湿度

当湿度增大时，空调压力也会增大。大家知道制冷的功能一是降温，二是除湿。也就是说，制冷剂在蒸发器中吸收的热量一是用于降低车厢内空气的温度，二是降低车厢内空气的湿度。用以除湿的能量越多，那么用于降温的能量就越少。所以当湿度越大时，车厢内温度就越高，从而导致空调制冷负荷增大，空调压力升高。

(3) 发动机转速

对于传统燃油车，压缩机动力来源于发动机，也就是说压缩机是靠发动机曲轴带轮来驱动的。发动机转速越高，压缩机的功率就越大，空调高、低压侧压差也越大，也就是说低压侧压力越低，而高压侧压力越高。

(4) 空调负荷

根据制冷循环原理可知，空调在不同负荷下膨胀阀开度是不同的，从而影响到空调压力值；膨胀阀开度越大，制冷剂流量就越多，空调压力越高。

(二) 制冷循环故障形式与排除措施

一般情况下，高压侧压力范围为 1.5～2.0MPa，低压侧压力范围为 0.15～0.35MPa，如图 7-45 所示。

1. 系统高、低压侧压力指示不稳

系统低压侧压力有时指示真空，有时指示正常；而高压侧压力有时偏低，有时正常，如图 7-46 所示。表现出间歇制冷，且最终会出现不制冷，这是由于系统中有水分在膨胀阀处结冰，待冰融化后又恢复制冷。遇到这种情况应更换储液干燥器，系统抽真空后重新加注制冷剂，见表 7-3。

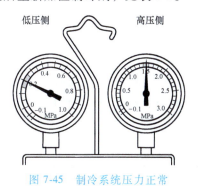

图 7-45 制冷系统压力正常

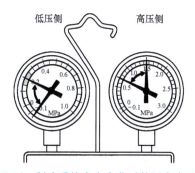

图 7-46 制冷系统中有水分时的压力表显示

表 7-3 系统中有水分

故障现象	故障原因	故障排除
1. 低压侧压力时而真空，时而正常；高压侧压力时而偏低，时而正常 2. 间歇性制冷，最终不制冷	系统中有水分	1. 更换储液干燥器 2. 抽真空，加注制冷剂

2. 系统高、低压侧压力均低

1) 系统高、低压侧压力均偏低（低压侧为 0.05~0.1MPa，高压侧为 0.7~1.0MPa），如图 7-47 所示。同时从视液玻璃可以看到大量气泡，这说明系统中制冷剂不足。此时，应检查系统是否有泄漏的地方。制冷剂不足的具体检修见表 7-4。

表 7-4 制冷剂不足

故障现象	故障原因	故障排除
1. 高、低压侧压力均偏低 2. 视液玻璃上可以看到大量气泡 3. 制冷效果差	1. 制冷系统中某处发生气体泄漏 2. 制冷剂不足	1. 检漏并进行维修 2. 充注适量制冷剂

2) 系统高、低压侧压力均过低（低压侧指示为零或真空，高压侧指示为 0.5~0.6MPa），如图 7-48 所示。同时，在各连接管路有结霜现象，大多数情况都是储液干燥器中存在污垢，阻碍了制冷剂的正常流动。排除的方法是更换储液干燥器，见表 7-5。

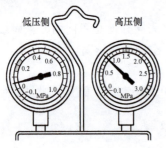
图 7-47 高、低压表指示均低

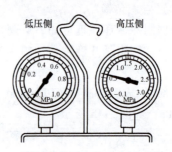
图 7-48 低压表指示真空，高压表指示过低

表 7-5 制冷剂循环不良

故障现象	故障原因	故障排除
1. 低压侧呈真空，高压侧压力偏低 2. 各连接管路有结霜现象	储液干燥器中的污垢阻碍了制冷剂的流动	更换储液干燥器

3) 系统高、低压侧压力均过低（低压侧指示为零或真空，高压侧指示为 0.5~0.6MPa），同时膨胀阀或储液干燥器前后的管子上结霜。这通常是膨胀阀以及管路较细的地方出现了堵塞，阻碍了制冷剂的流动。排除时，应查明堵塞的原因，更换堵塞的部件，彻底清除堵塞的部位，见表 7-6。

表 7-6 制冷剂循环不良

故障现象	故障原因	故障排除
1. 低压侧呈真空，高压侧压力偏低 2. 膨胀阀或储液干燥器前后有结霜或结露	膨胀阀以及管路较细的地方出现了堵塞，阻碍制冷剂的流动	更换膨胀阀，清除管路堵塞部位

3. 系统高、低压侧压力均高

1) 系统高、低压侧压力均偏高（低压侧为 0.2~0.3MPa，高压侧为 1.7~2.0MPa），如图 7-49 所示。视液玻璃上看不到气泡，且在发动机转速下降至怠速时仍看不到气泡,这主要是因为制冷剂过量或者冷凝器散热不良。排除时,应先清洗冷凝器,检查风扇电动机的运转情况,再检查制冷剂量,见表 7-7。

表 7-7 制冷剂过量或冷凝器散热不良

故障现象	故障原因	故障排除
1. 高、低压侧压力均偏高 2. 即使发动机转速降至急速,仍看不到气泡 3. 制冷不足	1. 系统中制冷剂过量 2. 冷凝器散热不良	1. 清洁冷凝器 2. 检查冷凝器风扇电动机 3. 检查制冷剂量

2)系统高、低压侧压力均偏高(低压侧为 0.2~0.3MPa,高压侧为 2.0~2.5MPa),如图 7-50 所示。触摸低压管道时有发热感,从视液玻璃中看到有明显气泡。这表明空气进入了系统当中,排除时应反复抽真空,然后重新加注制冷剂,见表 7-8。

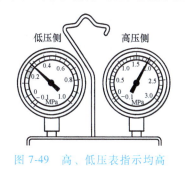

图 7-49 高、低压表指示均高

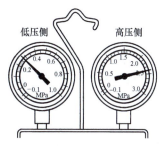

图 7-50 高、低压表指示均高

表 7-8 系统中有空气

故障现象	故障原因	故障排除
1. 高、低压侧压力均偏高 2. 在视液玻璃上看到明显气泡 3. 制冷不足	系统中有空气	1. 抽真空 2. 加注制冷剂

3)系统高、低压侧压力均偏高(低压侧为 0.3~0.4MPa,高压侧为 1.95~2.45MPa),且在低压端的管道连接处有大量结霜或结露现象。这种情况往往是膨胀阀开度过大造成的,维修时要重点检查膨胀阀毛细管的安装情况。在毛细管正常的情况下,应更换膨胀阀,见表 7-9。

表 7-9 膨胀阀开度过大

故障现象	故障原因	故障排除
1. 高、低压侧压力均偏高 2. 低压管路结霜或结露 3. 制冷不足	膨胀阀开度过大	1. 检查毛细管安装情况 2. 更换膨胀阀

4. 系统低压侧压力过高,高压侧压力过低

系统低压侧压力过高,高压侧压力过低(低压侧为 0.4~0.6MPa,高压侧为 0.7~1.0MPa),如图 7-51 所示。这表明压缩机工作不良,此时应修理或更换压缩机,见表 7-10。

表 7-10 压缩机泄漏

故障现象	故障原因	故障排除
1. 低压侧压力过高、高压侧压力过低 2. 不制冷	1. 压缩机输出功率低 2. 压缩机传动带打滑 3. 压缩机控制电路故障 4. 压缩机机械机构损坏	1. 检查传动带的张紧程度,调整到正确位置,必要时更换传动带 2. 检修压缩机控制电路 3. 修理或更换压缩机

五、制冷循环维修

(一) 制冷剂鉴别

在对制冷循环进行维修作业之初,必须由汽车维修技师完成制冷剂鉴别作业,防止不合格的制冷剂进入回收设备造成交叉污染甚至损坏设备。

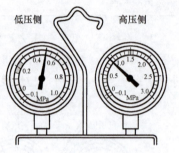

图 7-51 低压表指示过高、高压表指示过低

1. 混合制冷剂的危害

对于制冷循环来说,不同类型的制冷剂(R12、R22、R134a、R1234yf 等)虽然物理特性相似,都是无色无味的气体,也都能实现制冷的效果;但其化学成分不同,工作特性不同,因此不同类型制冷剂匹配的冷冻机油、管路密封元件、干燥剂材料等均不同。若此时混合不同类型的制冷剂,制冷剂和冷冻机油不能兼容,从而导致管路或膨胀阀堵塞、压缩机因润滑不良而拉伤;制冷剂与密封件不能兼容,从而导致空调系统泄漏。

2. 制冷剂纯度要求

汽车空调制冷剂应该为单一制冷剂,且有纯度要求。根据中华人民共和国交通行业标准《汽车空调制冷剂回收、净化、加注工艺规范》(JT/T 774—2010)的要求:汽车空调使用的制冷剂必须为单一类型,且纯度大于等于96%,在回收之前要进行制冷剂类型鉴别及纯度鉴定。

(二) 制冷剂检漏

据统计70%~80%的汽车空调系统故障都是由泄漏引起。制冷剂泄漏不仅会降低空调的制冷能力,也会对环境造成影响。汽车空调常见的泄漏部位有:制冷系统各元件与管路、阀门的连接处;压缩机轴油封、前后端盖及密封垫处;冷凝器、蒸发器的散热片表面压扁破损处以及检修阀口及橡胶软管表面等。

汽车空调制冷系统常见的检漏方法有:目测检漏、真空保压检漏、肥皂水检漏、电子检漏、荧光检漏和氮气水检漏等。

1. 目测检漏

因为制冷剂与冷冻机油是互溶的,所以制冷剂泄漏部位往往会渗出冷冻机油。若发现制冷循环管路某处有油污渗出,可先用干净抹布擦拭,如仍有油污出现,说明此处有泄漏。

目测检漏简便易行,但是通常渗漏的地方细微且为无色介质,而且汽车空调本身有很多部位难以看到。因此除非是大的泄漏,否则目测检漏很难定位。

2. 真空保压检漏

在抽真空作业完成之后，关闭歧管压力表阀门，保持系统真空状态至少 15min。观察歧管压力表的低压表真空度是否发生变化，如真空指示没有发生变化，则说明系统无泄漏；如真空指示回升，则说明系统有泄漏。

真空检漏法只能判断系统有无泄漏，无法具体指示泄漏部位，因此只能用于加注制冷剂前的气密性检查。

3. 肥皂水检漏

向汽车空调系统中充入 0.98～1.96MPa 压力的干燥氮气，然后在系统可能发生泄漏的部位涂上肥皂水，如果有泄漏，漏点处会出现肥皂泡。

肥皂水检漏简单、安全，但检查范围有限，很多时候根本看不到漏点。使用时，要防止弄湿车上的电气系统，否则可能引起不必要的麻烦。

4. 电子卤素检漏仪检漏

用检漏仪的探头对着制冷循环管路可能渗漏的部位移动，若检漏装置发出警报，则表明此处有泄漏。电子检漏仪灵敏度高，操作方便。但因对系统周围泄漏的制冷剂也能测出，会误判泄漏部位。而且仪器成本高，探头容易被污染损坏。

5. 荧光检漏法

荧光剂具有渗透能力及堆积性两个特性，会随制冷剂一起渗透并且堆积在漏点的周围，在紫外线的照射下会发出明亮的黄绿色荧光。

操作时，将荧光剂按一定比例注入汽车空调系统中与制冷剂混合在一起，空调系统运行一段时间，以便荧光剂与制冷剂充分混合，然后用紫外线灯进行照射，戴上专用眼镜进行观察，如果发生泄漏，漏点处会出现荧光。

荧光检漏的优点是定位准确，渗漏点可以直接看到。对于极小的泄漏情况也能检测到。可就车检查，只要射灯能照到的地方都能检查到。

6. 氮气水检漏

向系统充入 0.98～1.96MPa 压力氮气，把系统浸入水中，冒泡处即为泄漏点。这种方法和前面的肥皂水检漏方法实质一样。该检漏方法的优点是很小的泄漏都能检出，并且能看出具体泄漏的部位。缺点是要把待检的部件（如高/低压管、蒸发器、冷凝器等）从车上拆下来才能检测，并且要使用车管接头。

（三）制冷剂回收及充注

根据工艺规范的要求，制冷剂回收加注作业基本流程为回收制冷剂→维修→初抽真空→添加冷冻机油→再次抽真空→加注制冷剂。

1. 使用制冷剂回收充注机对制冷系统进行回收及充注作业

（1）回收制冷剂

1）在回收制冷剂之前要起动空调运行几分钟，以便于在回收时将杂质和冷冻机油带出。

2）连接高、低压快速接头。

> **注意：**
> 在连接快速接头时，需先将其逆时针旋转到底，然后连接到维修阀处，确认连接牢固后，再将快速接头顺时针旋转到底，与空调系统接通。旋转时，速度应慢一些，防止将冷冻机油从系统带出。

3) 执行制冷剂回收作业。

（2）初抽真空

1) 采用高、低压双管同时抽真空，抽真空至系统真空度低于 -90kPa，停止抽真空。

2) 保压至少 15min，若压力表指示不动，则充注冷冻机油；若压力表压力有回升，则继续抽真空，如累计抽真空时间超过 30min，压力仍回升，则可以判定制冷装置有泄漏，应检修制冷装置。

（3）充注冷冻机油

充注冷冻机油应在充注制冷剂之前，抽真空保压无回升之后进行。在压缩机的标牌上查找系统冷冻机油的型号，如图 7-52 所示。选择与系统同一型号的冷冻机油，从高压侧加入。

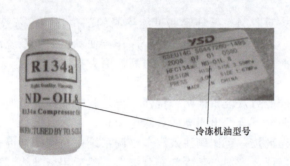

图 7-52 压缩机牌号

注意：
在注油的过程中，一定要仔细观察注油瓶液面。在没有更换元件时，注油油量=回收油量+20mL。

（4）再次抽真空

从高压侧加入冷冻机油后，从低压侧再次抽真空，两次抽真空的时间一般不低于 30min。

（5）充注制冷剂

1) 查询车辆制冷剂充注量，从高压侧定量加注制冷剂。

注意：
在充注制冷剂前，应确定制冷剂回收充注机内工作罐罐重应该超过车辆空调系统标准充注量的 3 倍以上，否则将会导致所要充注的制冷剂没有被完全充入空调系统，或制冷剂充注过慢，这是因为工作罐中的压力和空调系统中的压力过于平衡所致。

2) 起动空调系统，保持空调系统运转直到控制面板上的高、低压力表指示稳定，检查指针读数，以确定所充注的系统工作是否正常。

3) 关闭空调系统，完成连接软管管路清洗。

4) 关闭低压快速接头的阀门，并将设备从汽车空调系统上拆下，然后关闭控制面板上的高、低压阀。

5）将注油瓶、排油瓶的废油无害化处理，并清洗注油瓶及排油瓶。

2. 利用歧管压力表组件及真空泵抽真空

1）连接歧管压力表组件，将红色软管连接制冷系统高压侧，蓝色软管接制冷系统低压侧，黄色软管接真空泵。

2）打开歧管压力表组件的高/低压手动阀，起动真空泵。观察低压表指针，应该有真空显示。

3）操作 15min 后低压表应达到 -90kPa，高压表指针应略低于零刻度。如果高压指针不低于零刻度，则说明系统内有堵塞，应停止操作，清理好故障再抽真空。

4）如果操作 15min 后低压表达不到 -90kPa，则应关闭低压手动阀，观察低压表指针，如果指针上升，说明真空有损失，要查泄漏点，进行检修后才能继续抽真空。

5）抽真空的总时间不应少于 30min，充分排除系统中的水分之后，才可以向系统中充注制冷剂。

3. 利用歧管压力表组件充注制冷剂

充注制冷剂的方法有两种。一种是从制冷系统的高压侧充注，充入的是制冷剂液体。其特点是安全、快速，适用于制冷系统的第一次充注，即经检漏、抽真空后的系统充注。但用这种方法时必须注意，充注时制冷剂罐倒立，不可开启压缩机（发动机停转），否则将导致压缩机因缺油而发热甚至拉伤；也不要打开低压侧阀门，否则液态制冷剂进入低压侧将导致压缩机"液击"。另一种是从系统的低压侧充注，充入的是制冷剂气体，在压缩机运转的情况下进行。注意：此时制冷剂罐应正立，切勿倒立。

（1）高压侧充注制冷剂（适合给新系统加注制冷剂）

1）当系统抽真空后，关闭歧管压力表上的高/低压手动阀。

2）将中间软管的一端与制冷剂罐注入阀的接头连接起来，如图 7-53 所示。打开制冷剂罐开启阀，再拧开歧管压力表软管一端的螺母，让气体溢出几秒钟，把空气赶走，然后再拧紧螺母。

3）拧开高压侧手动阀至全开位置，将制冷剂罐倒立，以便从高压侧充注液态制冷剂。

4）从高压侧注入规定量的液态制冷剂，关闭制冷剂罐注入阀及歧管压力表上的高压手动阀，然后将仪表卸下。

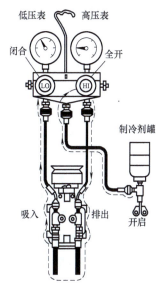

图 7-53　从高压侧充注制冷剂

（2）从低压侧充注制冷剂（适合给空的或部分空的系统加注制冷剂）

1）如图 7-54 所示，将歧管压力表与空调系统和制冷剂罐连接好。

2）打开制冷剂罐，拧松中间注入软管在歧管压力表上的螺母，直到听到有制冷剂蒸气流动的声音，目的是为了排出注入软管中的空气，然后拧紧螺母。

3) 打开低压手动阀，让制冷剂进入制冷系统。当系统的压力值达到 0.4MPa 时，关闭低压手动阀。

4) 起动发动机，将空调开关接通，并将鼓风机开关和温度开关都调至最大。

5) 再打开歧管压力表上的低压手动阀，让制冷剂继续进入制冷系统，直至充注量达到规定值。

6) 在向系统中充注规定量制冷剂后，从视液窗处观察，确定系统内无气泡、无过量制冷剂。随后将发动机转速调至 2000r/min，鼓风机开到最高档。若气温在 30~35℃，系统内低压侧压力应为 0.15~0.3MPa，高压侧压力应为 1.3~1.5MPa（对于 R134a）。

7) 充注完毕后，关闭歧管压力表上的低压手动阀，关闭制冷剂罐上的注入阀，使发动机停止转动，将歧管压力表卸下。卸下时，动作要迅速，以免过多制冷剂泄出。

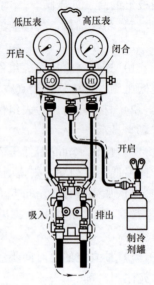

图 7-54 从低压侧充注制冷剂

4. 利用歧管压力表组件加注冷冻机油

补充冷冻机油的方法有以下两种。

(1) 直接加入法

将冷冻机油按标准称量好，直接倒入压缩机内。这种方法只在更换蒸发器、冷凝器和储液干燥器时可采用。

(2) 真空吸入法

1) 按抽真空的方法先对制冷系统抽真空。

2) 选用一个有刻度的烧杯，装上比要补充的冷冻机油还要多 20mL 的冷冻机油。

3) 将连接在压缩机上的高压软管从歧管压力表上拧下来，并将其插入盛有冷冻机油的量筒内，如图 7-55 所示。

4) 起动真空泵，打开歧管压力表上的高压手动阀，补充的冷冻机油就从压缩机的高压侧进入压缩机中。当冷冻机油量达到规定量时，停止真空泵的抽吸，并关闭高压手动阀。

5) 按真空入法加注冷冻机油后，再对制冷系统抽真空、加注制冷剂。

（四）空调性能测试

维修空调后，需要对空调系统进行竣工检验，即性能测试，以检查制冷系统的制冷性能是否恢复，故障是否排除等。根据交通运输行业标准，汽车空调制冷系统性能测试的主要测试参数为空调系统压力、进风口和出风口温度、空气湿度。根据这些参数查图可判断空调性能是否良好。具体步骤如下：

1) 车辆停放在阴凉处，将干湿计放置在空调进风口位置。

2) 打开车窗及车门。

3) 打开发动机舱盖。

4）设置空调系统：①进气模式设置为外循环位置；②温度设置为最低；③A/C 开关打开；④鼓风机转速设置为最高；⑤将出风模式设置为吹脸，将所有空调出风口打开并调节到全开位置；⑥若是自动空调，应设为手动并将温度设定为最低值。

5）将温度计探头放置在空调出风口内 50mm 处。

6）起动发动机，将发动机转速控制在 1500~2000r/min，使压力表指针稳定。

7）待温度计显示数值趋于稳定后，读取压力表和温度计的显示值，将所测得的高/低压侧压力、相对湿度、空调进风口温度、出风口温

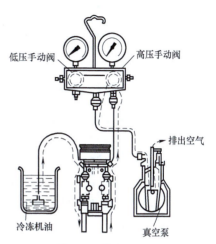

图 7-55　真空吸入法

度与汽车制造商提供的空调性能参数或图表上的参数比较，如图 7-56、图 7-57 所示。如压力表、温度计显示的高/低压侧压力和空调出风口温度不在规定的范围内，应对制冷装置做进一步的诊断和检修。

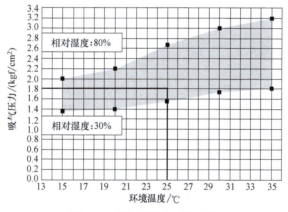

图 7-56　吸气压力与环境温度

注：$1kgf/cm^2 = 98kPa$

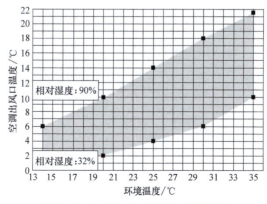

图 7-57　空调出风口温度与环境温度

任务三　空调控制系统故障诊断与排除

一、汽车空调控制系统组成

汽车空调系统是由制冷系统、暖风系统、通风及配气系统、空气净化系统四个子系统组成的。对于大部分汽车，四个子系统的基础部件大体相同，而对四个子系统进行综合控制的控制系统因车型不同，则存在一定差异。总的来说，控制系统可以分为信号输入、信号处理和执行机构三个组成部分。

汽车空调系统按照控制方式不同可分为手动空调和自动空调，手动空调通过控制面板来选择加热和冷却车内的空气。自动空调可根据各传感器的信息实现车内空气的恒温控制、风量、进气模式、出风模式等自动控制。

（一）信号输入部件

空调控制模块利用信号输入部件来获取相关的信号参数、识别系统的工作状态，从而实现相应的控制功能。空调系统采集的传感器信息主要有温度、湿度、压力、光照强度、空气质量和风门电动机位置等。采集的温度信号主要有蒸发器温度、冷却液温度、热交换器温度、环境温度、车内温度、出风口温度，有些车型采集制冷剂温度信息。

1. 蒸发器温度传感器

（1）安装位置与作用

如图 7-58 所示，蒸发器温度传感器安装在蒸发器的后面，用于检测蒸发器下游的空气温度，以防止蒸发器表面结冰。一般将蒸发器表面温度控制在 2~8℃ 之间，对于变排量压缩机，在低负荷区，会减少压缩机的排量。

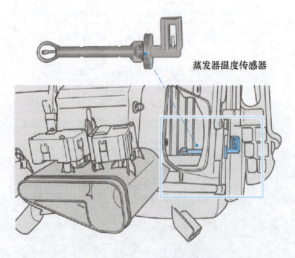

图 7-58　蒸发器温度传感器

（2）工作原理

蒸发器温度传感器是 NTC 元件，即负温度系数热敏电阻。当温度升高时，阻值下降；反之，当温度降低时，阻值则会增大。

如图 7-59 所示，蒸发器温度传感器的电路由温度传感器控制模块内的调压器、限流电阻、电压表组成。温度传感器电路实际是一个分压电路，温度传感器电路中限流电阻 R_1 与热敏电阻 R_2 串联。当蒸发器表面温度升高时，温度传感器的阻值下降，M 点的电压下降。反之，当蒸发器表面温度下降时，温度传感器的阻值升高，M 点的电压上升。控制模块以 M 点的电压为输入信号，确定应对系统采取哪些调整。

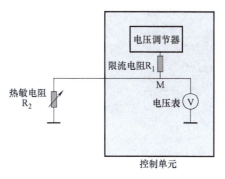

视频 7-18
温度传感
器原理

图 7-59 蒸发器温度传感器电路

2. 冷却液温度传感器

冷却液温度传感器安装在发动机缸体冷却液管道上，位于发动机出水口处，用以测量发动机冷却液温度，也是 NTC 元件，工作原理与蒸发器温度传感器相同。

1）当冷却液温度过高时，会切断压缩机功率输出，从而降低发动机负荷。

2）冷却液温度传感器也可作为鼓风机暖机控制和温度控制的修正信号。

3. 热交换器温度传感器

对于双温区自动空调，需获得所需要两个加热器芯即热交换器的热量输出，对于以水路为基础的温度控制系统，则需要测量流入两个热交换器的冷却液流量，因此需安装热交换器温度传感器。如图 7-60 所示，传感器从空调的两侧插入，从而检测流出热交换器的空气温度。

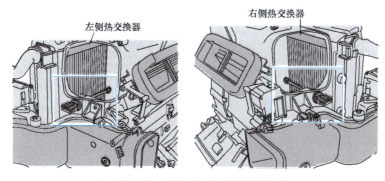

图 7-60 热交换器温度传感器

4. 环境温度传感器与新鲜空气进气道温度传感器

环境温度传感器安装在保险杠上（图 7-61），有些车型还同时装配有新鲜空气进气道温度传感器，位于通风室中排水槽左侧（图 7-62）。若同时安装两个温度传感器，空调控制单元将采用两者间较低的温度值用于气候控制,这两个温度传感器也都是NTC元件。当环境温度过低时,将关闭制冷功能,同时该传感器信号也作为鼓风机转速控制和温度控制的修正信号。

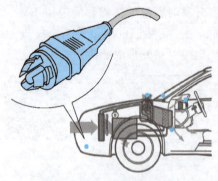

图7-61 环境温度传感器

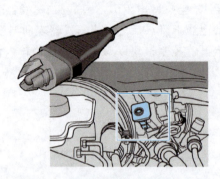

图7-62 新鲜空气进气道温度传感器

5. 车内温度传感器

车内温度传感器用于检测车内中央区域的空气温度,一般安装在空调控制面板内部(图7-63)或附近(图7-64)或控制面板后方。车内温度传感器一般置于空气通道中或者内部安装有一个小型电风扇,这样可强制车内气流流过该传感器(图7-64),保证测量空气的流动性,以此保证测量值的准确性。车内温度传感器有两种形式,一种是单独的车内温度传感器,另一种是车内温度传感器与湿度传感器集成在一起。车内温度传感器也是NTC元件。空调控制模块将车内温度值与驾驶员设定温度值进行比较,根据二者的差值决定对风量、温度风门或水阀、出风模式等的控制。

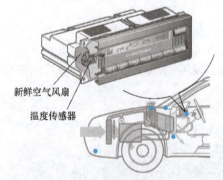

图7-63 带小型电风扇的车内温度传感器

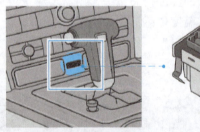

图7-64 车内温度传感器(中控面板下方)

6. 空气湿度传感器

(1)安装位置与作用

实践表明,在外界温度很低的情况下,风窗玻璃上部的三分之一会变得非常冷因而容易起雾。为了能测量到该区域,空气湿度传感器往往安装在后视镜的根部(图7-65a)或与车内温度传感器集成在一起,安装在中控面板后方(图7-65b)。

为了能够进行自动除霜功能控制,该传感器检测需同时检测周围空气温度和风窗玻璃温度。

(2)工作原理

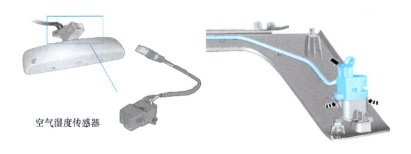

图 7-65 空气湿度传感器

测量空气湿度,就是确定座舱内气态水(水蒸气)所占的比例。空气吸收水蒸气的能力取决于空气温度,因此在测量湿度等级时必须确定相关的空气温度。空气越热,能吸收的水蒸气就越多。若富含水蒸气的空气冷却下来后,水分就会冷凝。形成细小水滴并附着在风窗玻璃上。

1) 测量湿度原理。湿度是通过薄层电容传感器测量的。该传感器的工作模式等同于平行极板电容器,如图 7-66 所示。

电容器的电容取决于电容器极板的表面积、间隔以及两极板之间的填充材料即电介质的特性。

$$C = \varepsilon A/d = \varepsilon_0 \varepsilon_r A/d$$

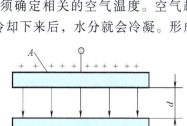

图 7-66 空气湿度传感器

其中 ε 为两极板间材料的介电常数;ε_0 为真空的介电常数;ε_r 为相对介电常数,如空气的 ε_r 为 1,而水的 ε_r 为 78.5。当水蒸气进入两极板之间时,介电常数变大,从而使电容器电容量增大。所以测得的电容值就表示了空气湿度。传感器电子装置将所测的电容值转换成电压信号。如图 7-67 所示,当空气湿度增大时,相对介电常数 ε_r 增大,传感器信号电压增大。

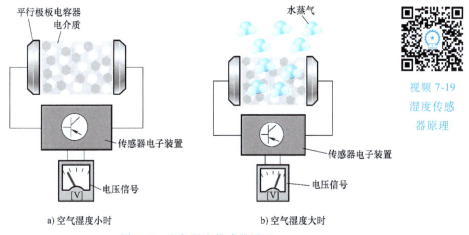

图 7-67 空气湿度传感器原理

2) 测量风窗玻璃温度原理

物体都会以电磁辐射的方式与周围环境交换热量,电磁辐射可能含有不可见的红外线范围、紫外线范围和可见光的热辐射。如图 7-68 所示，热辐射包括"发射"和"吸收"，如给一块铁加热后会发射红外线，如果继续加热这块铁，它会发亮。此时它发射可见光范围内的红外线辐射以及电磁辐射。

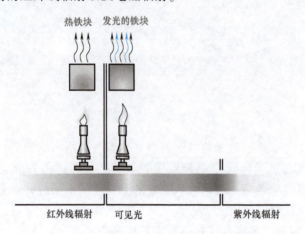

图 7-68 热辐射

当物体自身温度变化时，所发射的辐射成分会发生变化。当风窗玻璃的温度升高时，发出的辐射中红外线就越多，传感器接收的红外线较多，温度升高，其电阻将会发生变化，传感器电子装置转化的电压值较高。当风窗玻璃的温度较低时，传感器接收的红外线较少，传感器电子装置转化的电压值较低，如图 7-69 所示。

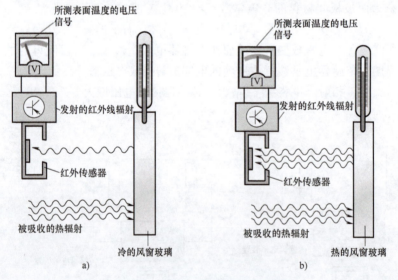

图 7-69 测量风窗玻璃温度原理

7. 空气质量传感器

（1）安装位置与作用

具备自动空气再循环功能的空调系统装有空气质量传感器，它主要安装在前风窗玻璃流水槽内。当空气质量传感器检测到外界新鲜空气中存在污染物，例如进入隧道或保持较低车速行驶时，空调控制单元会控制进气风门电动机动作，从而关闭外循环,打开内循环,以防止被污染的空气进入车厢内部。

(2) 工作原理

空气质量传感器是利用污染物气体浓度变化对电阻的影响而工作的。该传感器的核心由混有钨的氧化物或混有锡的氧化物组成。当两种化合物接触到可氧化或可还原气体时,混合氧化物的阻抗将会变化。

8. 日照传感器

(1) 安装位置与作用

如图 7-70 所示,日照传感器安装在仪表板与除霜通风口之间的一个黑色塑料滤光器下面,阳光透过滤光器照射下来。该传感器检测日照的强度,空调控制单元根据此信号使用更高的鼓风机速度和降低的排气温度来抵消高阳光强度。

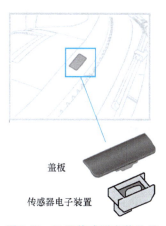

图 7-70 日照传感器安装位置

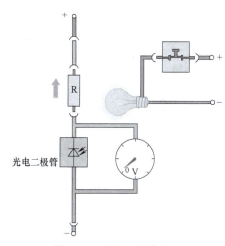

图 7-71 光电二极管原理

(2) 工作原理

日照传感器的核心元件是光电二极管,光电二极管的导电性取决于其所在处的光线量,光照越强,光电二极管导电性越强,相当于电阻越小,电流越大,电阻 R 分压越大,光电二极管两端电压越低,如图 7-71 所示。

(3) 结构与原理

日照传感器可装配一个,也可装配两个。装配两个日照传感器,实际上是在一个壳体里装有两个光电二极管,如图 7-72 所示,该光学元件分为两个腔室,每个腔室含

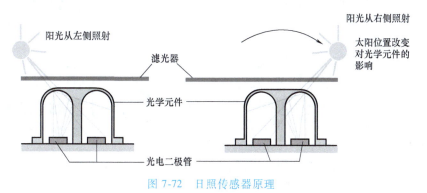

图 7-72 日照传感器原理

一个光电二极管。如果阳光从左侧照射到传感器上，左侧光电二极管上产生的电流会明显大于右侧光电二极管上产生的电流。若阳光从右侧照射，那么该侧的光电二极管就具有更高的电流。空调控制单元据此判定光照强度和方向，当系统配有两个传感器时，阳光照射更强烈的一侧制冷强度大。

9. 出风口温度传感器

空调控制模块根据出风口温度传感器的温度信号来控制保持驾驶室内的温度，形成闭环控制，出风口温度传感器也是负温度系数的热敏电阻。有些车型包括多个出风口温度传感器，主要有胸部出风口温度传感器和足部出风口温度传感器。胸部出风口温度传感器安装在靠近中央出风口的风道上（图7-73），脚部出风口温度传感器安装在靠近脚部出风口的风道上（图7-74）。

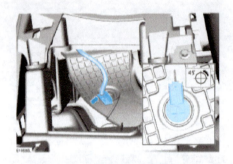

图7-73 胸部出风口位置传感器

图7-74 脚部出风口温度传感器

10. 制冷剂压力开关/压力传感器

车型及空调控制系统的类型不同，配置的空调压力开关或压力传感器也不同，有些车型还会配置制冷剂温度传感器。

（1）空调循环压力开关

在一些膨胀管式制冷循环系统中采用空调循环压力开关来控制蒸发器温度和防止蒸发器结冰。该开关根据低压端制冷剂的压力变化，断开或者接通压缩机离合器电路以实现上述功能。

（2）高压压力传感器

1）安装位置与作用。如图7-75所示，高压压力传感器用以检测制冷循环高压侧压力，一般位于高压管路上，空调控制单元会根据压力传感器信号控制冷凝器冷却风扇转速、接通或切断压缩机功率输出。

2）电容式制冷剂压力传感器工作原理。如图7-76所示，制冷剂回路中的压力变化改变了传感器中电容器极板之间的距离。当制冷剂压力升高时，电容器极板间距减小，电容量上升，传感器内部电子控制装置将其转换成电压信号，电压上升；若制冷剂压力下降，传感器在复位弹簧作用下回位，电容器极板间距增大，电容量下降，输出电压下降。

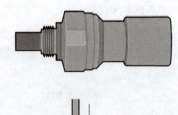

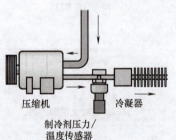

图7-75 高压压力传感器

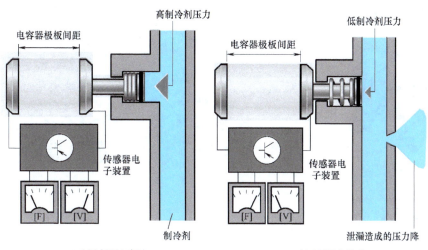

视频 7-20 空调压力传感器工作原理

a) 制冷剂压力高时　　　　b) 制冷剂压力低时

图 7-76　制冷剂压力传感器原理

11. 风门电动机电位计

在空调系统中进气风门、空气混合风门、气流选择风门大都采用电动机控制，对于采用双向直流电动机的执行器，还配置有电位计，用以检测电动机的位置。电位计实际上是一个滑动电阻，结构比较简单。它的电阻是机械改变的，在一个固定阻值的电阻器上有一个滑动的移动臂（电刷），电刷与被监测的部件机械连接。当部件的位置发生变化时，位置传感器的电阻值也随之变化。

（二）输出执行部件

空调控制模块接收到一系列的输入信号后，会对压缩机的开启或停止、出风口气体的温度、出风口的风量、出风口气体流出的方向、空气循环的类型等进行综合控制，为此需要一些相关的部件来完成。

1. 压缩机

压缩机是制冷系统的心脏，它起着输送和压缩制冷剂蒸气、保证制冷循环正常工作的作用。

如图 7-77 所示，传统燃油车的压缩机位于发动机上，由传动带进行驱动。当需要进行制冷且所有参数条件在正常范围内时，压缩机工作。可变排量压缩机可改变斜盘的角度，允许排气量在 5%（默认值）~100%的全容量之间变化，从而满足制冷要求。

如图 7-78 所示，在纯电动汽车上采用电动压缩机，压缩机由电力驱动。一般来说，压缩机本体和电动机共用一根轴，然后封闭在一个壳体内。

2. 鼓风机电动机

如图 7-79 所示，鼓风机电动机位于进风口下侧，用于向空调出风口提供气流。鼓风机电动机是直流有刷电动机，它从进气口吸入空气并使其进入加热器芯、蒸发器芯壳并

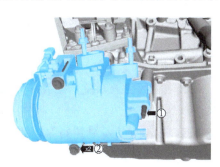

图 7-77　压缩机

图 7-78 电动压缩机

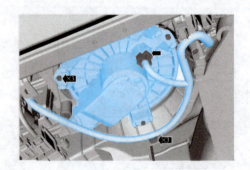

图 7-79 鼓风机电动机

混合，从而实现送风功能。

3. 鼓风机电动机电阻器/调速模块

鼓风机电动机电阻器和调速模块用以调节鼓风机转速（图 7-80），鼓风机电动机电阻器主要用于手动空调鼓风机电动机电路中。

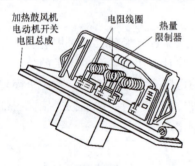

a) 调速电阻器

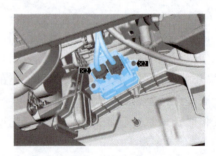

b) 调速模块

图 7-80 鼓风机电动机调速器

4. 进气风门电动机

空气进气风门电动机（图 7-81）会根据空调控制模块的指令在新鲜空气位置与再循环空气位置之间移动进气风门。

5. 气流选择风门电动机

空调控制模块根据要求的方向驱动气流选择风门电动机（如 7-82），以使气流选择风门移向模式选择旋钮设定的位置。

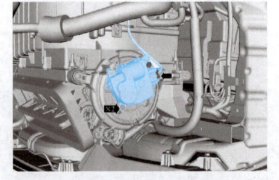

图 7-81 进气风门电动机

6. 温度风门电动机

对于单温区空调系统，配置一个温度风门电动机（图 7-83），用以调节出风口温度。对于双温区空调系统，系统配置两个温度风门电动机，分别控制驾驶员侧和乘客侧的空调出风口温度。

（三）控制单元

空调控制系统相关的控制单元包括：空调控制模块、发动机控制模块、组合

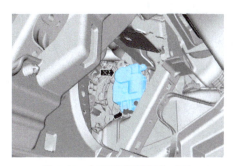
图 7-82　气流选择风门电动机

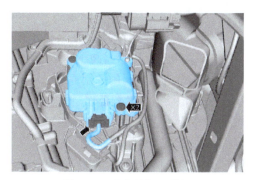
图 7-83　温度风门电动机

仪表。

1. 空调控制模块

空调控制单元连接到车辆内部的数据通信网络上。它依据乘客的需求和各个传感器的输入信号，按照预先存储的逻辑程序控制空调系统，从而实现各种功能，同时是空调控制系统的控制中枢。

空调控制模块分为两种：一种是独立的空调控制模块，另一种与中控面板在一起。

2. 发动机控制模块

对于大部分车型的空调控制系统而言，发动机控制模块用于控制压缩机和散热器风扇电动机工作，从而实现空调制冷功能。

3. 组合仪表

对于某些车型，组合仪表接收蒸发器温度传感器和环境温度传感器的信号，并通过网络传输给空调控制单元和发动机控制单元。

二、汽车空调控制系统工作原理

（一）压缩机控制

在空调系统的控制中，压缩机的控制是最重要的一部分，包括压缩机电磁离合器控制和压缩机电磁阀控制。当打开鼓风机开关和空调开关后，如果外界环境和发动机状态符合要求，空调压缩机就会工作。手动空调与自动空调的压缩机控制原理有所区别，此外，由于车型及配置不同，具体的控制流程也有所不同。

1. 压缩机控制原理

无论是手动空调还是自动空调，压缩机基本控制原理类似，只是在此基础上增加了相应的传感器，如环境温度传感器、车内温度传感器以及日照传感器等，从而使控制精度更高，同时能够实现自动温控功能。

（1）压缩机工作条件　车型及空调控制系统类型不同，压缩机工作条件略有不同。当控制模块接收 A/C 请求时，在下列情况下会启用空调压缩机：

1) 制冷剂压力无过高或过低。
2) 发动机冷却液温度未过高。

3）环境温度高于4℃（该值因具体车型及控制系统不同而略有不同）。
4）节气门全开（WOT）情况未出现。
5）蒸发器温度传感器高于2℃（该值因具体车型及控制系统不同而略有不同）。

（2）压缩机电磁阀的控制原理

控制单元根据蒸发器温度、车外温度、发动机转速、车速、空调高压管路压力和进气温度等输入信号向压缩机电磁阀发送PWM信号来控制压缩机的排量。

2. 压缩机控制过程

压缩机的控制过程取决于发动机自身的工况状态、空调控制系统的相关参数输入状态两个方面。

由于空调压缩机会消耗一部分发动机的功率，为保证发动机运转的稳定性、动力性和可靠性，在某些特定情况下，发动机控制模块也会发出让压缩机停止工作的信号。

一般情况下，压缩机停止工作的特定工况有以下几种：

1）为了保证起动的可靠性，当发动机起动时压缩机停止工作。
2）为了保证车辆的加速性能，当急加速时压缩机停止工作。
3）当冷却液温度高于117℃时，为了防止发动机温度过高，压缩机停止工作，直到温度低于110℃（温度值依车型而定）。

（二）温度控制

空调系统温度控制主要是对出风口温度的控制，即对混合风门（温度风门）的位置控制。根据空调控制类型不同，温度控制方式也分为手动温度控制和自动温度控制。

电子自动温度控制系统具有手动温度控制功能（如电子手动温度控制系统），同时具有自动温度控制功能。可以以0.5℃为梯度在16~28℃之间设定温度。在位置LO（低于16℃）时系统转向持续制冷，在位置HI（高于28℃）时系统转向持续加热。其温度控制主要是根据乘员的温度设置参数来进行的，由于没有相应的温度传感器（出风口温度传感器）对温控效果进行反馈，因此其控制方式是单向的。

对于电子自动温度控制系统和双区域自动温度控制系统，由于具备相应的出风口温度传感器以及相关参数传感器的信号输入，因此在自动模式下系统能够对温度调控效果进行反馈，其控制方式是闭环的。相关参数主要包括A/C开关、乘员设定温度、日照传感器、环境温度传感器、车内温度/湿度传感器和进气模式等。

在以空气为基础的调温系统中，当日光由高强度变为低强度时，混合空气风门的开度由冷的方向向热的方向打开一点，来平衡出风口温度。当进气模式改变时，温度风门的位置也会发生相应变化。当打开外循环时，温度风门电动机的开度向冷的方向打开一些，以补偿车外较热空气的热负荷。反之，当打开内循环时，混合风门电动机的开度向热的方向打开一些，以保持原有的设定温度。

（三）进气风门控制方式

由于乘客舱内空气循环控制的需要，空调控制系统的空气循环分为两种：空气内循环和空气外循环。

1. 手动气候控制系统的内外循环控制

手动气候控制系统的内外循环控制主要是利用控制面板上的内外循环按钮来控制的。当按下内外循环按钮时（指示灯点亮），空气内循环模式启用，此时进气门关闭，避免车外空气进入乘客舱。再次按下内外循环按钮时，可在除雾模式外的任一模式下激活内外循环按钮，启用车内空气循环模式。

2. 自动气候控制系统的内外循环控制

在自动气候控制系统中，气候控制模块会根据环境温度及日照强度来调节车内温度，并将其与设定温度值比较，同时调节空气循环模式。

出风模式设定、外界空气质量也会影响空气循环模式。

1）在最大制冷模式下，一般启用车内空气循环模式。

2）很多车型在除雾模式下，内外循环按钮被禁用，进气门开启，此时仅允许车外空气进入乘客舱。

3）装有空气质量传感器的车辆，当外界空气质量差时，会自动切换到外循环模式。

（四）风速控制

对于手动空调控制系统，空调风速是由控制面板的风速旋钮来控制的，鼓风机根据设定的档位进行运转，系统不对其转速进行修正。对于自动空调控制系统，空调风速既可以手动方式控制，也可以自动方式控制。

汽车空调系统鼓风机调速控制电路可有级控制和无级控制，分别通过调速电阻控制电路和调速模块控制电路来实现。

1. 调速电阻控制电路

调速电阻控制电路是通过改变串联在鼓风机电路中的外电阻来实现的，如图7-84所示。在鼓风机电路中，串入了三个电阻，通过鼓风机开关控制，实现四个转速档（空调控制面板上的1、2、3、4）。

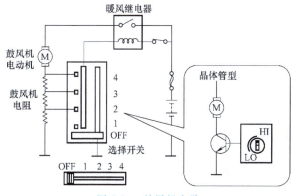

图7-84 鼓风机电路

2. 调速模块控制电路

采用脉宽调制型鼓风机控制电路，用鼓风机调速模块代替了调速电阻，可以实现自动控制及无级控制。如图7-85所示，调速模块接收来自空调控制模块的方波输入信号，脉宽调制器据此向鼓风机发送方波脉宽信号，从而控制其转速。

3. 风速控制原理

如图 7-86 所示，自动模式下，鼓风机转速取决于设定温度与当前温度的差值，差值越大、风量越大。鼓风机风量的大小变化的程度还受阳光强度、内外循环模式等修正。自动控制系统还能对空气流量进行必要的修正，主要有以下几种情况：

1）当除雾器开关开启时，空气流量会自动增加，以改善除雾和加热效果。

2）对日照强度变化的修正。由于车内空间狭小，车窗多，车体受日光照射的影响比较大，日照强度变化时必须对车内送风量进行修正。

3）根据发动机冷却液温度的变化对风量进行修正。当发动机冷却液温度过低并需要采暖时，鼓风机的风速设定为低风速，以避免引起驾驶员不适。

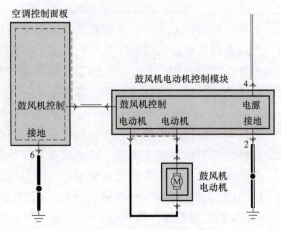

图 7-85 调速模块控制电路

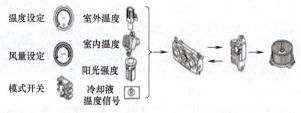

图 7-86 风速控制原理

（五）出风模式控制

空气分配风门执行器控制气流流向除雾、脚部区或胸部区的出风口。空气源来自外部空气或再循环的乘客舱空气，具体视进气门位置而定。

空气分配风门与温度风门的执行器使用电位计来测量风门位置并向空调控制模块传送风门位置信号。

空调控制模块根据风门位置信号准确定位风门执行器，进而将风门执行器电动机驱动至所需位置。

对于手动空调控制系统，主要是依靠空调控制面板上各个按键或旋钮来控制空气分配系统中各个风门的位置，达到改变出风模式的目的。

如图 7-87 所示，对于自动空调控制系统，空调控制模块根据驾驶员设定的温度、车内温度、空气混合风门的开度和压缩机的控制状况来决定出风模式。空调控制系统还会根据阳光照射强度、环境温度和冷却液温度对出风模式进行调整。

（1）环境温度调整

为了防止风窗玻璃和前车窗结雾，环境温度低的时候出风模式为除雾模式。当温度设定为最低时，环境温度调整功能就不起作用了。

（2）冷却液温度调整

冷车起动且车外温度较低时，系统会启用低冷却液温度起动模式，出风模式为吹脚除雾。当冷却液温度上升到一定温度时，再进入正常控制模式，这是为了保证乘客舒适性而设的人性化功能。

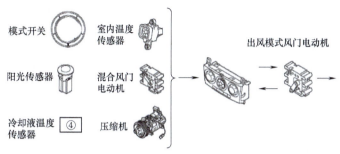

图 7-87　出风模式调整

三、汽车空调控制系统故障诊断

（一）故障诊断流程

空调控制系统的故障诊断流程分为六个步骤：确认故障、收集信息、分析信息、诊断故障、修复故障、确认故障修复。

1. 确认故障

当空调系统出现故障时，通常先对故障相关系统进行功能性的测试，以确认客户的抱怨与故障是否一致。

2. 收集信息

通过与客户的沟通，了解故障发生的条件、发生的过程以及故障发生时伴随的现象。需要收集的信息包括：

1）故障发生时的环境温度。
2）车辆经常行驶的路况。
3）操作与之相关的部件，验证相关的其他功能是否正常。
4）故障发生的频率。

3. 分析信息

最初症状是故障诊断的出发点，根据收集的信息对故障的可能原因进行分析，从而初步形成诊断方向和检修方案。故障症状可分为以下几种：

1）功能性故障，包括性能和功能发生改变的症状。
2）可觉察到外观和状态发生改变的症状。
3）可检测到参数和指标发生改变的症状。

4. 诊断故障

使用诊断设备及工具进行故障诊断，结合故障症状特点和空调控制系统工作原理进行分析，从而推断出故障产生的原因。如果存储有故障码，可根据故障码提示进一步判断故障；如无故障码，可通过数据流、人工检测方法检测故障。

5. 修复故障

通过测试找出故障点后，根据维修手册的要求对部件进行维修或更换。

6. 确认故障修复

修复故障后，对空调控制系统进行操作，确定相关功能是否恢复正常，同时确定没有出现新的故障。修复故障后需要清除全部故障码，在当初验证故障现象的同样条件下对车辆进行重新测试。可以利用诊断仪进行动作测试，确认相关部件及功能是否正常。

（二）常见故障分析与诊断

空调控制系统主要有以下几方面故障：空调不制冷（压缩机不工作），风量控制不良，温度控制不良、进气控制不良、送风控制不良。空调系统常见故障现象及原因见表7-11。

表7-11 空调系统常见故障现象及原因

故障现象		故障原因
空调不制冷	压缩机不工作	(1)传动带折断或张力不够 (2)制冷循环故障(压缩机本体、制冷剂不足、制冷循环泄漏) (3)空调继电器电路故障 (4)压缩机电磁离合器电路(如有)故障 (5)压缩机调节阀电路(如有)故障 (6)空调控制单元故障 (7)发动机控制单元故障 (8)蒸发器温度传感器电路故障 (9)空调压力传感器电路故障 (10)环境温度传感器电路故障 (11)冷却液温度传感器电路故障 (12)空调控制面板故障 (13)空调控制单元通信电路故障
风量控制不良	鼓风机不工作	(1)鼓风机继电器电路故障 (2)鼓风机调速模块(调速电阻)电路故障 (3)鼓风机电动机电路故障 (4)空调控制单元故障 (5)空调控制单元电源电路故障 (6)鼓风机开关电路故障 (7)空调控制面板故障 (8)空调控制面板电源电路故障
	风量不足	(1)鼓风机电动机电路故障 (2)鼓风机叶片变形、损坏 (3)配气系统漏气 (4)风道堵塞 (5)热交换器散热片脏堵
温度控制不良	无冷风输出	(1)压缩机不工作(原因见前表) (2)鼓风机不工作(原因见前表) (3)空气混合风门电动机电路故障 (4)空气混合风门位置传感器电路故障 (5)空调控制单元故障 (6)空调控制单元电源电路故障

(续)

故障现象		故障原因
温度控制不良	无暖风输出	(1)热水阀(如有)故障 (2)鼓风机不工作(原因见前表) (3)空气混合风门电动机电路故障 (4)空气混合风门位置传感器电路故障 (5)空调控制单元故障 (6)空调控制单元电源电路故障
温度控制不良	无温度控制,只有冷气或暖气输出	(1)车内温度传感器电路故障 (2)环境温度传感器电路故障 (3)空气混合风门位置传感器电路故障 (4)空气混合风门电动机电路故障 (5)空调控制单元故障 (6)空调控制面板故障
进气控制不良	无进气控制	(1)进气风门位置传感器电路故障 (2)进气风门伺服电动机电路故障 (3)空调控制单元故障 (4)空调控制面板故障
送风控制不良	出气气流无法控制	(1)出风口风门位置传感器故障 (2)出风口风门电动机电路故障 (3)空调控制单元故障 (4)空调控制面板故障

知识拓展:变排量压缩机

知识拓展

自我测试

参 考 文 献

［1］ 刘静. 汽车电气系统维修［M］. 西安：西安交通大学出版社，2018.
［2］ 程丽群. 汽车车身电气系统维修［M］. 西安：西安交通大学出版社，2018.
［3］ 周建平. 汽车电气设备构造与维修［M］. 北京：人民交通出版社，2020.
［4］ 朱帆. 汽车电气设备电路解析与故障检修［M］. 北京：化学工业出版社，2016.
［5］ 刘春晖. 汽车电气设备检修与技术详解［M］. 2版. 北京：机械工业出版社，2015.
［6］ 张军，安宗全. 汽车电气系统故障诊断与排除［M］. 北京：高等教育出版社，2015.